中小企业管理

杨加陆　范　军
方青云　袁　蔚　编著
孙　慧

复旦大学出版社

内 容 提 要

中小企业是各国国民经济发展的重要组成部分。中小企业管理是一门综合运用多种学科的知识和方法、应用性和实践性很强的学科。本书围绕着中小企业的特点,全面阐述了中小企业管理实践及其发展中的诸多问题,旨在提高中小企业的管理水平、降低中小企业的创业风险和经营风险,从而提高中小企业的经营成功率和管理绩效,最终推动中小企业健康而蓬勃地发展。

本书主要涉及了中小企业的创建、中小企业法定的组织形式、中小企业管理组织的设计、中小企业的环境和发展战略、中小企业的人力资源管理、财务管理、市场营销、信息管理与电子商务、风险管理以及中小企业的合法经营。内容翔实、针对性强,适用面宽,既可以作为高等院校工商管理专业和 MBA 教学的教材,而且也是其他致力于中小企业管理的社会人士和广大创业人员的参考读本。

目　　录

第一章　绪论……………………………………………………… 1
　　第一节　中小企业的崛起…………………………………… 1
　　第二节　中小企业的地位和作用…………………………… 5
　　第三节　中小企业的界定…………………………………… 8
　　第四节　中小企业发展的政府管理………………………… 11

第二章　中小企业的创建………………………………………… 22
　　第一节　寻找创业机会……………………………………… 22
　　第二节　中小企业创建的方式……………………………… 27
　　第三节　新企业计划的制定………………………………… 43
　　第四节　中小企业创建的其他问题………………………… 46

第三章　中小企业法定的组织形式……………………………… 54
　　第一节　个人独资企业……………………………………… 55
　　第二节　合伙企业…………………………………………… 57
　　第三节　公司企业…………………………………………… 64

第四章　中小企业的管理组织…………………………………… 75
　　第一节　中小企业组织结构与设计………………………… 75
　　第二节　中小企业的组织变革……………………………… 91

第五章　中小企业的环境和发展战略…………………………… 101
　　第一节　中小企业的环境分析……………………………… 101
　　第二节　中小企业的愿景规划……………………………… 110
　　第三节　中小企业战略的选择……………………………… 113

第六章　中小企业的人力资源管理……………………………… 126
　　第一节　中小企业人力资源管理现状……………………… 126

第二节　中小企业人力资源规划……………………………………131
　　第三节　中小企业人员招聘与选拔……………………………………134
　　第四节　中小企业人员培训……………………………………………140
　　第五节　中小企业绩效与薪酬…………………………………………144

第七章　中小企业的财务管理……………………………………………154
　　第一节　中小企业投资管理……………………………………………155
　　第二节　中小企业融资管理……………………………………………160
　　第三节　中小企业流动资产管理………………………………………170
　　第四节　中小企业税收筹划……………………………………………179

第八章　中小企业市场营销………………………………………………183
　　第一节　中小企业营销的特点…………………………………………184
　　第二节　顾客忠诚管理…………………………………………………185
　　第三节　中小企业的市场营销组合策略………………………………192
　　第四节　中小企业的市场营销计划……………………………………214

第九章　中小企业的信息管理与电子商务………………………………218
　　第一节　信息管理与中小企业…………………………………………218
　　第二节　电子商务与中小企业…………………………………………227

第十章　中小企业的风险管理……………………………………………234
　　第一节　中小企业风险管理概述………………………………………234
　　第二节　中小企业风险管理的程序……………………………………237
　　第三节　中小企业的风险管理与保险…………………………………241

第十一章　中小企业的合法经营…………………………………………246

参考文献………………………………………………………………………277

后记……………………………………………………………………………279

第一章 绪　　论

学习目标

完成本章学习以后,你应该能够:
- 了解中小企业生存和发展的基本理论
- 了解中小企业发展的现实动因
- 理解中小企业的地位和作用
- 掌握小企业的概念和定性特点
- 知道小企业的定量标准
- 掌握政府对中小企业管理的内容
- 比较各国(地区)中小企业发展政策
- 熟悉我国《中小企业促进法》的基本内容

20世纪80年代以来,企业的联合、并购风起云涌,大公司、大集团在世界范围得到发展。但由于巨型企业管理的复杂性和大批量生产方式的局限性,使人们对"大就是好"的经营哲学产生了怀疑。与此同时,中小企业以其分散经营的灵活性在创造市场活力方面显示出优势,日益发挥了它在国民经济中的作用;同时,它在整个国民经济中的地位也不断得到提升。

第一节　中小企业的崛起

对中小企业的崛起,我们既可以从现实动因来探讨其发展的必然性,也可以从理论上来探讨其存在的合理性。从理论上探讨中小企业存在的合理性,有助于人们对中小企业的兴起和发展原因做出更深层次的思考。

一、中小企业存在的合理性

能够为中小企业的生存和发展提供支持的理论主要有：

(一) 不完全竞争论或不完全垄断论

经济学家根据市场竞争与垄断的程度把市场分为四种：完全竞争市场、垄断竞争市场、寡头垄断市场和完全垄断市场。完全竞争市场和完全垄断市场是两个极端，现实市场往往是介于这两种极端之间的状态，不存在完全竞争和完全垄断的市场；又由于行业的不同，现实市场的竞争和垄断的程度是各不相同的，因此，现实市场表现为不完全竞争或不完全垄断市场。

因为现实市场的不完全竞争（或不完全垄断）的特点，大企业在市场上会受到诸如地域、运输的限制，大企业也不可能及时掌握充分的市场信息，对未来的新市场，大企业也未必能做出比小企业更快的反应，再大的企业也不可能覆盖全部市场，更何况随着互联网的发展，中小企业可以与大企业同时获得等量的市场信息。同时，某些资本密集型及资源密集型企业大型化生产导致了环境的污染和资源的枯竭，具有严重的外部不经济性，而某些小规模生产的企业对环境的污染较少，它对自然环境破坏的外部成本远远低于大企业相应的外部成本，对整个社会而言，它是相对高效的。因此，小企业就获得了自己的生存和发展空间。

(二) 适度规模论

适度规模论涉及经济学中的一个重要规律：规模经济。经济学家发现，在一定范围内随着企业规模的扩大，生产的平均成本递减，即收益可以随规模扩大递增，这种收益随规模递增的现象被称为规模经济。企业的长期成本曲线可以在一个较大的范围内处于最低点或近似最低点，但过了这一范围，成本就会随规模扩大而增加，于是，又有了适度规模的概念。对于任何行业来说，都存在一个"最小有效规模"，最大规模并一定就是最有效规模。中小企业的规模在区域性的市场中和需要花费大量运费的产业中，可能就是最有效规模。

适度规模除了从物质生产条件来考察外,还要受难以度量的因素的制约,如创新能力、政府政策、技术进步等因素。新技术降低了生产的最小有效规模,现代网络、通讯、交通方面的进步大大减少了中小企业因信息不完全所引起的交易成本,使它们能够及时掌握各种信息,有助于对市场形势做出正确判断,进而在很大程度上改善了中小企业在竞争中的处境。网络通讯技术的发展,使虚拟运作成为一种可能,中小企业之间的合作得到增强,从而使中小企业既可以从协作开发和生产中获得规模效益,又避免了"巨人企业"可能出现的种种弊端。

第二次世界大战以后,随着经济、技术的发展和其他客观经济环境的变化,大企业的经营弊端日益暴露,于是许多大企业认识到了巨型企业管理的复杂性和大批量生产方式的局限性,对"大就是好"的经营哲学进行了反思,他们开始充分利用中小企业"精、专、特"的优势,获取质优价廉的零部件和配件,或将一些工艺和业务分包给中小企业,与中小企业分享合作的经济成果,出现了大企业与中小企业合作竞争的新的竞争格局。在这样的背景下,中小企业的生产经营环境大为改善,中小企业得以蓬勃发展。

(三)产业组织互补论

现代产业组织理论认为,合理的产业组织体系就是大企业与众多中小企业建立起来的长期、稳定的专业分工与协作体系。大企业在经营中更多地侧重于新产品的开发和市场的开拓,以发挥其综合性的技术优势和管理优势,而中小企业则专长于基础性的生产和生产工艺的改进,这样在不同规模的企业之间,既避免了恶性竞争,又发挥了各自的优势。一家大企业往往处于某一行业的核心地位,中小企业则是外围企业,外围的中小企业群对大企业既有竞争、挑战关系,又有对大企业的依附和保护关系。足够多的中小企业的存在是竞争的必要条件。大企业和中小企业在各自的分工中既相互依存又相互竞争,共同推动了行业的发展和市场的繁荣。

(四)利基营销论

利基营销理论是市场细分理论的进一步发展。传统的细分理论和方法是根据人口统计变量及消费者共同的心理特点,把不知名的顾客划分为类。随着市场需求的多样化和个性化的发展,利基营销开始盛行。现代计算机技术和数据库技术可以使企业能够集中精力于更少的人身上,对消费者进行更为准确的定位。如何把市场细分为更多更小的区域,提供可以满足各类最小消费单位的需要的产品和服务,中小企业的特色经营和灵活机动的经营方式,正符合了个性化消费时代利基营销的这一要求。利基营销理论使中小企业小批量、多样化的优势得以充分的发挥。

二、中小企业发展的现实动因

中小企业发展的现实动因主要有以下四点。

(一)创新趋势

伴随着知识经济的来临,一个以"知识管理"为代表的崭新的经营管理时代也悄然来临。持续不断的创新将成为企业持续发展的原动力,创新已经成为企业生存和发展的灵魂。对于中小企业来说,更是如此。中小企业最先感受到"创新"的现实压力,反过来,这种压力也会成为中小企业发展的动力。就我国现阶段的经济发展而言,市场条件的变化,产业结构的调整,对大多数的企业造成了发展的压力,大企业对这种压力的承受能力相对强些,而最先陷入亏损境地难以生存下去的是中小企业。因此中小企业有更强的变革创新的动力,特别是对于一些技术型中小企业而言,他们无法像大企业那样依赖于已经取得的产品市场地位,而不得不靠创新获得竞争优势,创新成为他们生存发展的必要条件。

(二)政府支持

纵观各国中小企业的发展状况,中小企业的生存和发展离不开政府的支持,政府的支持是中小企业发展的根本保障。由于中小企业在市场竞争中的劣势地位以及它们在国民经济和整个社会生活中所具有的不可替代的功能和作用,各国政府在确定经济政策时,必然要重视鼓励和促进小企业的发展。政府的支持主要体现在政策扶持、立法保障和成立专门的管理机构等方面。

(三) 产业结构的变化

合理的产业组织体系是大企业与众多中小企业建立起来的长期、稳定的专业分工与协作体系。专业化是把社会生产分解为各个独立的生产部门,而协作又把各个已经分解的部门连接成为有机的整体。中小企业以其灵活而专业化的生产和经营,给配套的大企业带来协作一体化的好处,大大节约了成本,获得高额利润。同时,知识经济时代,产业结构正从资本密集型转向技术、知识密集型,这些新兴产业以知识为核心竞争能力,为众多技术型的中小企业提供了广阔的发展空间,只要中小企业不断进行技术创新、不断开发和采用新产品、新工艺,盈利的可能性将大大增加。产业结构的变化还表现在第三产业的异军突起,第三产业主要集中在信息、咨询、教育、服务、修理等领域。第三产业一般不需要大规模的设备和资金投资,它的发展带动了大量中小企业的产生和发展。

(四) 市场需求的变化

随着人们收入水平的提高,消费价值观念的变化,社会消费结构呈现出多样化、个性化和高级化的趋势,致使产品向优质化、多品种、小批量方向发展。因此,那些对市场需求反应灵敏,以多样化、小批量的生产方式为特点的中小企业,由于投资少、资金周转快、经营灵活、转产迅速的优点,使其在根据市场需求的变化来及时组织安排生产上比大企业更具优势,中小企业的蓬勃发展与市场需求结构的变化是密不可分的。

第二节　中小企业的地位和作用

无论从国内的实际来分析,还是从世界各国的情况来考察,中小企业无疑地成为各国国民经济发展的重要组成部分。中小企业的发展,稳定了社会的庞大的产业队伍,对于技术创新和市场创新而言,中小企业又是主要的创新力量。

一、中小企业是国民经济发展的重要组成部分

中小企业量多面广,是国民经济的重要组成部分,在社会经济的发

展中发挥着重要的作用。目前,中国中小企业的数量占全国企业总数的99%,在全国工业总产值和实现利税的比重分别为60%和40%,提供的就业岗位占全国城镇就业总数的75%左右。促进中小企业的健康发展对保持经济持续发展和社会稳定,创造劳动力就业机会,完善社会主义经济体制,都具有重要意义。

中小企业日益成为各国国民经济发展中的增长点,是促进市场竞争和市场繁荣的基础力量,是推动经济发展的重要力量。

(一) 中小企业数占企业总数的绝对优势

中小企业在总数上占绝对的优势,一般都占各国(地区)企业总数的90%以上。美国的统计数字是99.7%,日本99.1%,德国97%,台湾地区96.26%。

(二) 中小企业是国家税收的稳定来源

虽然中小企业实现的产值占各国(地区)总产值的比重一般不占绝对优势(美国占40%,日本占51%,德国占66.7%,台湾地区占32.3%,中国内地占40%),但由于大企业在数量上只占小部分,经营业绩的波动会对国家税收造成较大影响,而中小企业数量众多,整体的经营业绩不会有很大的波动,因此就成为国家税收的稳定来源。

据美国财政部国内税收局的统计数字,全美1991年缴纳的2 050万份完税单中,大企业的税单数不到7 000份,1992年全美的税单总数2 130万份,1993年2 150万份,其中都只有约14 000份是大企业的。

(三) 中小企业是地域经济的推动力量

中小企业大都存在于规模比较小的、相对隔绝的或不完全的市场上,因此它在地方性的市场或在农村市场上能够获得较好的发展。特别是在我国大陆,中小企业主要隶属于地方,地域经济的主体力量是县属中小企业,中小企业是地方工业的重要基础,构成了地域经济的重要支柱和地方财政的主要来源。1994年全国农村企业上缴税金1 591亿元,占当年全国各种税收总数的31.03%。可见县以下地方政府财政收入主要来自于中小企业上缴的税利。同时,由于县属企业往往处于城乡结合处,对于城乡经济的联结和互补以及协调发展起着极为重要的作用。

二、中小企业的发展，稳定了一支庞大的产业队伍

由于中小企业在数量上的绝对优势，中小企业从业人员在就业总数的比重中占相对的优势。各发达国家中小企业的就业人员占全部就业人数的比重一般都在50%以上，最低的美国达到54%，德国65%，意大利58.68%，最高的是日本78%。中小企业的发展，扩大了就业机会，如在美国，86.7%的新增就业机会是由中小企业提供的，中小企业创造并稳定了一支庞大的就业队伍，成为稳定社会的根本保证。

三、中小企业是创新的主要力量

技术的发展，推动了许多以知识为基础的新兴行业的出现，从而为中小企业的发展提供了广阔的生存和发展空间。同时，中小企业也以其比大企业更强的变革创新精神，率先进入新的行业。技术的发展和中小企业的发展，两者是互为因果的。

对美国34个创新最多的行业的统计分析结果显示，中小企业的创新在14个行业中占优势，在一些新兴行业中的优势更为明显。在20世纪的前70年，美国科技发展项目中的50%是由小企业完成的。美国小企业管理局评定的20世纪最重大的65项发明和创新是由500人以下的小企业或个人创造的，其中包括直升机、PC机、复印机、青霉素、真空管等。可见，中小企业是创新的主要力量。

（一）中小企业的创新能力

中小企业的研究开发人员往往是"通才"式的，由于其知识范围广泛，创新成果就可能越新颖，而大企业过分的专业化可能会限制研发人员创新能力的发挥。同时，由于较少的组织限制，中小企业人力资源的主动性和创造性得以充分的发挥，因此其创新的数量、频率和效率在一定程度和范围内都高于大企业。

（二）灵活、高效的经营降低了创新的成本

出于减少设备更新频率等市场营销策略的考虑，大企业往往倾向于限制某些方面的技术改进，中小企业较少这方面的限制。相反，他们无法像大企业那样依赖于已经取得的产品市场地位，而不得不依靠技术创

新获得竞争优势;同时,中小企业以其灵活、高效的专业化生产和经营,把科技转化为现实生产力的时间和经历的环节大为缩短。另外,中小企业正呈现出向知识密集型转变的趋势,日益成为技术创新的重要力量。

(三) 中小企业创新的领域

由于中小企业的产业分布广,同时又处在大企业的市场夹缝中,因此其创新的触角可以伸向大企业无暇顾及的领域,在广泛的领域进行各种创新的尝试,为更大规模的创新变革提供经验。

第三节　中小企业的界定

对中小企业的定义和划分标准,因国家而异,也因划分的目的、时期和行业的不同而有所区别。迄今为止,世界各国对中小企业没有统一定义,通常是根据各国的经济发展水平和特定的国情来界定的。另外,许多国家没有中型企业的概念,因此,对中型企业更难以界定。人们通常讲的小企业实际上包含了一部分中型企业。

一、概念界定

对中小企业的概念可以从定性的角度予以界定,即以企业所有权的集中程度、自主经营的程度、管理方式及其在本行业所处的地位作为衡量标准,反映小企业的组织结构和经营方式上的特点。下面介绍几种权威性的定义:

(一) 小企业的定性标准

1. 美国《小企业法》的定义

美国1953年颁布的《小企业法》规定:"小企业是独立所有和自主经营、并在其经营领域不占支配地位的企业。"

2. SBA 的定义

美国专门设有小企业辅导机构——小企业管理局(small business administration,SBA),由其制定和颁布小企业的界定标准。SBA 在1975年的一份报告中,把小企业定性为:"不能从大企业所获得经济规模中得到好处的企业。"

3. 德国的定性标准

1970年,当时的德国联邦政府在《中小企业结构政策的指导方针》中规定:"中小企业是指这类企业:它们一般不是从金融市场筹措资金;企业由参加管理的所有者经营;所有者承担市场的全部风险。"

4. 中国的定性标准

中华人民共和国《中小企业促进法》对中小企业作了如下定义:中小企业是"依法设立的有利于满足社会需要,增加就业,符合国家产业政策,生产经营规模属于中小型的各种所有制和各种形式的企业"。

(二) 中小企业的定性特征

总括起来,小企业的定性特征有:

(1) 独立经营管理,所有权和经营权不相分离。

(2) 通常不以股票等形式筹措外部资金,而以商业信用和内部积累等途径积累资金。

(3) 规模较小,拥有较小的市场份额。

(4) 与地域经济有密切联系,活动范围主要在地方性市场。

由于定性标准没有数量上的界限,难以具体把握、衡量和核实,没有实际操作意义。但有助于人们对小企业特性的理解。

二、定量标准

通常的定量标准有三项:员工人数,实有资本,营业额(销售额)。

1. 美、日的标准

SBA确定的标准,一些是以员工数为指标(雇员500人),一些则以销售量为指标(销售量350万)。

日本的《中小企业基本法》规定:制造业、采矿业、运输业、建筑业等,资本金额在1亿日元以下,职工人数在300人以下的企业,都是中小企业。零售服务业,资本金额在1 000万以下,雇员数在50人以下的企业为中小企业。

2. 中国的标准

中国内地的小企业标准自20世纪50年代以来进行了数次调整。

在50年代,企业规模主要根据职工人数划分。1962年改为主要依据固定资产价值划分。1978年国家计委下发的《关于基本建设项目的大中型企业划分的规定》,把企业规模划分标准改为企业的年综合生产能力。1988年有关部门又对1978年的标准进行了修改和补充,颁布了《大中小型企业划分标准》,该标准以生产规模、生产设备的生产能力、固定资产价值等为参照系,按不同行业,把企业分为特大型、大型(又分为大一、大二两类)、中型(又分为中一、中二)和小型。1999年我国对小企业的划分标准再次作了修改,将销售收入和资产总额在5 000万元以下的定为小企业。

《中小企业促进法》规定:中小企业的划分标准由国务院负责企业工作的部门根据企业职工人数、销售额、资产总额等指标,结合行业特点制定,报国务院批准。

三、理解小企业时应注意的问题

(一)通常讲的小企业实际上包含了一部分中型企业

许多国家没有中型企业的概念,企业只有大小之分。事实上,中型企业更难以界定,它通常与小企业具有相仿的特征,面临共同的问题。

(二)小企业是一个相对的概念

这种相对性集中体现在:

1. 不同国家或地区的差异性

不同国家或地区的经济规模大小不同,因而对中小企业定量化的界定标准也会有所不同。一般来说,经济发展规模较小的国家,其中小企业规模的界定相应也较小些。

2. 同一个国家或地区不同发展阶段的差异性

任何国家和地区对中小企业的界定标准都会随着其经济发展和社会变化而有所变化。

3. 不同行业的差异性

不同的行业,界定中小企业所采用的标准不同。即使是相同的标准,其定量化的数值也会不同。中小企业界定的标准,一般最能反映不同行业的特点。

(三) 界定标准的多元性

如上所述,界定中小企业有定性的标准,也有定量的标准。定性衡量通常以企业所有权的集中程度、自主经营的程度、管理方式及其在本行业所处的地位等为标准;定量化的指标一般有员工人数,实有资本,一定时期的营业额(销售额)。在具体衡量时,有的采用其中的单项标准,有的是选择其中的两项,还有的三项指标并用。

(四) 界定标准的稳定性和准确性

不同指标在反映中小企业规模上都存在着稳定性和准确性的问题。定性指标稳定性较强,可以较概括地反映中小企业的基本特征,但实际运用时操作性不很强。具体操作时必须借助于定量化的指标。但定量化的三项指标容易受经济发展水平和社会环境变动的影响,在反映企业的实际经济实力、生产状况的精确性上,是有差异的。

第四节 中小企业发展的政府管理

为有效地保证市场经济的公平竞争,鼓励、促进和保护中小企业的发展,各国(地区)的政府都实行了大企业与中小企业的差别管理。各国(地区)政府对中小企业的管理的内容是很完备的,经验是十分丰富的。

一、政府对中小企业管理的内容

(一) 加强对中小企业的立法保障

中小企业目前已成为世界各国的重要的经济力量,但与大企业相比,中小企业在市场竞争中明显受大企业的排挤甚至被吞并,中小企业在国民经济中的弱势地位,迫切需要政府的保护和扶持。政府对中小企业的立法保障是最有效的管理手段。有关中小企业的立法主要包括中小企业基本法和涉及中小企业发展某一方面的专项法。

1. 中小企业基本法

中小企业基本法是关于扶持和管理中小企业的根本法和母法,是政府管理和扶持中小企业的依据,也是制定中小企业某一方面的专门法规的依据。美国是制定中小企业基本法最早的国家,1953年颁发了《小企业法》,1961年、1967年和1974年又分别根据新的经济形势对该法进行了修正。1963年日本颁布了《小企业基本法》,该法被称为日本的中小企业宪法。德国虽然还没有专门的中小企业基本法,但早在1967年联邦德国就制定了《关于保持经济稳定和经济增长法律的基本条例》,规定了对中小企业的基本政策。我国台湾地区1967年颁布了《中小企业辅导准则》,1996年修改为《中小企业发展条例》。

2. 中小企业的专项法规

中小企业专项法规是各国根据本国的国情制定的关于中小企业发展某一方面的专项法规,内容相当丰富,主要涉及为小企业建立公平的经营环境、为小企业提供金融方面的扶持、支持小企业的技术进步、指导中小企业结构调整和现代化发展、鼓励中小企业出口和投资、协调大中小企业之间的关系等诸多方面。例如:美国的《机会均等法》、《小企业发明推广法》、《加强小企业研究与发展法》、《小企业技术创新开发法》、《小企业经济政策法》、《扩大中小企业输出法》、《制度缓和法》;日本的《禁止垄断法》、《稳定特定中小企业临时措施法》、《改善中小企业金融方法纲要》、《中小企业信贷保护法》、《中小企业金融公库法》、《中小企业现代化促进法》、《小企业共济法》、《部门调整法》等。迄今为止,日本共颁布了50多部有关中小企业的法律,形成了完备的中小企业法律体系。

(二) 制定扶持和引导中小企业发展的政策

中小企业单靠自身的力量很难获得健康、持久的发展,政府在确定经济政策时,可以在财政税收、金融信贷、技术援助、人力资源培训等方面予以必要的扶持和引导,从而为中小企业的发展创造良好的经济环境,保证中小企业生产经营。

在财政税收方面,主要是采取减免中小企业的所得税的措施来刺激中小企业的发展。为解决中小企业发展资金不足的困难,政府可以专门设立为中小企业提供金融服务的机构,对中小企业实施金融扶持。政府还可以为中小企业提供有关技术咨询服务,鼓励其积极进行科研活动,并实施必要的技术援助。为了提高中小企业的生产技术和管理水平,政府可以通过多种形式和渠道,对中小企业的员工进行职业技术教育培训。

(三) 成立中小企业管理机构

许多国家都专门成立了中小企业管理机构作为管理中小企业的行政主管部门。由中小企业管理机构制定和实施对中小企业的扶持政策,维护中小企业的利益,并从政府角度,向中小企业提供各种政策、法规、宏观经济形势、技术专利、国内外市场等多方面的信息。

在美国,联邦政府1953年建立了一个试验性的"小企业管理局"(small business administration, SBA),并于1958年正式成立。SBA下设10个地区的分局和102个支局。SBA的主要职责在于听取小企业的意见和要求,并向总统报告;就保护小企业的权益向联邦政府提出政策建议;提供贷款担保、技术咨询;帮助获得政府的采购合同等。

日本政府则早在1948年就成立了"中小企业厅"作为政府管理中小企业的最高行政机构,其主要职责在于向中小企业提供管理、资金、技术、发展方向的指导和扶持;在制定中小企业政策时反映中小企业的愿望和要求;帮助获得政府订货的机会;调节中小企业与大企业的矛盾;调节中小企业内部的劳资冲突,等等。

二、各国(地区)中小企业发展政策比较

(一) 美国的中小企业政策

美国政府相继制定了一系列维持竞争秩序的法律,并成立官方机构SBA对中小企业进行行政管理,美国中小企业的政策有以下特点:

1. 中小企业的财政支持是以信贷担保为主

联邦政府的财政支持主要是向民间金融机构的贷款提供信贷担保。对总数为75万美元以下的贷款,SBA可以对全部款项的75%进行担保,如果是10万美元以下的贷款,SBA可以担保80%。

2. 简化贷款手续

对于10万美元以下的贷款,申请人只需书写一页纸的申请书,说明申请人的资信和贷款情况。

3. 对少数民族企业家和女性企业家的支持

在对少数民族企业家和女性企业家提供财政支持的问题上实行事前批准贷款制。少数民族企业家和女性企业家在创建小企业向银行借贷前，SBA可决定提供25万美元以下的贷款担保，贷款担保不看申请人的资产情况，而是看贷款性质和申请人的信誉和经验。

4. 加强对中小企业技术研究开发的支援

由政府批准设立中小企业技术服务机构——"制造技术中心"、"制造推广技术中心"、"小企业发展中心"等，为小企业提供技术咨询与推广服务；对小企业技术革新研究计划，由政府提供研究开发的一部分资金。

（二）日本的小企业政策

日本的小企业政策在许多地方值得我们借鉴：

1. 推行小企业的组织化

日本的《中小企业基本法》规定，为协助小企业的发展，提高小企业的社会地位，必须推行小企业的组织化。根据这一规定，日本建立了许多民营的或半官方半民营的小企业社会团体，主要有：中小企业振兴事业团——该团体设有中小企业大学校、中小企业情报中心，为中小企业提供经营指导、教育培训、情报咨询和交流等服务；中小企业共济事业团——主要对中小企业的倒闭、职工退职、病伤、福利等方面在经济上实行互助。此外还有中小企业中央会、日本商工会议所、日本商工会等，这些社会团体，各司其责，成为协助各级行政机关实施中小企业政策法令和扶植、指导中小企业的重要力量。

2. 建立中小企业的诊断制度

日本政府在20世纪50年代建立了中小企业诊断制度。中小企业向有关的中小企业经济团体提出申请，由他们派出专家，深入到企业，在充分掌握企业的实际情况基础上，研究企业存在的问题，提出改进的建议和措施，并根据企业的需要，指导改进方案的实施。诊断指导费一般由政府负担(盈利性的民间咨询机构对企业的诊断指导是收费的)。诊断制度提高了中小企业的经营管理水平和技术水平，促进了中小企业的发展。

3. 经营中小企业的共济事业

20世纪60年代日本政府颁布了《小企业共济法》、70年代颁布了《中小企业倒产(即破产)防止共济法》。共济事业主要有两方面的业务：一是提高小企业者的福利。根据规定，小企业主必须每月交纳一定数额的公积金，并由政府出资设立了小企业共济事业团主管这方面的业务，小企业主如果退职、死亡或企业倒闭停业时，可以依照规定领取相当数量的共济金；二是稳定中小企业的经营。一个企业的倒闭，往往会引起相关的中小企业的倒闭，为了防止中小企业连锁倒闭，符合条件的中小企业可以与中小企业共济事业团签订契约，每月交纳一定的共济金，交纳共济金6个月以上的企业，如果面临倒闭局面，可以接受共济贷款。贷款额是这个企业缴纳共济金的10倍。这种贷款不需要保证人，无利息，偿还期为5年。

4. 支持中小企业进行技术开发

政府对于进行技术研究开发和新机械试制的中小企业给予一定的研究费补助。对于实施新技术的商品化实验所需的资金，由中小企业金融公库给予长期低息贷款。对于节省能源、替代能源的技术开发和对于地区产业的技术开发，由政府金融机构给予贷款。

(三)韩国的中小企业政策

按照韩国的标准，300人以下的制造业、运输业，200人以下的建筑业和20人以下的服务业都是中小企业，这样的企业数占全国企业总数的98.3%(1997年)。韩国政府为了支持中小企业的发展，采取了一系列的措施。

1. 建立完备的保护和支持中小企业的法律法规体系

从20世纪60年代以来，韩国经过30多年的努力，建立了一套比较完备的保护和支持中小企业的法律法规体系，如《中小企业协同组织法》、《中小企业事业调整法》、《中小企业银行法》、《中小企业基本法》、《中小企业系列化促进法》、《中小企业振兴法》、《重点中小企业制度》、《中小企业创业支援法》、《中小企业新技术事业支援法》、《中小企业共济事业制度》、《公平交易法》、《关于促进中小企业经营安定及结构调整特别措施法》、《中小企业振兴基金制度》等。这些法律法规，主要涉及创业支援、促进产业结构升级、促进企业协作、企业保护和稳定等方面。

2. 贷款优惠

对创业 7 年以内的企业提供建立设施和保持企业运转的定额低息贷款,并允许在 3 至 5 年内分期偿还;在为创业而设立培育机构时,政府提供低息贷款并允许分期偿还,提供作业场地、技术指导和必要的设施。在正式开始筹建工厂时,政府协助解决占地和资金问题,并简化各种批准手续;中央银行通过优待措施,鼓励上市银行在贷款方面支持中小企业。

3. 税收优惠

对建在首都圈以内的技术密集型中小企业,从获得收益时算起,前 4 年每年减征 50% 的所得税和法人税,此后两年内每年减征 30%。如果这些企业设立在首都圈以外,则连续 6 年每年减征 50% 的所得税和法人税。在创业初期减征财产登记税、财产获得税、财产税和土地税等。

(四) 欧盟的中小企业政策

欧盟是世界上最强大的经济区域集团。如果说欧盟的经济犹如一艘大船,那么,欧盟的中小企业就像是汪洋大海,托起并推动了欧盟经济的发展。1993 年欧盟统计局的统计数字表明:欧盟 1 800 万家企业中 250 人以下的中小企业有 1 792.4 万家,这些中小企业产值占欧盟总产值的 55%,就业人数占欧盟就业人口总数的 70%。近年来,欧盟采取了一系列的措施促进中小企业的发展:

1. 加大对中小企业的投资力度

欧盟为发展中小企业,设立了不同年度、不同项目的投资计划,资金额从几千万欧元到几十亿欧元不等。为方便中小企业获得贷款,由欧盟委员会牵头,从 1996 年开始,每年举行一次中小企业与银行的圆桌会议,探讨最佳贷款方式,研究中小企业在投资方面的问题,加强了银行对中小企业的了解。作为欧盟的金融机构——欧洲投资银行也加大了向中小企业的投资幅度。

2. 建立信息网络,为中小企业提供信息帮助

为了帮助中小企业获得市场信息,欧盟在因特网上开通了"企业之

窗"网站,以便中小企业了解欧盟统一大市场和国际市场的情况,寻找发展机遇。中小企业也可以通过这一网站向欧盟委员会反映自身面临的困难和问题。欧盟还启动了"进入信息社会计划",帮助中小企业利用"信息高速公路"融入国际市场,发展电子商务。

3. 制定多层次的发展培训计划

为了帮助中小企业确定投资和立项的方向,提高中小企业对市场的适应能力,欧盟制定和启动了多部门和多层次的发展及培训计划,内容涉及商贸、工业、技术发展、企业管理、行业合作、科研创新等方面。发展培训计划由欧盟专门拨款,成员国具体负责实施。

4. 鼓励中小企业发展高科技

欧盟委员会已经制定实施了1999—2002年中小企业科研计划,支持中小企业在信息和电讯产业方面的开发以及与大公司之间的合作。欧盟投入了高达数百亿欧元资金用以与中小企业科研活动有关的项目。这些项目优先帮助中小企业进行新产品、新工艺和新技术的研制,建立跨地区、跨国界的科研合作关系,使欧盟的中小企业能够适应经济全球化的发展趋势。

三、我国对中小企业发展的促进政策

我国过去对中小企业的发展事实上已经采取了不同形式、不同程度的支持与鼓励政策。迄今为止,我国关于中小企业的立法主要有:《小型企业租赁暂行条例》、《私营企业暂行条例》、《乡镇企业承包经营责任制规定》、《中外合资经营企业法》、《中外合作经营企业法》、《合伙企业法》、《乡镇集体所有制企业条例》、《出售国有小型企业暂行办法》。明确规范中小企业组织和活动的基本法——《中小企业促进法》已于2002年6月29日第九届全国人民代表大会常务委员会第二十八次会议通过,并自2003年1月1日起施行。

《中小企业促进法》从1998年纳入国家立法规划,历时3年完成,填补了立法的空白,把中小企业的发展事业直接纳入国家的经济和社会发展计划之中,明确了各级政府在支持和促进中小企业发展事业中所要承担的责任。《中小企业促进法》所体现的立法精神是改善中小企

业经营环境,扶助中小企业健康发展,扩大城乡就业,更好地发挥中小企业在国民经济和社会发展中的重要作用。

具体来讲,各级政府在支持和促进中小企业发展事业中承担的责任包括:

(一) 资金支持

政府对中小企业的资金支持包括:中央政府和地方政府在预算中设立中小企业科目,安排专项财政资金支持中小企业的发展;设立中小企业发展基金;改善中小企业融资环境,拓展对中小企业的融资服务范围;组建中小企业贷款担保机构,为中小企业的融资提供担保服务。

1. 安排专项财政资金支持

中央财政预算应当设立中小企业科目,安排扶持中小企业发展专项资金支持中小企业的发展,地方政府应当根据实际情况为中小企业提供财政支持。国家扶持中小企业发展专项资金用于促进中小企业服务体系建设,开展支持中小企业的工作,补充中小企业发展基金和扶持中小企业发展的其他事项。

2. 设立中小企业发展基金

中小企业发展基金由下列资金组成:

(1) 中央财政预算安排的扶持中小企业发展专项资金;

(2) 基金收益;

(3) 捐赠;

(4) 其他资金。

《中小企业促进法》原则规定国家通过税收政策,鼓励对中小企业发展基金的捐赠,并规定基金的使用方向:

(1) 创业辅导和服务;

(2) 支持建立中小企业信用担保体系;

(3) 支持技术创新;

(4) 鼓励专业化发展以及与大企业的协作配套;

(5) 支持中小企业服务机构开展人员培训、信息咨询等项工作;

(6) 支持中小企业开拓国际市场;

(7) 支持中小企业实施清洁生产。

3. 改善中小企业融资环境

《中小企业促进法》要求中国人民银行应当加强信贷政策指导,改善中小企业融资环境。中国人民银行应当加强对中小金融机构的支持力度,鼓励商业银行调整信贷结构,加大对中小企业的信贷支持;各金融机构应当对中小企业提供金融支持,努力改进金融服务,转变服务作风,增强服务意识,提高服务质量;各商业银行和信用社应当改善信贷管理,扩展服务领域,开发适应中小企业发展的金融产品,调整信贷结构,为中小企业提供信贷、结算、财务咨询、投资管理等方面的服务;政策性金融机构应当在其业务经营范围内,采取多种形式为中小企业提供金融服务;国家采取措施拓宽中小企业的直接融资渠道,积极引导中小企业创造条件,通过法律、行政法规允许的各种方式直接融资;国家通过税收政策鼓励各类依法设立的风险投资机构增加对中小企业的投资;国家推进中小企业信用制度建设,建立信用信息征集与评价体系,实现中小企业信用信息查询、交流和共享的社会化。

4. 组建中小企业贷款担保机构

《中小企业促进法》责成县级以上人民政府和有关部门应当推进和组织建立中小企业信用担保体系,推动对中小企业的信用担保,为中小企业融资创造条件;国家鼓励各种担保机构为中小企业提供信用担保;国家鼓励中小企业依法开展多种形式的互助性融资担保。

(二) 创业扶持

《中小企业促进法》要求政府有关部门积极创造条件,提供必要的、相应的信息和咨询服务,规定国家在有关税收政策上支持和鼓励中小企业的创立和发展,创业扶持包括:

1. 合理安排必要的场地和设施

在城乡建设规划中,应该根据中小企业发展的需要,合理安排必要的场地和设施,支持创办中小企业。

2. 充分利用税收优惠手段支持中小企业安排失业者、残疾人、大中专毕业生就业和创办高新技术中小企业

对失业人员、残疾人员创办中小企业的,所在地政府应当积极扶

持,提供便利,加强指导;政府有关部门应当采取措施,拓宽渠道,引导中小企业吸纳大学、大专、高职、中专毕业生就业。《中小企业促进法》明确规定:国家对失业人员创立的中小企业和当年吸纳失业人员达到国家规定比例的中小企业,符合国家支持和鼓励发展政策的高新技术中小企业,在少数民族地区、贫困地区创办的中小企业,安置残疾人员达到国家规定比例的中小企业,在一定期限内减征、免征所得税,实行税收优惠。

3. 为创业人员提供的政府服务

《中小企业促进法》规定各级政府及其部门对中小企业的创办提供工商、财税、融资、劳动用工、社会保障等方面的政策咨询和信息服务等全方位的服务,提高工作效率,提供便利;为创业人员提供企业登记机关应当依法定条件和法定程序办理中小企业设立登记手续,提高工作效率,方便登记者,并明确规定不得在法律、行政法规规定之外设置企业登记的前置条件,不得在法律、行政法规规定的收费项目和收费标准之外,收取其他费用。

4. 鼓励中小企业创办中外合资和中外合作企业

国家鼓励中小企业根据国家利用外资政策,引进国外资金、先进技术和管理经验,创办中外合资经营、中外合作经营企业。

5. 鼓励个人或者法人依法以工业产权或者非专利技术等投资参与创办中小企业

(三) 技术创新

国家制定政策,鼓励中小企业按照市场需要,开发新产品,采用先进的技术、生产工艺和设备,提高产品质量,实现技术进步;中小企业技术创新项目以及为大企业产品配套的技术改造项目,可以享受贷款贴息政策;政府有关部门应当在规划、用地、财政等方面提供政策支持,推进建立各类技术服务机构,建立生产力促进中心和科技企业孵化基地,为中小企业提供技术信息、技术咨询和技术转让服务,为中小企业产品研制、技术开发提供服务,促进科技成果转化,实现企业技术、产品升级;国家鼓励中小企业与研究机构、大专院校开展技术合作、开发与交流,促进科技成果产业化,积极发展科技型中小企业。

(四) 市场开拓

国家鼓励和支持大企业与中小企业建立以市场配置资源为基础的、稳定的原材料供应、生产、销售、技术开发和技术改造等方面的协作关系,带动和促进中小企业发展;国家引导、推动并规范中小企业通过合并、收购等方式,进行资产重组,优化资源配置;国家鼓励促进中小企业产品出口,推动对外经济技术合作与交流;鼓励政策性金融机构通过开展进出口信贷、出口信用保险等业务以支持中小企业开拓国外市场;鼓励符合条件的中小企业到境外投资,参与国际贸易,开拓国际市场;鼓励中小企业服务机构举办中小企业产品展览展销和信息咨询活动。《中小企业促进法》还规定政府采购应当优先安排向中小企业购买商品或者服务。

(五) 社会服务

国家鼓励社会各方面力量,建立健全中小企业服务体系,为中小企业提供服务;要求政府根据实际需要扶持建立的中小企业服务机构,为中小企业提供创业辅导、企业诊断、信息咨询、市场营销、投资融资、贷款担保、产权交易、技术支持、人才引进、人员培训、对外合作、展览展销和法律咨询等服务;国家鼓励有关机构、大专院校培训中小企业经营管理及生产技术等方面的人员,提高中小企业营销、管理和技术水平。

第二章 中小企业的创建

学习目标

完成本章学习以后,你应该能够:
- 理解如何寻找创业机会
- 了解适合中小企业经营的细分产业
- 掌握创建中小企业的主要方式
- 掌握如何评价被出售企业
- 理解特许经营中授权和特许经营的关系
- 了解特许经营的模式和优劣
- 懂得如何评价特许经营机会
- 掌握家族企业管理的基本原则
- 了解企业计划书的格式和内容
- 了解企业创建的基本程序
- 学会如何选择经营地点

经济的发展为创业者提供了广阔的市场空间。创建一个中小企业,除了要考虑盈利性外,还要考虑个人的兴趣、能力等各种因素,更要面对许多环境因素,应付许多前期工作。本章着重介绍创业者在创建中小企业过程中面临的主要问题。

第一节 寻找创业机会

创业投资,首先考虑的是市场机会,在寻找市场机会时,最先要面临的是产业选择问题。如何选择适合中小企业经营的产业,对中小企业创建的成功具有决定性的意义。

一、寻找和发现创业的市场机会

在寻找和发现市场机会时,创业者要具体分析环境机会与创业机会、潜在市场机会与表面市场机会、行业市场机会与边缘市场机会、目前市场机会与未来市场机会、全面市场机会与局部市场机会等。

(一)环境机会与创业机会

只要市场上存在着未满足的需要,也就存在着许多市场机会。这些市场机会是环境变化客观形成的,所以就称之为环境机会。环境机会对不同的创业者来说,并不一定都是最佳的机会。因为这些环境机会不一定符合创业者的目标和能力,不一定能取得最大的竞争优势。环境机会中只有那些符合创业者目标和能力、有利于发挥其优势的机会,才是可以考虑的创业机会。环境机会对某些新创建的企业来说既可以是威胁,也可以是机会。所以,在市场机会分析中,从创业的角度来说,就是要从环境机会中进行选择,发现合适于自身的创业机会,并对其进行评价,采取适当的策略,获得利益。

在选择创业机会时,财富的积累也许并不是创业者首先考虑的因素,创业者的目标和兴趣或许更为重要。同时在评价创业机会时,要看创业者是否具有相关的资源优势,资源优势不仅仅是资金资源,也包括了创业者的经营管理的经验、能力以及人力资源等。此外创业者是否能够从中获得更大的差别利益也是权衡的一个重要标准。

(二)潜在市场机会与表面市场机会

在市场机会中,有的是明显没有被满足的市场需求,这种未被满足的市场需求就称之为表面市场机会;而另外一种则是隐藏在现有某种需求后面的未被满足的市场需求,这种隐藏的未被满足的市场需求就称为潜在市场机会。

对于表面市场机会,比较容易寻找和识别,难度系数较低,这是表面市场机会最大的一个优点。但是从事物一分为二的观点来观察的话,这样一个最大的优点也恰恰是它最大的一个缺点:由于市场机会明显,容易寻找和识别,因此抓住这一市场机会的创业者和新企业也同样增多，一旦新企业纷纷涌入，超过了市场机会的容量之后，就会造成供过于求，从而使这一市场机会不能为企业创造收益，机会也就失去了它本身的价值。

潜在市场机会一般不太容易被发现、寻找和识别，难度系数也比较大，这是它最大的缺点。但正是由于它的难度大、不易识别，所以一旦找到并且抓住了这种市场机会，其竞争对手的数量就会比表面市场机会的竞争对手少，机会效益也较高。所以，重要的问题是如何去发现、寻找和识别这类隐藏在某种需求背后的、没有被满足的要求。

由于小企业的灵活性和生存环境的劣势，中小企业的创业者更容易也更乐意去寻找、发现和利用潜在的市场机会。

（三）行业市场机会与边缘市场机会

一般来说，各个新创建的企业由于其拥有的技术、资源和经营条件不同，以及在整个市场营销系统中所承担的职能不同，通常都有其特定的经营领域。因此，对于出现在本企业经营领域内的市场机会就称之为行业市场机会；对于在不同行业之间的交叉与结合部分出现的市场机会就称之为边缘市场机会。

创业者对于行业市场机会一般比较重视，因为它能充分利用自身的优势和经验，发现、寻找和识别的难度系数也比较低，所以，很多人在寻找市场机会时一般都是以行业市场机会作为其重点目标。但是，行业市场机会在行业内部会面临同行业间的激烈竞争而失去或减弱机会效益。因此，一些企业就试图在行业领域之外寻找市场机会。

可是，出现在某个企业行业领域之外的市场机会，绝大部分又是别的企业的行业市场机会，并且这些市场机会对外行业的企业而言，进入的难度更大。所以，这种行业之外的市场机会也并不是一种很好的市场机会。不过，由于各企业都比较重视行业的主要领域，因而，在行业与行业之间有时也会出现"夹缝"，从而形成真空地带。这种现象大多是发生在行业与行业的交界处。在这些边缘地带，行业会出现交叉、重合，而这些行业间的结合部一般是企业容易忽视的地方，在这些领域，消费者的需求不能得到充分的满足，甚至还会出现一些新的消费需求所以,创业者在行业领域之外寻找比较理想的市场机会,其主要目标应该是边缘市场机会。

(四) 目前市场机会与未来市场机会

通常所讲的市场机会都是指目前市场上存在的未被完全满足的要求,而这些在目前环境变化中出现的市场机会,都称为目前市场机会。但是,从环境变化的动态性来分析,还有一种未来市场机会存在。这种市场机会,在目前的市场上并未表现为大量需求,而仅仅表现为一部分人的消费意向或极少量的需求,但通过市场调研和预测分析,它将成为在未来一定时期内现实的市场机会,这种市场机会就称之为未来市场机会。

然而,未来市场机会毕竟不是现实的市场机会,存在着较大的风险,企业必须经过科学地研究和调查,在取得大量数据资料的基础上分析预测,并且随时注意观察环境变化发展的趋势,经常修改不符合实际的预测,才能提高将未来市场机会转变为现实市场机会的成功概率。创业者如果能够见微知著、察征兆于青苹之末,提前预测到这种机会将在某一时间出现,就可以在这种机会到来之际将自己已经准备好的产品或服务推入市场,从而获得领先优势。

创业者的创新精神表现在对未来市场机会的准确而及时的把握上,虽然风险较大,但一旦创业者成功利用未来的市场机会并将它转为现实的市场机会,将有利于建立并巩固在这个市场上的地位,并将企业做大。

(五) 全面市场机会与局部市场机会

全面市场机会是在大范围市场(如国际市场、全国市场)出现的未满足的需要,而局部市场机会则是在一个局部的市场(如某省、某地区)出现的未满足的需要。

全面市场机会意味着环境变化的一种普遍趋势;局部市场机会意味着某地区市场环境变化有别于其他市场的特殊发展趋势。

对于一个创业者来说,区分这两种市场机会是非常必要的。创建一个新的企业,所处的外部环境既受到作用于整个市场的一般因素的影响,又受到只作用于某特殊区域的相关因素的影响,因此,进行这两种区分就可以使创业者和中小企业少犯教条主义和主观主义的错误。如果将一般性的市场机会作为该地区的市场机会看待,而忽视该地区的特殊条件,这样很可能会遇到需求不足或无需求的情况。

中小企业,或者创建一个新企业更多考虑的是局部的市场机会,直径较小的市场机会有利于创业者和中小企业展其所长,这并不意味着创业者不能把中小企业做大,甚至进行国际合作。

二、选择适合的细分产业

现代产业组织理论认为,不同的产业适合于不同规模的企业经营。中小企业选择产业的视角是寻找中小企业比大企业更为活跃的、更具有竞争优势的产业,也就是理论上所说的"小产业"。一般可以从技术和经济两方面分析生产成本、规模经济、市场特性以及地缘区域等因素,对所谓的"小产业"进行分析和归纳。适合中小企业经营的细分产业主要有:

1. 产品市场小,规模较小的行业

由于产品市场小,不需要大规模的生产和高度机械化的生产,通常所使用的固定资本少,原料成本也不大,很适合中小企业的小规模生产;同时,规模较小的行业,进入壁垒不高,中小企业既容易进入,进入以后又适宜于生存。

2. 市场直径小的产业

市场直径小的产业,往往经销范围小,需求有限,不易获得规模效应,中小企业可以从中获得较多的生存机会。比如地区性的产品市场,由于规模经济不足以补偿产品运输到外地的运输成本,特别适合于中小企业就近产品市场经营。

3. 原料来源分散的产业

原料来源分散的产业,由于规模经济不足以补偿原料的运输成本,所以中小企业就近原料产地经营更经济,如:乳品制造、罐头食品、冷冻食品、制茶、皮革整制、制材、木材干燥及防腐、大理石制品等。

4. 异质产品且不具规模效益的行业

异质产品是指那些差异程度很大,消费者偏好易变的产品。从生产规模和生产过程来看,这类产品的规模经济的优势很难充分发挥,很适合中小企业。如成衣制造、制帽业。

5. 生产和销售独立性强的行业

在这样的行业,企业之间不存在分工的问题,或者分工性不强,生产和销售过程可以由同一个企业完成,企业所需雇用的人数少。如零售业、餐饮业、修理业等,对于这些服务性产业来说,中小企业能够更好地满足顾客对服务性产业产品的个性化需求。

6. 手工制品行业

对手工制品业来说,生产方法以手工为主,多为艺术或精密产品,规模经济并不重要,如珠宝及贵金属制品、毛皮及其制品。

此外,中小企业还可以积极为大企业提供零部件或服务,发挥其自身专业化程度高,灵活性强的优势,成为大企业的市场协作者。

第二节 中小企业创建的方式

中小企业的创建,可以是从零开始创建一个新的企业,这往往基于一项新的发明或新创的产品和服务,这关系到技术和产品的创新,同时也涉及上述市场机会、行业机会的选择等问题。特别是对于高新技术企业的创建来说,尤其如此。一般的创业者在创建企业时可以考虑的是购买现有的企业、购买现有的商业机会——投资特许经营。另外,加入家族企业或者继承家族企业的经营权也是一种常见的创业方式。

一、购买现有企业

是否选择购买现存企业,必须权衡这种方式的利弊,在此基础上,还要对所购企业进行调查和评价,在具体的购买过程中,还涉及一系列的购销事宜。

(一) 购买现存企业的利弊

是否选择购买一家业已存在的企业,必须考虑这种方式的优缺点才能做出决定。

1. 购买现存企业的理由

选择购买现存企业的方式，投资者(或创业者)能够获得的好处是：

(1) 不确定因素减少。申请开办一家新企业，必然面对许多不确定的和未知因素，而购买一家业已存在的企业，可以减少这些因素的影响。具体来看，投资者可以通过审查财务档案来分析企业获得成功的可能性，可确认企业的特点和资产，企业的纪录能够表明在现实的市场条件下购买者能够做些什么。一个成功企业对顾客的吸引力、控制成本的能力和盈利的能力也是可以确定的。

(2) 能使投资者享用现有的资源。原业主可能会为购买者经营提供全部或一部分资金，库存和设备可能已经存在(可以省去订货和运输的时间)。购买一个现成的企业还可以获得企业合格的管理人员和职工队伍、已经建立的银企关系以及与供应商的关系资源，顾客基础也已形成。当然，这些实际上也会对投资购买者带来一定的负面影响。

(3) 通过讨价还价能够获得较低的价格。通过讨价还价获得一个较低购买价的可能性是存在的，特别是当原业主急于卖掉企业，或者所购买企业正出现亏损，企业所处的地理位置的优势正在消失等等情况下，购买者往往会在购销谈判中处于主动地位，从而在报价和还价上具有优先的控制权。

2. 购买现存企业存在的问题

(1) 成本代价。购买一家现存企业的最大缺点在于资金成本，如果原业主确实能为购买者提供上述益处，购买者或许要付出更大的成本。另外购买现存企业的支出可能给今后的企业资金流动造成困难。

(2) 未知因素和风险。如果现存企业很成功，原业主为什么要出卖？原业主可能隐瞒了出卖企业的真实动机和原因。也许企业正出现亏损，资产负债表、损益表和现金流量表的真实性值得怀疑；也许企业所处的地理优势正在消失；也许市场需求正在发生变化、市场竞争过于激烈；也许企业形象不佳、顾客满意度较差等等。所有这些都增加了今后企业经营的隐患。

(3) 与创业者个人意愿的矛盾。一个很重要的因素是现存企业的业务领域与创业者个人的兴趣、意愿等存在差异，投资购买一家企业的盈利前景固然重要,但作为投资者个人的一项事业,如果不考虑创业者个人的兴趣、意愿、知识和能力、事业发展等因素,对今后企业的持续发展是极其不利的。

(二) 调查评价被出售企业

调查评价被出售企业,首先要多方了解和深入分析企业被出售的原因,仅仅指望从原企业主那里就得到所售企业情况和出售原因的真实说明的几乎是不可能的。与此同时还要着手对所售企业的价值进行量化和非量化的分析和评估。

1. 企业价值的分析和评估

决定是否购买一家现存企业,投资购买者必须对待售企业的价值进行公正的评价。但是,当买者对其进行审核时,原企业主通常会做出应对,这会使得精确评价变得几乎是不可能的。企业价值的分析和评估方法主要有:

(1) 资产账面价值分析。资产账面价值代表企业清偿所有债务以后所剩全部资产的市面价值,资产账面价值可以通过资产负债表来确定。通过资产负债的分析,可以获得所购企业的账面价值。

(2) 实际价值分析。实际价值分析通过对企业的基础财产的评估来确定。一种方法是调整财产的账面价值,以反映企业财产的历史成本和现值的差异,这样,投资者能获得所购企业的市场价值,而不是它的账面价值。另一种方法是运用资产重置法来确定重新购置企业每一件财产的成本是多少。第三个方法是清算评价法,即如果结束企业的业务运行并对其每件财产进行清理,购买者能够获得的款项总额是多少。

(3) 收益能力分析。通过把对未来收益值的折现减去购买时的投资额来获得购买现存企业时投资者收益值。通常用收益现值法来评估。这种方法根据企业现有利润和将来的创利潜力来估计企业价值,并强调企业的创利潜力,最后根据企业创利能力来确定企业的收购价。这种方法关键的是确定企业的正常的收益和适当的贴现率。

(4) 现金流量分析。通过两个指标的比较,即预期投资回报率(原企业主的承诺)和投资者期望的投资回报率的比较,来确定是否值得购买。主要分析每一年的现金流入与流出的净值是否符合投资者的需要和要求,这里涉及的问题一是估计投资者所预期的未来现金流量,二是选择一个贴现率并决定投资者要求的回报率。

对企业价值的分析评估,可以委托专业的资产评估机构进行,也可以由投资者个人的财务助理来实施。

2. 非量化因素的调查和分析

调查评价所购买企业时,除了对企业价值进行定量分析以外,还有很多难以量化的因素需要调查和考虑:

(1) 商誉。商誉主要是一个企业的无形资产,它可以为今后的企业带来更多的便利和效益。主要包括企业知名度和美誉度,现有顾客的基础,企业所拥有的良好的社会关系资源,等等。

(2) 竞争。未来企业的购买者应该考察企业的竞争地位、竞争范围、竞争力量,尽量掌握企业竞争方面的更多的情况。

(3) 市场。通过市场调查,明确企业所服务市场的容量和需求状况,以及所有竞争企业的市场状况。

(4) 与关键公众有关的问题。主要是银行、供应商和顾客。企业的开户银行在哪里?企业经营在多大程度上依赖银行?企业与银行业已建立的关系如何?与供应商关系是否存在问题?主要供应商的供货条件怎样?是否还有更多可供选择的供应渠道?企业的顾客基础如何?顾客对企业的认知和满意度怎样?等等,这些都是与关键公众有关的问题。

(5) 与位置有关的问题。与企业位置有关的问题主要有:土地租赁条款;城市的改造计划和未来社区的发展计划;交通状况和交通路线可能的变化;企业建筑物的工程质量、使用年限和相关的安全防护设施等等。

(6) 与人事有关的问题。可以获得对企业具有关键作用的经营管理人员;职工队伍状况;原有的激励和薪酬管理制度;人员的去留及其对企业运营的影响等等。

(三) 商谈购销事宜和签订成交合同

进入购销谈判阶段,要注意有关交易的内容和条件以及谈判的技巧。谈判技巧的运用,能够使投资者获得一个尽可能低的"商议价",这种商议价,最终是自愿购买和自愿出售的双方都乐于接受的。

1. 具体购销事宜

(1) 价格。这是双方最为关注的问题,也是购销谈判中最重要、最关键的内容。通常,购买者在对所购企业进行价值分析以后,应确定一个心理的最高价,同时对对方的最低出卖价也应有一个分析和把握。最后的成交价是由双方谈判最终决定的。

(2) 付款方式。是一次性付款还是分期付款?购买方一次性付款的优惠是什么?分期付款的条件是什么?谈判中应该确定分期付款的次数和合理的利率。

(3) 购买方式。如果所购企业是股份制公司,购买方式可以是购买股票,也可以是购买资产。出售方更倾向于出售股票,这种方式操作简单,购买方购买了出售方所有的股票,就拥有该公司的所有资产、债务及责任。而购买方更倾向于购买资产,这种方式能够使他们对于所需资产进行选择,同时还有益于他们避开企业的债务。

2. 签订成交合同

如果双方对各个有关问题都达成了一致意见,符合法律上要约和承诺的规则,交易就告达成。但根据法律规定,还需要购销双方签订书面合同或其他书面协议文件,交易才能成立。这类合同往往没有印好的、现成的格式加以填写,没有固定的格式,需要双方自行起草。合同书中应该包括的主要内容有:

(1) 企业情况介绍。包括股份公司的股票、商标、版权、专利等;企业的资产情况、要承担的债务、哪些合同和协议需要继续执行等。

(2) 购销条款。包括购销价格、付款时间、利息率、最后付款期限、违约惩罚条款等。

(3) 出售资产。各项资产的作价和分配情况。

(4) 有条件转让。卖方可能存在的隐藏债务或其他不准确的材料在购销合同签订以后才暴露出来,购买方为了避免不必要的债务责任,通常可以在合同中规定由第三方保证人掌握部分购买款和转让文件,只有当企业出售合同的有关条款和出售条件完全得到满足时,才完成资金、文件和企业所有权的交易。如果出现意外,由第三方保证人掌握的资金可以用于支付这项费用,购买方可以避免意外的、不必要的责任损失。

(5) 所有权转移。在所有权转移过程中可能出现的风险,应在合同中予以确认,一般由双方共同承担。

(6) 卖方的承诺。卖方的承诺包括有关培训和指导、过渡期的管理、不能竞争等。还包括在今后企业初始的运作过程中,出售方应提供哪些支持帮助购买方度过过渡期?出售方在过渡期内与购买方的关系是咨询关系还是雇佣关系?期限多长?出售方提供哪些培训和指导也应在合同中予以确认而不能只做出口头的承诺。合同中还要特别规定不能竞争条款,出售方必须向购买方做出明确的承诺,即在商定的时限内,不能在同一地区内经营相同的项目。

二、特许经营

特许经营是指特许者将自己所拥有的商标、商号、产品、专利和专有技术、经营模式等以特许经营合同的形式授予被特许者使用,被特许者按合同规定,在特许者统一的业务模式下从事经营活动,并向特许者支付相应的费用。投资特许经营可以依靠特许经营公司成熟的经营模式和经营管理技术,以避免创业者在初创期的许多经营风险。

(一)特许经营的模式

1. 授权和特许经营的关系

(1) 特许经营中的所有权和管理权。特许经营是特许者利用自己的专有技术与被特许者的资本相结合来扩张经营规模的一种商业发展模式。对于特许者来说,它是技术和品牌价值的扩张而不是资本的扩张,是以经营管理权控制所有权的一种组织方式。对于受许者来说,它拥有特许加盟店的所有权,但最终的管理权仍由特许者掌握。

(2) 特许经营中的"双赢"关系。特许经营合同中规定的双方权利和义务必须平衡,特许经营能持续发展的内在动力是双方都有盈利性。成功的特许经营应该是双赢模式,如果单方有利或者双方的权利义务失衡,最终将导致特许经营联盟的瓦解。

(3) 特许经营关系中的沟通。在签约前,双方必有一个相互了解、相互选择的过程。特许者应以书面形式向特许经营的申请者提供真实的有关特许经营的基本信息,包括公司的发展里程和前景、加盟方法和管理制度、对特许店的协助项目以及公司所拥有的商标、品牌、专有知识和专有技术等;特许经营的申请者也应如实表达自己的经营意愿、经济实力和管理能力,以及特许店的开店条件(在什么区域和地点开设)。在开店以后,特许者必须对受许者进行定期的评估,以便及时发现问题和解决问题;受许者也须按规定的内容和时间向特许者提供正式的报告和其他形式的情况沟通。

(4) 特许经营中的控制。特许经营者必须接受特许者的控制。特许者对受许者的控制应该是适度的:如为了确保被特许者履行合约,在签约前向受许者收保证金;通过管理信息系统控制特许店的业务运行情况;建立健全报告制度和督导制度;对供货商、经营设备等做出限制性的规定等等。

2. 特许经营模式

(1) 传统特许经营方式——产品、商标型特许经营。在这种形式中,特许人向受许人转让产品的生产制造、生产技术或商业经销技术,同意授权受许人对特许产品或商标进行商业开发,特许人可能提供广告、培训、管理咨询方面的帮助,但受许人仍然作为独立的经销商经营业务。特许人经常是一个制造商。

(2) 第二代特许经营方式——经营模式型特许经营。这种形式的特许人与受许人之间的关系更为密切,受许人不仅被授权使用特许人的商号,而且要接受全套经营方式的培训,包括商店选址、产品和服务质量的控制、人员培训、广告、财务系统及商品供应等。

(3) 受许人还可根据其接受的特许权性质分为区域受许人、复合受许人两类。区域受许人即特许人将一定地理区域内的独占特许权授予受许人,区域受许人在该地区域内可以独立经营,也可以再接受次级受许人经营业务。一般受许人多为一个拥有一家小店的独立商人,但现在越来越多的特许权是被拥有许多分店的连锁公司所购买,这些公司即被称为复合受许人。除了特许业务以外,他们通常还经营其他业务,他们加入特许经营体系的兴趣主要为闲置资本寻找投资机会或使他们自身的业务多样化。

(二) 特许经营的优势与缺陷

特许经营的优势主要在于成功的可能性,特许经营企业比其他新创建的小企业的成功率要高。据美国商业部的统计,特许经营的企业在第一年内破产的比例是 4%~5%,5 年以后的破产比例也只有 12%,而国外有 30%~35% 的普通中小企业在经营的第一年内破产,5 年后的破产比例高达 92%。

1. 特许经营的优势

特许经营的优势主要有:

(1) 强大的系统支持

如前所述,投资者选择一家业绩较好且有实力的特许经营企业,可以将经营失败的危险降到最低。这是因为特许经营有整个加盟系统作为强大的后盾,经营者可以从总部获得专业技术和管理方面的帮助。这种系统的支持表现在:

① 特许经营企业一般都有一套比较完善的管理和配送系统,以保证整个企业的通畅运行。总部对系统运营的详细规划,使投资者所冒的风险必然比个体独立创业要低。

② 受许者会得到全国性品牌形象的支持。由于总部的良好的商誉,加盟者在开业之前便拥有了良好的企业形象,使产品更容易进入其他独立企业不宜触及的市场;同时由于品牌的高知名度和美誉度,比较容易获得消费者的接受和信任,使消费者产生较高的购买意向。

③ 加盟者还可以从总部获得其他方面的支持与服务。如通过参加总部的培训,获得有关的专业技术知识、管理经验指导和训练,提高主管的管理能力和员工的服务质量,增强员工对产品、设备的控制能力,使各特许店的经营达到较一致的水平;总部还可以帮助加盟者选择店址,拟定重新装修的计划;帮助加盟者获得资金,作为购买特许经营权的部分款项,同一家经营良好的授权企业结盟,可以提高特许经营企业同银行打交道时的信用,等等。

(2) 分享规模效益,降低开业成本和运营成本

① 可以节省产品开发成本。一个新产品从研究、开发到上市,需要投入大量的资金,特许经营的投资者可以直接生产销售特许经营企业的已经成功开发的产品,从而大大节省了产品开发的成本。

② 可以分享采购的规模效益,降低进货成本。特许经营企业一般都实行联购分销,建立配送中心,因此采购成本较低,货源充足。由于集中采购,批量进货,价格有相当的优惠,加上自行运货,快捷安全。特许经营公司为了鼓励特许店大量采购,往往以较低的价格供应产品。

③ 可以分享广告宣传的规模效应,获得全国性的广告优势。一方面特许经营企业实力雄厚,又有加盟者的支持,广告支出庞大,特许经营企业的商标容易成为全国性的大品牌;另一方面,遍布各地的加盟店本身也是一种广告和促销的形象,其作用非常显著。

④ 可以分享系统信息。总部会尽量收集有关市场资料,供所有加盟者使用和分享,同时所有的加盟者都向总部提供了自己的知识、经验和市场信息,总部会将信息汇集到信息资料库提供给整个加盟系统使用。

(3) 经营属于自己的事业

投资特许经营,一方面能够利用特许经营体系的优势,另一方面又能相对独立开展经营活动,经营属于自己的事业,发挥自己的经营管理才能,享受到创业的成就感和自由感。

2. 特许经营的缺陷

虽然投资特许经营具有较低的风险和稳定的利润增长的优势,但它存在的问题以及缺陷也是显而易见的,集中体现在:

(1) 限制性

受许人必须遵循特许人的要求,很少有创新的余地。由于总部对加盟店的经营有一致的规范的要求,各加盟店要想完全自主经营是不可能的。这些规定甚至是相当细节的,加盟店如若省略管理步骤、擅自更改店规、自行增减服务项目,不但会遭到特许经营公司的制裁,还很有可能因此而丧失经营权。特许经营公司还有权终止表现不良的特许店的业务,如特许店不定期支付权利金、不能达到合同中规定的最基本

的营业额、没能达到规定的产品质量或服务水平,特许经营公司会以任何一种有利于它的法律途径,来终止与特许店的关系,并收回特许店的经营权。

(2) 依赖性

投资者一旦加入特许经营组织,无形中已经使自己的投资得失与整个特许系统连在了一起,加盟店对总店的依赖性,使它失去了更多的独立性,几乎一切都要靠总部来安排和指导,从而有可能放松自己的经营努力和销售努力,导致业务的衰退。

(3) 恶性连锁反应

特许经营体系内部各加盟店之间的利益是相互影响的,良好的影响能够使成员相互获益,但恶性的连锁反应则会使每一个成员承担意外的伤害。一旦总部方面有所变化,加盟店将大受牵连,而且难以应变。个别加盟店的失败,或者脱离系统,其他加盟店的形象和信用也都会受到不良的连带影响。总部的政策对加盟店的利润也可能有很大的负面影响,总部的改革措施一旦失败,更会使加盟店蒙受损失。

(三) 特许经营机会的评价

1. 对产品及市场的评价

在决定选择一家特许经营公司之前,投资者一定要先决定自己要经营的是哪一种特许店。其次,要考虑开店的地点是否适合这家商店的服务性质。要求对特许经营的产品和市场有充分的了解,以下是评估产品和市场应注意的问题:

(1) 产品的品牌知名度,消费者对它的接受力如何?

(2) 产品的成本、利润、目前的消费者、潜在的消费者。

(3) 产品的市场价格是否比其他品牌的价格具有优势?有没有其他更便宜的次级产品或功能相近的替代产品?

(4) 这个产品是卖给一般的消费者,还是卖给特定的消费者?如果是卖给特定的消费者,在商圈内有没有足够的消费群?

(5) 产品对使用者有无危险?如果发生危险,会导致歇业吗?有没有法律保障?

（6）是否将有同类的品牌介入您的商圈？是否会对自己的投资造成威胁？

（7）国家或地方政府对产品有没有限制性的规定？目前的有关法律是否正在修正中？

（8）在商圈范围内有多少家竞争店？他们的营业情况如何？自己有没有能力加入这个市场，创造更多的利润？这个市场是否已经饱和？有没有多余的空间可以创造利润？

（9）目前的市场会不会有所改变？它的未来发展是否稳定？未来对产品的需求如何？

（10）商圈内的治安问题如何？路人的动向是否有利于产品销售？商店周围有无足够的停车空间？

（11）商圈的人口及住户数是多少？产品是否符合当地人的需要？当地人的生活习惯和消费习惯又是如何？

（12）商圈内是否有新的公共建设项目即将进行？商圈未来发展情况如何？会有哪一类投资将要进入？

2. 对特许经营公司的评价

在选择特许经营公司时，不要把自己的目标只放在一家，通常应该同时对 5 家以上的特许经营公司作评估，以书面或电话的方式向他们索取有关资料。大部分特许经营公司都会向投资者提供一些基本的经营资料，如公司的历史背景、销售情况以及投资者应具备的条件、基本的投资额、人员训练及支援方式等。但初次接触一般不会提供太多的资料给投资者，以防止商业机密外泄。在这种情况下，投资者可以利用公开的资料来测算特许经营公司的经营业绩。总之，创业者在决定特许经营时，把握自己的投资意向和期望，并占有充分的资料，是做出正确投资抉择的前提条件。

以下是评估特许经营公司时应注意的一些问题：

（1）特许经营公司所拥有的品牌知名度如何？它与其他同类型公司的品牌有哪些主要区别？

（2）特许经营公司所要求的品牌授权金是多少？它与其他公司相比较值不值得？

(3) 连锁店购买设备的支出、店面的租金、产品采购的成本及其他开业时的必要开支有多少？是否高出其他公司？

(4) 特许经营公司对产品或原材料采购有何规定？有没有考虑到连锁店经营者的利益或只是为了从中牟利？

(5) 投资者的每月经营费用大概是多少？定期的权利金和广告支出有多少？付款方式及间隔的时间如何？

(6) 特许经营公司对特许店开业前及开业后的训练费用是否需要额外加付？

(7) 在特许经营公司所提供的资料中是否有未列明的支出项目？其他公司是否有更详细的说明？

(8) 特许经营公司是否会帮助投资者寻找合适的开业地点？有无额外的服务费用？

(9) 特许经营公司是否会参与投资者建店及室内装潢，并提供全面的规划资料？投资者是否要给付额外的费用？

(10) 特许经营公司会不会保护特许店的商圈？特许店的营业范围有多大？被保护的范围有多大？

(11) 特许经营公司的财务状况如何？它的经营背景如何？它是直接对特许店投资者负责，还是通过中间管理层来处理？

(12) 特许经营公司的经营及管理方式如何？是否适合投资者的个性？与其他公司相比有什么优点与缺点？

(13) 特许经营公司是否也拥有直营店？数量有多少？是否会对其他加入的特许店有不公平的待遇？

(14) 特许经营公司对特许店使用它的商标有什么规定？规定是否合理？

(15) 特许经营公司广告策略如何？它的广告是否有助于特许店的销售？

(16) 特许经营公司对于建立特许店的财务制度有无充分的协助计划？如何协助？未来的沟通渠道是否正常？

(17) 特许经营公司有没有列出公司整体的销售数额及单一特许店的营业额？如果没有，能不能从别的来源得到？

3. 注意特许经营方面的欺诈行为

(1) 市场代表的不良表现。特许经营公司的市场代表在推销时的不良行为可能表现在:时髦的打扮——以显示自己更像一位成功人士;催促性的言语——竭力表现出机会难得,时不我待;夸大其词——虚报收入,对特许经营前景充满溢美之词。

(2) 虚假广告。在诚招加盟的广告中,虚假性表现在:空头承诺——对加盟的条件、权利等做出极具诱惑力的承诺;过誉——对特许经营的优惠条件、前景不切实际的描绘;隐瞒——对各种附加条件,不利的经营地址和其他因素不如实告知。

(3) 现金交易。有欺诈嫌疑的公司总希望用现金交易,一味强调现金交易便利性和可靠性,不愿意提供公司账号。

(4) 不合法的交易程序。主要表现在正式的会谈中乃至在缔结协议的会谈中迟迟不肯提供有效的证件,或者设法逃避必需的登记手续。

准备从事特许经营的创业者要警惕授权的合法性,并对特许经营公司进行充分的考察和评价。

(四) 特许经营合同和费用

1. 特许经营合同的内容

受许人和特许人必须根据特许经营的运作方式和有关法律规定,制定统一的特许经营合同。这对双方来说都是至关重要的。通常,特许经营合同包括以下内容:

(1) 合同涉及的关系。尽管基本的契约关系存在特许人和受许人之间,但合同中还要涉及不是合同当事人的两方。第一方是整个特许体系内的其他受许方,第二方是社会公众、或说是消费者。特许人和受许人对这两方都负有相当的责任。因为在体系内的每个受许人的经营都受到其他受许人经营好坏的影响,如果某一受许人的经营与特许人的品牌或形象相联系的标准不一致,将破坏整体的声誉和其他受许人的利益。从消费者的角度来看,他们关心的是走进任何一家分店,都能享受到相同标准的产品和服务,因此,受许人负有很大的责任去维持特许经营的标准,以保证消费者不被误导。

(2) 特许人在合同中应写明对受许人提供的商业诀窍、经营方式、商标和贸易名称的使用权等经营规划。

(3) 合同期限。应该能够长期维持特许关系。有的特许人不愿意签订长期合同,但同时给予受许人续签合同的选择。

(4) 受许人初期和后期的义务。受许人应遵循特许人的要求承担创办业务的财务负担,并在经营中遵守操作、记账和其他管理规定,这些管理规定详细记载在操作手册中,在培训期间,特许人将操作手册交给受许人。操作手册是受许人在开业后从事经营活动的参考指南。

(5) 对受许人的经营控制。经营控制措施应详细写在操作手册中。合同中明确了双方的义务,而操作手册则具体规定这些义务如何执行,特许体系应如何运作。

(6) 合同的终止条款。即在何种情况下可以终止合同。

(7) 特许人评价受许人的准则和购买的程序。

(8) 规定如果受许人死亡,特许人将帮助保护企业的资产;假如受许人的家属有能力和资格,则由其继续经营。

(9) 仲裁。选择仲裁人、仲裁时间,确定仲裁的规则等。

2. 特许经营的费用

(1) 特许加盟费。特许加盟费类似于"入会费",用以反映特许权的价值,及抵消总部的部分开支。包括对店址和加盟者的评估、培训和监察,以及总部承担的商标的注册费用、广告宣传费用、员工工资、办公费用、法律及会计服务费用的必要开支。总部须为加盟店提供最初的设备及店铺的内部装修,这笔费用当然须由加盟者承担,包括在首笔加盟费中。

(2) 特许经营费。特许经营费是特许经营总部定期向加盟店收取的费用,以弥补总部向加盟者提供服务和支援的成本。特许经营费的比例应在特许经营合同中做明确的规定,同时,总部对于承担的开支也须按合同的要求认真承担,不能随意提高供应给加盟店产品的价格的办法变相提高特许经营费。总部不能通过最初的加盟费从加盟店获得丰厚的收益,特许经营费的水平可以在日后逐渐提高,以反映出特许经营权的增长能力与效益,并作为适应通货膨胀的调整。

(3) 广告分摊费。大部分特许经营系统都规定由总部负责广告,而加盟店则须为此按照营业额的一定百分比支付费用。有些特许经营总部将广告费用包括在特许经营费用内,并承诺会把特许经营费的一定百分比用于广告宣传。如果地方性的广告宣传比全国性的广告宣传更重要,则总部可能不会要求加盟分店分担广告费用,而是规定加盟店必须在制订的地区性广告方面投入一定数量的资金。

三、家族企业

中小企业经营管理的一种普遍方式是家族化经营。不仅业主制企业如此,而且合伙公司,甚至有的有限责任公司也同样如此。进入家族企业或者继承家族企业的经营权也是创业的一种方式。

(一)家族化经营的优势

1. 企业利益与家族的紧密联系

企业利益与家族的紧密联系,有利于家族企业凝聚家族成员关系的力量,彼此忠诚,以家族整体利益为重,特别是在创业初期,能够有效地整合有限的资金资源,加速资本的原始积累,调动家族成员的积极性。家族成员在企业面临困难和危机时,与非家族成员相比,具有更大的牺牲精神。

2. 灵活机动

在经营管理上,家族化的方式更具有灵活机动性。家族企业的创始人往往具备丰富的阅历与敏锐的洞察力,他们的决策经常基于个人的经验和直觉,决策速度快。同时家族企业组织结构简单,规范化程度低,因此沟通的障碍少,决策的可接受性程度高。

3. 注重长期发展

家族企业更关注生存,因此更注重长期发展,更具有战略眼光。

4. 注重质量

同样由于生存的考虑,家族企业在为消费者提供产品和服务时,更关注质量,也更尽职。

(二)家族化经营管理的问题

1. 产权问题

家族企业的产权通常是封闭的,家族成员持股。由于不愿外界参股,企业的发展主要依靠自身的积累和原有股东的再投入,公司的继续发展受到严重的限制。

2. 管理问题

家族化管理下的企业个人决策,缺乏对决策行为的制约。由于缺乏科学有效的集体决策机制,当企业规模扩大和市场机制加剧以后,个人的决策很可能脱离实际;同时由于家族成员担任高中层的管理人员,必要的规章制度难以建立健全,企业缺乏科学的管理制度。

3. 人员问题

家族化经营,在财务管理、生产经营等方面的头头脑脑都是"自己人",排斥非家族成员,非家族成员的发展会受到限制,因此非家族成员的积极性不高,甚至会产生挫折感和不公平感。另外,家族企业主与其配偶以及创始人与其子女、兄弟姐妹之间都存在着利益、价值观、分工和责任等的冲突,这些关系处理的妥善与否,都将影响家族企业的进一步发展。

4. 继承问题

家族企业在所有权的移交过程中,主要面临的问题有:如何公平地对待所有的子女;领导权继承过程的衔接问题;创始人和继承人在管理模式、文化价值观念的差异可能导致的企业变革等等。

(三)家族企业管理的原则

就企业所有的功能性工作来说,家族企业与一般企业并没有什么特别的不同,但在管理方面,对家族企业来说,就有一些特殊的要求。美国管理学家彼得·杜拉克通过广泛的实例调查和研究,提出了家族企业的5项管理原则:

(1)家族成员一般不宜在本企业工作;

(2)由非家族企业成员出任高级职位;

(3)非家族专业人士在家族企业中应该身居要职;

(4)对非家族成员的高层管理人员实行优先认股制度和赠与股票期权等激励措施;

(5)将家族企业管理的继承问题交给外部仲裁者解决。

上述管理原则对于中国家族式管理的中小企业来说,有重大的参考价值。但这些原则要被真正接受,还有待于人们观念的转变以及职业经理阶层的形成。

第三节 新企业计划的制定

制订新企业计划,是创业者为他的企业勾画的蓝图。企业计划不是可有可无的,一个书面的计划,是创业者对新企业的总体设想,企业本身就是企业计划所要实现的目标。制订企业计划也并不是一件一劳永逸的事情,它应该是一个不间断的过程,需要随着企业的发展和环境的变化不断地做出适当的补充和修正,使企业能够根据自身的发展和环境的变化相应地做出战略的调整。

一、制定企业计划的必要性

1. 企业计划是创建企业的行动纲领

企业计划为企业高屋建瓴地构建了一个目标一致的愿景,为企业的各种活动提供依据,为企业的发展指明了方向,保证企业内部对企业目的取得共识,并为企业成员提供有效的激励。

2. 企业计划是有效的宣传工具

一份完美的企业计划,有助于企业在外部公众中树立良好的形象,使企业获得发展的信心和必要的支持和帮助。企业计划可以作为一种说服顾客、供应商、商业银行和其他投资者的有效的宣传工具,能够增强新建企业对投资商以及潜在的供应商和顾客的吸引力,借助于企业与他们建立良好的关系。

二、企业计划的基本格式

1. 封面

企业的名称、企业和所有者的名字等。

2. 内封

目录,即企业计划的内容提要,并标明各部分内容的页码。

3. 正文

正文开始前应有一份简短的公司简介。然后主要描述企业的愿景、使命与战略目标、产品和服务计划、营销计划、管理计划、财务计划等。

4. 附录

为企业提供补充材料、企业的行为准则和规范、其他具有说服力的数据等。

三、企业计划的主要内容

（一）企业愿景、使命与战略目标

1. 企业愿景

企业愿景是企业创建者对企业前景和发展方向的高度概括和描述，由核心理念和对未来的展望组成。核心理念包括了企业的核心价值观和企业的核心目的。核心价值观是企业经营管理的最根本的价值观和原则，核心目的是创建企业的根本目的。未来展望是对企业未来的远大目标的生动描述。企业愿景能够增强社会对新创建企业的感性认识，同时能够在情感上激起成员对企业的认同，统一成员的思想和行动。

2. 企业使命

企业使命是对企业的经营范围、市场目标的概括和描述，具体地表明了企业的性质和发展方向。一个好的企业使命应该包括的内容和要求是：

（1）应该明确企业的生存目的。企业的生存目的定位应该说明企业要满足顾客的某种需求，而不是说明企业要生产和提供的产品和服务。

（2）应该指出企业的经营哲学。企业经营哲学包括企业的基础价值观、企业内共同认可的行为准则以及企业共同的信仰等。

（3）应该明确企业基本的公众形象定位。对公众形象的重视反映了企业对环境的影响及社会责任的认识。在一个企业的运行过程中，一般有员工、股东、顾客、供应商、竞争者、社区、媒介、政府等基本公众，每一个企业在其特定的公众心目中，都有自己的形象。对于中小企业来说，尤其要关注的是在员工、股东、社区公众心目中的形象。

(4) 应该区别于其他同类企业。

(5) 应该清楚明白,易于接受和理解。

3. 战略目标

战略目标是企业使命的具体化,既包括经济性目标,也包括非经济性目标。在企业的计划书中应该对企业的战略目标进行必要的描述,主要考虑的方面有:利润目标、产品目标、市场目标、竞争目标、发展目标、职工福利目标、社会责任目标等,并且在具体的计划中对企业的战略目标从数量上进行界定。如市场份额要达到多少、资产收益率要达到多少等。

(二) 产品和服务计划

产品和服务计划说明的是企业向市场提供的产品和服务。这部分的计划主要提供:具体产品的模型的照片或者服务的有形化展示、品牌或者商标以及服务标志、包装和标签、附加服务和对市场的承诺等等。

(三) 营销计划

营销计划应包括基本的市场分析,竞争者、竞争力量、竞争战略分析,企业市场营销组合战略分析。营销计划还要明确消费者在经济上的收益,并对此做出定量化的分析。具体要求在有关章节将进行专门介绍。

(四) 管理计划

管理计划必须详细说明企业的组织形式、组织的结构、管理的主要过程和环节、主要的岗位安排及其人员的背景等等。

(五) 财务计划

财务计划反映了企业在计划的年度里全部经营活动所需资产的来源和运用情况,主要包括了固定资产折旧计划、流动资产计划、利润计划、财务收支计划、资金筹集和分配计划等等。

有些中小企业还可以根据需要在计划中涉及企业选址、设施等方面的事项,或者编制诸如利润、质量控制、库存控制、技术开发等计划。

第四节 中小企业创建的其他问题

本章前三节介绍了在创建小企业过程中面临的基本问题,包括了如何寻找和发现市场机会和产业机会、确定创建小企业的方式、制订新企业的计划等。如何确定新建企业的法律组织形式以及新建企业的融资问题等,也是在创建过程中必须予以考虑的,这些问题本书有专章介绍。此外,创建过程中还必须注意以下问题:

一、创建的程序

为方便投资者创办中小企业,各级政府及其管理部门会为创业人员提供包括工商、财税、融资、劳动用工、社会保障等政策咨询和信息服务在内的全方位服务,为方便登记者,企业登记机关也会依据法定条件和法定程序办理中小企业设立登记手续。虽然如此,创业者自身也应该了解和熟悉企业的创建的基本程序,这对于提高创建的效率来说是非常重要的。

(一)企业登记注册

企业登记注册包括企业法人登记和营业登记。我国授权的企业登记注册机关是国家工商行政管理总局和地方各级工商管理局。

1. 企业登记注册的主要事项

(1)企业法人登记注册。企业法人登记是注册登记机关依照法定的程序,对具备法人条件的企业确认其法人资格所进行的核准登记。企业法人登记注册的主要事项包括:企业名称、住所、经营场所、法定代表人、经济性质、经营方式、注册资金、从业人数、经营期限、分支机构等。

(2)营业登记。营业登记是对不具备法人条件,但有条件进行经营活动的单位(如合伙联营企业、企业法人的下属经营机构等)确认其经营资格所进行的核准登记。营业登记注册的主要事项包括:名称、地址、负责人、经营范围、经济性质、隶属关系、资金数额等。

2. 私营企业的设立登记程序

私营企业的设立登记程序包括:

(1) 申请开办。私营企业的创办人,应该向企业所在地的工商行政局提出开办申请,办理登记注册。登记时,应如实填报"开办申请书"。填报的主要内容有:申请人的基本情况、拟办企业的名称、地址、性质、经营范围、经营方式、注册资金等。合伙企业和有限责任公司还应填报合伙人或投资者的基本情况和出资额等(参见第四章)。

(2) 申请开办登记。申请人应在申请开办获准后的 30 日内,向登记主管部门提出开业申请,并如实填写"开业登记表"。在进行开业登记时,应注意:

① 提供有关的文件和证件。有关的文件和证件包括:企业组建负责人签署的登记申请书;主管部门的批准文件;公司章程;资金信用证明、验资证明或者资金担保;企业主要负责人的身份证明;住所和经营场所使用证明;其他有关文件、证件。

② 具备的条件。申请企业必须具备下列条件:与生产经营或服务规模相适应的资金和从业人员;固定的经营场所和必要的服务设施;符合国家法律、法规和政策规定的经营范围;符合国家规定的企业名称。

③ 领取营业执照。工商行政管理部门经审查核实后,出具企业核准登记通知书,企业法定代表领取营业执照,从而取得企业名称的专用权和生产经营权。

(二) 开列账户

企业之间的经济往来,除按照规定可用现金交易以外,其他较大的交易都必须通过银行办理转账结算,因此,在取得营业执照以后,企业应当选择本地一家对口的银行或信用社开列账户。

银行账户是指各单位为办理存款、贷款、结算以及现金收付而在银行开立的户头。企业在银行开列账户后,可以直接收取支票和汇票,把应收款存入银行,在支付货款时,也可以直接签发支票,异地进货时还可以通过银行办理汇款。

开列账户的程序包括:提交开户证明;填写开户申请表;填写印鉴卡片;银行编发账户。印鉴卡片是银行或信用社审查结算凭证合法性的依据,印鉴卡片应注明开户企业的名称、开户账号、企业地址、负责人和财会人员。印鉴卡片还要盖上有权鉴证人的私章和企业公章。

（三）税务登记

税务登记是纳税人履行纳税义务向税务机关办理的必要的法律手续，是税务机关对纳税单位和个人依法进行登记管理的一项基本制度。

纳税人在领取营业执照之日起 30 日内，持有关证件到税务机关申报办理税务登记。

二、创业者的素质和管理队伍的建设

（一）创业者的年龄

虽然年龄对从事任何职业的人们来讲不是一个决定性的因素，但一般认为，创业的最佳年龄是在 25～30 岁之间。有关部门的一份调查显示，80% 以上已经创业或者正在创业的企业主都是在 29 岁以下就掘到了"第一桶金"，而且这个年龄越来越呈年轻化的趋势。这段时期是创新思维最为活跃、精力最充沛、创造欲最旺盛的高峰期。尤其在网络软件、广告、策划、咨询、证券、投资等知识密集型行业，创新精神是最为重要的，25～30 岁年龄段的创业者是最具有创新精神和创新能力的。

（二）创业者的素质

1. 创新精神和能力

由于中小企业竞争力弱、受市场和外部冲击的影响巨大，中小企业的创业者和经营者的创新精神和能力对于创业和发展中小企业尤为重要。创新精神是勇于和善于进行观念、科技、工艺、产品、品牌、市场、管理、组织等全面的创新的精神，对于中小企业的创建者来说，更集中地表现在企业经营目标的选择上，即如何避实就虚、扬长避短、力求选择那些为大企业所忽视的或大企业不便经营的领域，同时在企业运营过程中，不断改善经营，以求得生存和发展。

2. 创业精神和敬业态度

创业精神就是创业和发展企业所必须具备的种种克服困难、战胜艰险的思想、意志和品质。创业精神的内涵不仅仅体现在拼搏奋斗、自强不息，它还必须被赋予时代的要求，就是：敢为人先、追求卓越。中小企业者的创建者要有适度冒险精神，需要有一定的勇气和魄力承担适当的风险。之所以强调适度,是要求在创业和经营时,既要敢冒风险,但又要减少赌博性。

敬业是起码的职业态度,对于中小企业的创建者来说,尤为重要。守业的艰难,生存和发展的危机感,都要求创业者以更多的时间、精力和智力投入,兢兢业业、忠于职守,不计较个人得失。

3. 学习能力和知识更新增值

随着知识经济时代的到来,知识正成为企业经营的第一要素。知识经济中,知识生产速度的加快、知识扩散的全球化、信息技术的进一步成熟,既增添了中小企业创建者和经营者学习的紧迫感,也为不断学习创造了良好的条件。学习将成为个人谋求发展和有所成就的重要途径。更为关键的是通过学习,使自己的企业不断改进技术水平、组织结构、管理模式和管理方法。知识的更新和增值能够使企业不断适应和领先于新的技术、新的市场、新的竞争环境。

4. 社会交往的能力

社会交往的能力是指一种能够妥善处理企业内外关系的能力,包括与周围环境建立广泛联系和对外界信息的吸收、转化能力,以及处理上下左右关系的能力。这对于所有的企业经营管理者来说都是极为重要的。而对于中小企业的创建者来说,在创业和发展企业的过程中,不可避免地要与多方进行沟通、建立关系、打开局面;另外,在内部管理时,由于中小企业的特点,经营管理者更多地借助于人员直接的沟通。因此,良好的社会交往能力是至关重要的。

(三) 管理队伍

1. 建设一支高素质的员工队伍

员工主要指非管理阶层人员。一支高素质的员工队伍在于它对工作的胜任程度和敬业态度,而并不意味着高学历或者高层次,主要考虑的是与工作岗位要求的匹配。有关员工队伍的建设,在本书有专章介绍。

2. 构建一支互补的管理队伍

认为中小企业无需一支专职管理队伍的思想也许反映了中小企业的实际情况,但这种错误的想法往往是中小企业发展过程中面临祸患

的根源。在管理队伍建设方面,中小企业尤其要注意:

(1) 互补性。一支高效的管理队伍,对于中小企业来说,应该是在能力、经验、个性诸方面能够得到互补的。这是相对分工和相互协作所必需的。

(2) 团队型。团队型的员工组合,对于突破传统的班组管理和部门化的限制,增强中小企业的环境适应性是极为有益的尝试。而团队型的管理者在管理的自主性、管理的技巧性、管理的多面性方面,对于管理绩效的提高具有决定性的意义。对下级管理者有效而充分的授权,这是高层管理者在管理队伍建设方面必须予以注意的。

(3) 通才与专才的结合。必须由专门人员来进行管理,中小企业的管理人员既需要有专门的管理知识和技能,但又应该具有通才的特点,不必过于拘泥于某一方面的技能的限制。

3. 聘请职业经理人

中小企业有着与生俱来的通病——任人唯亲和独裁式的领导方式,这会成为企业继续发展的障碍。企业管理必须由专业化的人才来进行,不是人人都可以管理企业,管理者必须是专门人才。中小企业可以同外界职业人员建立合作关系以加强管理队伍的管理能力和职业技术能力。可以从商业银行、律师事务所、注册会计师事务所等聘请职业经理人。有关中小企业的管理机构也可以为中小企业提供管理方面的帮助。当然,对职业经理人要有一定的约束,这不仅是对中小企业本身负责,也是对经济发展负责。

现在有的城市已经对职业经理人员实行上岗认证制度,职业经理人经营管理的能力获得了社会和公司的承认。中小企业应鼓励管理人员参加各种岗位培训和技术培训,以提高他们的经营管理能力,同时使他们的这种能力获得社会承认。

三、经营地点的选择

在具体创办或购买一个企业时,或者当企业发展壮大决定开办分店时,经营地点的选择是创业者首先要考虑的问题。经营地点的选择对不同行业的企业的重要程度是不一样的,选址时所要考虑的因素也是不同的。

选择经营场所大到选择哪个国家、哪个地区、哪个城市,小到选择哪个街区、哪幢建筑。创业者应对可选的地点进行调查以做出最好的决策。

(一)确定经营地点的关键因素

1. 个人因素

中小企业的创业者往往倾向于选择自己家乡的社区、离自己的家庭和亲朋好友近些或者自己比较熟悉的社区。一方面由于他熟悉周边的环境,了解其交通状况及其他设施,熟悉周围的消费群及其购买力、品味和爱好;另一方面更重要的优势是在这样的环境里,创业者与周边的环境有良好的关系资源,更容易得到信任和支持,对企业的创建和今后的发展有更大的便利。

2. 市场潜力和接近顾客的能力

对零售业和服务业企业来说,所在区域潜在市场的大小很重要,因此要考虑区域的固定消费群和流动消费群的数量,考虑区域的发展及其顾客数量的增长因素,同时还要考虑是否方便地接近目标市场的顾客;对于工业企业来说,是否接近消费市场,交通的便利性,各项基础设施是否配套都应该是考虑的因素。

3. 可用资源

在选址时,不应忽略研究与企业经营有关的资源,原材料、土地、运输和通讯设施都是有关选址的考虑因素。原材料和劳动力资源是制造业企业选址时应特别予以关注的资源因素。

4. 成本租金

虽然租金的高低不是选址的决定性因素,租金成本应与产品和服务的成本相适应,但一些企业如制造业、批发企业在选址时特别重视经营成本和采购成本,这些企业如果选择高租金区段是不妥的。同样,对商业服务业企业来说,最繁华、高租金的选址未必是最合适的。

(二)零售业、服务业企业的选址

零售业、服务业企业在具体选址定位时要考虑的因素很多,主要的因素是地区人口、竞争对手情况和街区环境。

1. 地区人口

零售业和服务业企业应分析和研究地区人口的增长趋势、人口的收入情况、消费方式和消费倾向。人口的增长趋势和收入状况直接决定了该地区的购买力和消费实力,无疑是影响零售企业和服务企业的生存和发展的主要因素。消费方式和消费倾向则决定了企业经营项目和类型的选择。

2. 竞争对手

该地区的竞争对手情况如何——数量、实力、经营的产品类型和档次、服务的项目和特色、占有的市场份额和市场信誉等。另外要认识到,在一个地区,具有相关性和互补性的零售和服务企业面对同一阶层的顾客时,具有互补的获利性。

3. 街区环境

一个成熟的具有一定规模的街区环境将为众多零售企业和服务企业提供商机。周边企业的顾客可以为新进入的同行企业带来潜在的或现实的消费者;街区的客流量也是一个重要的因素:客流的类型——机动车流量还是人流量?本地居民还是观光者?顾客的行走习惯与顾客对商店的选择有很大的关系。

(三) 批发业的选址

地区的规划和行业的分布往往使某一行业的批发商云集某一地区,从而形成一个较大的批发市场。有的地方政府对批发商的选址都有一定的规划,将某一行业的批发商集中安排在某一街区或某一商厦中,从而形成了一个以批发为主兼营零售的商业圈。从事批发业务的创业者在选址时应该充分了解有关地区成行成市的情况。成行成市的地方无论对招商还是引客都具有极大的吸引力。

(四) 工业企业的选址

工业企业在选址时从宏观上要考虑的是有关地区的具体规划,当地政府的限制性规定以及优惠政策。具体来说要考虑的因素有:

1. 交通的便利性

由于工业企业需要大量的原料来源,又需要大量的转运仓储,所以选址时要注意靠近原材料生产地或靠近销售市场。同时交通的便利还可以减少人员的住宿、交通费用的支出。

2. 供给和服务的便利性

包括燃料、水、电等能源的供应,可提供的劳动力,方便的银行服务和金融支持,可提供的厂房,等等。

3. 对环境的影响

工业企业的环境污染或噪音的影响一般会对地区的居民生活带来诸多的不便,也会对自身的生产运作带来诸多的麻烦,因此,远离居民的粮食、饮水基地,设置消除污染和噪声的设备是很重要的。

(五) 经济开发区和保税区

各种经济开发区、保税区是政府鼓励投资开办企业的政策优惠。经济开发区和经济园区是为了鼓励投资者在本地区开办企业,为地区提供就业机会,其政策优势主要表现在管理和税收等方面。保税区是划定一个区域(通常是在海港、内陆机场),在该区域里允许国外和国内商品进入而不征收某些关税和作业税。对于一些中小企业来说,选择经济开发区和保税区注册经营不失为一种理想的选择。

第三章　中小企业法定的组织形式

学习目标

完成本章学习以后,你应该能够:
- 了解中小企业法定的组织形式
- 掌握个人独资企业的基本概念
- 了解个人独资企业的设立条件
- 掌握合伙企业的基本概念
- 掌握合伙企业的设立条件
- 掌握公司的特点和主要分类
- 掌握有限责任公司的设立条件
- 了解有限责任公司和股份有限公司的特点

按照《中小企业促进法》的规定,中小企业是指在我国境内依法设立,生产经营规模属于中小型的各种形式的企业。依据不同的标准,中小企业可以有各种不同的分类,例如按照企业所有制形式的不同,可将企业分为全民所有制企业、集体所有制企业、私营企业、混合所有制企业;按照企业组织形式的不同,可将企业分为公司制企业、合伙企业、独资企业等。通常,人们是从组织形式来确定中小企业的组织形态的。对于创业者来说,正确选择适合于自己的组织形式,无疑是非常重要的。

一般来说,中小企业选择的法律组织形式有个人独资企业、合伙企业和公司企业三种,在我国实践中还存在中外合资经营企业、中外合作经营企业等形式。

第一节　个人独资企业

个人独资企业是最为简单的企业组织形式,是指依照《个人独资企业法》在中国境内设立的,由一个自然人投资,财产为投资人个人所有,投资人以其个人财产对企业债务承担无限责任的经营实体。需要指出的是,个人独资企业是非法人型企业,个人独资企业的财产属投资人个人所有,在企业财产无法清偿债务时,由投资人以个人独资企业以外的财产承担。

个人独资企业是中小企业中十分常见的一种组织形式,尤其适于初涉市场、资金实力有限的创业者。

一、个人独资企业的设立条件

根据《个人独资企业法》规定,设立个人独资企业应当同时具备下列条件:

1. 投资人为一个自然人;
2. 有合法的企业名称;
3. 有投资人申报的出资;
4. 有固定的生产经营场所和必要的生产经营条件;
5. 有必要的从业人员。

此外,个人独资企业的名称应当与其责任形式及从事的营业相符合。个人独资企业不得从事法律、行政法规禁止经营的业务;从事法律、行政法规规定须报经有关部门审批的业务,应当在申请设立登记时提交有关部门的批准文件。

二、个人独资企业的投资人和事务管理

（一）个人独资企业的投资人

根据《个人独资企业法》规定,除法律、行政法规禁止从事营利性活动的人,比如国家公务员,不得作为投资人申请设立个人独资企业外,其他人都可以作为个人独资企业的投资人。个人独资企业投资人对本企业的财产依法享有所有权,其有关权利可以依法进行转让或继承。

值得注意的是,个人独资企业投资人在申请企业设立登记时明确以其家庭共有财产作为个人出资的,应当依法以家庭共有财产对企业债务承担无限责任。

(二)个人独资企业事务管理

个人独资企业事务管理完全由企业投资人自行决定。投资人可以自行管理企业事务,也可以委托或者聘用其他人负责企业的事务管理。投资人委托或者聘用他人管理个人独资企业事务的,应当与受托人或者被聘用的人签订书面合同,明确委托的具体内容和授予的权利范围。受托人或者被聘用的人员应当履行诚信、勤勉义务,按照与投资人签订的合同负责个人独资企业的事务管理。

(三)个人独资企业的解散与清算

1. 个人独资企业的解散

根据《个人独资企业法》规定,个人独资企业有下列情形之一时,应当解散:

(1)投资人决定解散;

(2)投资人死亡或者被宣告死亡,无继承人或者继承人决定放弃继承;

(3)被依法吊销营业执照;

(4)法律、行政法规规定的其他情形。

2. 个人独资企业的清算

个人独资企业解散,由投资人自行清算或者由债权人申请人民法院指定清算人进行清算。投资人自行清算的,应当在清算前十五日内书面通知债权人,无法通知的,应当予以公告。债权人应当在接到通知之日起三十日内,未接到通知的应当在公告之日起六十日内,向投资人申报其债权。

个人独资企业解散后,原投资人对个人独资企业存续期间的债务仍应承担偿还责任,但债权人在5年内未向债务人提出偿债请求的,该责任消灭。

个人独资企业解散的,财产应当按照下列顺序清偿:

(1) 所欠职工工资和社会保险费用；
(2) 所欠税款；
(3) 其他债务。

清算期间，个人独资企业不得开展与清算目的无关的经营活动。在按前述规定清偿债务前，投资人不得转移、隐匿财产。个人独资企业财产不足以清偿债务的，投资人应当以其个人的其他财产予以清偿。

三、个人独资企业的特点

个人独资企业最显著的特点就是其组建和终止的程序都非常便捷，创建成本低。此外，个人独资企业的经营、决策权都集中于企业主个人，这也是个人独资企业非常显著的特点。但是，个人独资企业也有其明显弱势的一面，由于企业完全由个人投资设立，导致其投资规模和发展前景都相对有限，融资渠道也受限制；与此同时，法律规定个人独资企业的债务须由投资人承担无限责任，这使得企业主的所有个人财产都与企业的经营风险相关，风险可谓极大。

第二节 合 伙 企 业

合伙企业，是指依照我国《合伙企业法》在中国境内设立的，由各合伙人订立合伙协议，共同出资、合伙经营、共享收益、共担风险，并对合伙企业债务承担无限连带责任的营利性组织。合伙企业也是非法人型企业，不具备法人资格。

在中小企业中，合伙企业所占比例很高。中外实践证明，合伙企业是一种灵活、简便又不失一定规范和规模的企业组织形式。

一、合伙企业的设立条件

根据我国《合伙企业法》的规定，设立合伙企业，应当同时具备下列条件：

（一）须有两个以上合伙人

合伙人应当为两个或两个以上的具有完全民事行为能力的人。合伙企业设立时,无民事行为能力的人与限制民事行为能力的人不得作为合伙人;法律、行政法规禁止从事营利性活动的人,不得成为合伙企业的合伙人,例如国家公务员。合伙人都应当依法承担无限责任,不存在承担有限责任的合伙人。

(二) 有书面合伙协议

合伙协议是由各合伙人协商一致,明确各合伙人权利义务的法律文件。合伙协议应采取书面方式订立,经全体合伙人签名、盖章后生效。合伙人依照合伙协议享有权利,承担义务。合伙协议生效后,全体合伙人经协商一致,可以修改或者进行补充。

(三) 有各合伙人实际缴付的出资

合伙协议生效后,合伙人应当按照合伙协议约定,履行出资义务。根据我国《合伙企业法》的规定,合伙人可以用货币、实物、土地使用权、知识产权或者其他财产权利出资。上述出资应当是合伙人的合法财产及财产权利。对货币以外的出资需要评估作价的,可以由全体合伙人协商确定,也可以由全体合伙人委托法定评估机构进行评估。经全体合伙人协商一致,合伙人也可以用劳务出资,其评估办法由全体合伙人协商确定。

(四) 有合伙企业的名称、经营场所和从事合伙经营的其他必要条件

二、合伙企业的财产

(一) 合伙企业财产的性质

合伙企业存续期间,合伙人的出资和所有以合伙企业名义取得的收益均为合伙企业的财产。

合伙企业的财产由全体合伙人依照法律共同管理和使用。在合伙企业存续期间,除非出现退伙等法定事由,否则合伙人不得请求分割合伙企业的财产。

(二) 合伙企业财产的转让

合伙企业的生存与发展依靠合伙人之间的相互信任,与公司这一"资合性"的企业组织形式相比,具有强烈的"人合性"。合伙企业财产

的转让与处分,将会直接影响合伙企业及其他合伙人。所以,我国《合伙企业法》对合伙企业财产的转让进行严格限制。在合伙企业存续期间,合伙人向合伙人以外的人转让其在合伙企业中的全部或者部分财产份额时,须经其他合伙人一致同意。合伙人之间转让在合伙企业中的全部或者部分财产份额时,应当通知其他合伙人。合伙人依法转让其财产份额的,在同等条件下,其他合伙人有优先受让的权利。

经全体合伙人同意,合伙人以外的人依法受让合伙企业财产份额的,经修改合伙协议即成为合伙企业的合伙人,依照修改后的合伙协议享有权利,承担责任。

合伙人以其在合伙企业中的财产份额出资的,须经其他合伙人一致同意。未经其他合伙人一致同意,合伙人以其在合伙企业中的财产份额出资的,其行为无效,或者作为退伙处理;由此给其他合伙人造成损失的,依法承担赔偿责任。

三、合伙企业事务的执行

合伙企业不像公司企业那样有完整的组织机构,合伙企业事务的执行有其自身特点。

(一) 合伙事务执行的方式

合伙企业事务的执行可以采取由全体合伙人共同执行合伙企业事务,或由合伙协议约定或者全体合伙人决定,委托一名或者数名合伙人执行合伙企业事务两种方式。委托一名或者数名合伙人执行合伙企业事务的,其他合伙人不再执行合伙企业事务。执行合伙企业事务的合伙人,对外代表合伙企业。

(二) 合伙人在执行合伙事务中的权利和义务

1. 合伙人在执行事务中的权利

各合伙人对执行合伙企业事务享有同等的权利;执行合伙企业事务的合伙人,对外代表合伙企业;不参加执行事务的合伙人有权监督执行事务的合伙人,检查其执行合伙企业事务的情况;合伙人为了解合伙企业的经营状况和财务状况,有权查阅账簿。

合伙人可以对其他合伙人执行的事务提出异议。提出异议时,应暂停该项事务的执行,如果发生争议,可由全体合伙人共同决定。被委托执行合伙企业事务的合伙人不按照合伙协议或者全体合伙人的决定执行事务的,其他合伙人可以决定撤销该委托。

2. 合伙人在执行事务中的义务

根据我国《合伙企业法》的规定,由一名或者数名合伙人执行合伙企业事务的,应当依照约定向其他不参加执行事务的合伙人报告事务执行情况以及合伙企业的经营状况和财务状况。

合伙人不得自营或者同他人合作经营与本合伙企业相竞争的业务。除合伙协议另有约定或者经全体合伙人同意外,合伙人不得同本合伙企业进行交易,合伙人不得从事损害本合伙企业利益的活动。

3. 合伙事务执行的决议办法

合伙人依法或者按照合伙协议对合伙企业有关事项作出决议时,除合伙协议另有约定外,经全体合伙人决定可以实行一人一票的表决办法。

根据我国《合伙企业法》的规定,合伙企业的下列事务必须经全体合伙人同意:

(1) 处分合伙企业的不动产;

(2) 改变合伙企业名称;

(3) 转让或者处理合伙企业的知识产权和其他财产权利;

(4) 向企业登记机关申请办理变更登记手续;

(5) 以合伙企业名义为他人提供担保;

(6) 聘任合伙人以外的人担任合伙企业的经营管理人员;

(7) 合伙协议约定的其他事项。

4. 合伙企业的损益分配

合伙损益包括合伙企业利润与合伙企业的亏损。我国《合伙企业法》规定,合伙企业的利润和亏损,由合伙人依照合伙协议约定的比例分配和分担;合伙协议未约定利润分配和亏损分担比例的,由各合伙人平均分配和分担。合伙协议不得约定将全部利润分配给部分合伙人或者由部分合伙人承担全部亏损。

合伙企业存续期间,合伙人依照合伙协议的约定或者经全体合伙人决定,可以增加对合伙企业的出资,用于扩大经营规模或者弥补亏损。合伙企业年度的或者一定时期的利润分配或者亏损分担的具体方案,由全体合伙人协商决定或者按照合伙协议约定的办法决定。

四、入伙与退伙

(一) 入伙

入伙是指在合伙企业存续期间,原合伙人以外的第三人加入合伙企业,取得合伙人的资格。我国《合伙企业法》规定,新合伙人入伙时,应当经全体合伙人同意,并依法订立书面入伙协议。订立入伙协议时,原合伙人应当向新合伙人告知原合伙企业的经营状况和财务状况。

入伙的新合伙人与原合伙人享有同等权利,承担同等责任;入伙的新合伙人对入伙前合伙企业的债务承担连带责任。

(二) 退伙

退伙是指合伙人退出合伙企业,丧失合伙人资格。根据我国《合伙企业法》的规定,主要有两种情况:一是自愿退伙;二是法定退伙。

1. 自愿退伙

自愿退伙是指合伙人出于真实意愿而退伙。自愿退伙有以下两种情况:

(1) 合伙协议约定合伙企业的经营期限的,有下列情形之一时,合伙人可以退伙:合伙协议约定的退伙事由出现;经全体合伙人同意退伙;发生合伙人难于继续参加合伙企业的事由;其他合伙人严重违反合伙协议约定的义务。

(2) 合伙协议未约定合伙企业的经营期限的,合伙人在不给合伙企业事务执行造成不利影响的情况下,可以退伙,但应当提前三十日通知其他合伙人。

合伙人违反上述规定,擅自退伙的,应当赔偿由此给其他合伙人造成的损失。

2. 法定退伙

法定退伙是指合伙人出现法定事由而退伙,包括当然退伙和除名两种情况。

(1) 当然退伙。《合伙企业法》规定,合伙人有下列情形之一的,当然退伙:死亡或者被依法宣告死亡;被依法宣告为无民事行为能力人;个人丧失偿债能力;被人民法院强制执行在合伙企业中的全部财产份额。

(2) 除名。《合伙企业法》规定,合伙人有下列情形之一的,经其他合伙人一致同意,可以决议将其除名:未履行出资义务;因故意或者重大过失给合伙企业造成损失;执行合伙企业事务时有不正当行为;合伙协议约定的其他事由。对合伙人的除名决议应当书面通知被除名人。被除名人自接到除名通知之日起,除名生效,被除名人退伙。被除名人对除名决议有异议的,可以在接到除名通知之日起三十日内,向人民法院起诉。

合伙人退伙的,其他合伙人应当与该退伙人按照退伙时的合伙企业的财产状况进行结算,退还退伙人的财产份额。退伙人对其退伙前已发生的合伙企业债务,与其他合伙人承担连带责任。

五、合伙企业的解散与清算

(一) 合伙企业的解散

合伙企业解散是指各合伙人解除合伙协议,终止合伙企业的行为。《合伙企业法》规定,合伙企业有下列情形之一时,应当解散:

(1) 合伙协议约定的经营期限届满,合伙人不愿继续经营的;

(2) 合伙协议约定的解散事由出现;

(3) 全体合伙人决定解散;

(4) 合伙人已不具备法定人数;

(5) 合伙协议约定的合伙目的已经实现或者无法实现;

(6) 被依法吊销营业执照;

(7) 出现法律、行政法规规定的合伙企业解散的其他原因。

(二) 合伙企业的清算

合伙企业解散后,应当进行清算,程序如下:

(1) 通知和公告债权人。

(2) 确定清算人。合伙企业解散,清算人由全体合伙人担任;未能由全体合伙人担任清算人的,经全体合伙人过半数同意,可以自合伙企业解散后十五日内指定一名或者数名合伙人,或者委托第三人,担任清算人。十五日内未确定清算人的,合伙人或者其他利害关系人可以申请人民法院指定清算人。

《合伙企业法》规定,清算人在清算期间执行下列事务:清理合伙企业财产,分别编制资产负债表和财产清单;处理与清算有关的合伙企业未了结的事务;清缴所欠税款;清理债权、债务;处理合伙企业清偿债务后的剩余财产;代表合伙企业参与民事诉讼活动。

(3) 财产清偿顺序。《合伙企业法》规定,合伙企业财产在支付清算费用后,按下列顺序清偿:

① 合伙企业所欠招用的职工工资和劳动保险费用;
② 合伙企业所欠税款;
③ 合伙企业的债务;
④ 返还合伙人的出资。

合伙企业财产按上述顺序清偿后仍有剩余的,由合伙人依照合伙协议约定的比例进行分配;合伙协议未约定比例的,由各合伙人平均分配。合伙企业清算时,其全部财产不足清偿其债务的,由其合伙人以个人财产,按照合伙协议约定的比例进行清偿;合伙协议未约定比例的,由各合伙人平均承担清偿责任。

合伙企业解散后,原合伙人对合伙企业存续期间的债务仍应承担连带责任,但债权人在五年内未向债务人提出偿债请求的,该责任消灭。

需要注意的是,我国法律意义上的合伙企业仅限于由工商行政管理部门登记的、以自然人为合伙人的企业,不包括法人之间的合伙。另外,目前采用合伙制的律师事务所、会计师事务所、医生诊所等也都不属于合伙企业,它们归各自的行政主管机关登记管理。所以,我国《合伙企业法》的适用范围在一定程度上受到了限制。

六、合伙企业的特点

在现代市场经济国家,合伙企业是一种被广泛采用的企业形式,合伙企业从事的行业主要分布在农、林、牧渔、自由职业、小型加工、商品零售等领域,拥有上百万资产的合伙企业也屡见不鲜。

相对个人独资企业,合伙企业由于合伙人数较多,能够筹集更多的资金,发展规模也能进一步扩大,同时避免了一人决策经营时所面临的个人能力方面的局限,有利于经营管理水平的提高。

但是,相比公司,合伙企业无论在管理还是责任的承担方面,仍具有十分明显的"个人化"色彩,例如,全体合伙人都有权参与企业的经营决策,全体合伙人都对企业的债务承担无限连带责任等。所以,怎样选择合伙人,如何协调合伙人之间的关系等问题都直接影响企业的经营和发展。加之受入退伙的影响及无限连带责任的牵制,使得合伙企业面临的管理风险和责任风险都较大,合伙企业的存续和发展依然受到不少因素的影响,带有一定的局限性。

第三节 公 司 企 业

当前,我国的经济正处于转轨时期,现代企业制度建设是这一时期的一项重大"工程",而现代企业制度的核心就是公司制。由于公司是所有企业组织形式中最成熟、最规范、最先进的,所以,不少投资者在进行投资时都选择了公司这一企业组织形式。在中小企业中,各种类型、规模的公司也是非常多见的。

一、公司的特点与分类

公司,是指依照公司法设立的以营利为目的的企业法人。我国《公司法》规定,公司是独立的企业法人,公司以其全部财产承担民事责任。

(一)公司的主要特点

1. 公司是企业法人

公司与其他商事组织如个人独资企业、合伙企业的主要区别在于,公司具有法人属性。公司的法人属性使公司财产与公司成员的个人财产完全区分开,从而使公司能够以自己的名义独立地从事民事活动、享受民事权利和承担民事义务。

2. 公司以营利为目的

所谓营利,就是获取经济上的利益。对利益的追求是公司的目的所在,也是公司与机关、事业单位和社会团体法人的主要区别。

3. 公司应依法成立

公司的依法成立包括以下三层含义:

(1) 公司成立应依据专门的法律,即《公司法》和其他有关的特别法律、行政法规;

(2) 公司成立应符合《公司法》规定的实质要件;

(3) 公司成立须遵循《公司法》规定的程序,履行规定的申请和审批登记手续。

(二) 公司的类型

按照不同的标准,公司有不同的分类。其中,按照股东对公司的责任形式进行分类是最主要的一种分类标准,依此标准,公司可以分为以下四种:

1. 无限责任公司

无限责任公司,是指两个以上股东共同出资,股东对公司的债务承担无限连带责任的公司。此类公司不适应现代经济的发展,已经越来越少了。

2. 有限责任公司

有限责任公司,是指两个以上股东共同出资,股东以其出资额为限对公司承担责任,公司以其全部资产对公司的债务承担责任的企业法人。

3. 股份有限公司

股份有限公司,是指将公司全部资本分为等额股份,股东以其所持股份为限对公司承担责任,公司以其全部资产对公司的债务承担责任的企业法人。

4. 两合公司

两合公司,是指公司由两种责任形式的股东出资组成,其中,一部分股东以其出资额为限对公司承担责任,另一部分股东对公司债务承担无限责任。这是一种特别适合高新技术领域投资采用的企业组织形式,被风险投资基金广泛采用,具有相当旺盛的生命力。

有限责任公司和股份有限公司是当今世界各国普遍采用的公司类型,是最基本、最典型的两种公司形式。我国《公司法》第 2 条明确规定"本法所称公司是指依照本法在中国境内设立的有限责任公司和股份有限公司"。可见,我国《公司法》仅规定和确认了有限责任公司和股份有限公司这两种公司类型。

二、有限责任公司

有限责任公司,是指两个以上股东共同出资,股东以其出资额为限对公司承担责任,公司以其全部资产对公司的债务承担责任的企业法人。

(一)有限责任公司的设立

1. 设立的条件

根据我国《公司法》规定,设立有限责任公司,应当同时具备下列条件:

(1)股东符合法定人数。一般情况下,设立有限责任公司法定股东人数必须是两人以上五十人以下。特殊情况下,国家授权投资的机构或者国家授权的部门可以单独投资设立国有独资的有限责任公司。

(2)股东出资达到法定资本最低限额。有限责任公司的注册资本,即在公司登记机关登记的全体股东实缴的出资额,它是公司运营的物质条件,是公司对外独立承担责任的物质保证,同时,也是划分股东权益的标准。依据《公司法》规定,有限责任公司的注册资本不得少于下列最低限额:

① 以生产经营为主的公司,人民币五十万元;
② 以商品批发为主的公司,人民币五十万元;
③ 以商业零售为主的公司,人民币三十万元;
④ 科技开发、咨询、服务性公司,人民币十万元。

特定行业的有限责任公司注册资本最低限额需高于前款所定限额的,由法律、行政法规另行规定。

(3) 股东共同制定公司章程。公司章程是公司最重要的法律文件,是公司内部组织与行为的基本准则。有限责任公司的公司章程必须由股东共同制定,所有股东应该在章程上签名盖章。我国《公司法》对公司章程必须载明的法定事项作出了明确规定。

(4) 须有公司名称,并建立符合有限责任公司要求的组织机构。有限责任公司名称是公司的标志。公司依法享有名称权,经注册的公司名称受法律保护。有限责任公司应依法设立股东会、董事会或执行董事、监事会或监事等组织机构。

(5) 有固定的生产经营场所和必要的生产经营条件。

2. 设立的程序

根据我国《公司法》规定,设立有限责任公司,应按下列程序进行:

(1) 制定公司章程。

(2) 依法报经政府部门审批。法律、行政法规规定需要经有关部门审批的,应当在设立登记前报请政府主管部门审批。如设立经营保险业的金融机构,就必须报请中国人民银行批准;设立经营桑拿、卡拉OK 等特种行业的公司也需要政府有关部门批准。

(3) 股东缴纳出资。股东应当足额缴纳公司章程中规定的各自所认缴的出资额。股东以货币出资的,应当将货币出资足额存入准备设立的有限责任公司在银行开设的临时账户;以实物、工业产权、非专利技术或者土地使用权出资的,应当依法办理其财产权的转移手续。股东不按照上述规定缴纳所认缴的出资,应当向已足额缴纳出资的股东承担违约责任。

(4) 验资机构进行验资。

(5) 设立公司组织机构。

(6) 进行工商注册登记。

(7) 签发出资证明书。

(二) 有限责任公司的组织机构

公司组织机构是公司法人治理结构的核心部分。依照我国《公司法》规定,有限责任公司应设立股东会、董事会或执行董事、监事会或监事等组织机构。

1. 股东会

（1）股东会的性质与职权。股东会是公司的权力机构，由全体股东组成。股东是指公司的出资人，是公司存在的基础，由出资人组成的股东会理所当然成为公司的最高决策机构。

股东会只对公司重大事项进行决策，依照我国《公司法》，股东会行使下列职权：决定公司的经营方针和投资计划；选举和更换董事，决定有关董事的报酬事项；选举和更换由股东代表出任的监事，决定有关监事的报酬事项；审议批准董事会的报告；审议批准监事会或者监事的报告；审议批准公司的年度财务预算方案、决算方案；审议批准公司的利润分配方案和弥补亏损方案；对公司增加或者减少注册资本作出决议；对发行公司债券作出决议；对股东向股东以外的人转让出资作出决议；对公司合并、分立、变更公司形式、解散和清算等事项作出决议；修改公司章程。

（2）股东会的议事规则。股东会会议分为定期会议和临时会议。定期会议应当按照公司章程的规定按时召开。代表四分之一以上表决权的股东，三分之一以上董事，或者监事，可以提议召开临时会议。

我国《公司法》规定了以下股东会的议事方式和表决程序：

① 股东会对公司增加或者减少注册资本、分立、合并、解散或者变更公司形式做出决议；

② 必须经代表三分之二以上表决权的股东通过；

③ 公司修改章程的决议，必须经代表三分之二以上表决权的股东通过；

④ 股东会会议由股东按照出资比例行使表决权；

⑤ 股东会的首次会议由出资最多的股东召集和主持，设立董事会的，股东会会议由董事会召集，董事长主持，董事长因特殊原因不能履行职务时，由董事长指定的副董事长或者其他董事主持；

⑥ 召开股东会会议，应当于会议召开十五日以前通知全体股东。

除以上法律规定外，股东会的其他议事方式和表决程序也可由公司章程规定。股东会应当对所议事项的决定作成会议记录，出席会议的股东应当在会议记录上签名。

2. 董事会

（1）董事会的性质与职权。有限责任公司的董事会是公司的执行机构，向公司股东负责。我国《公司法》规定，有限责任公司董事会成员为三人至十三人。两个以上的国有企业或者其他两个以上的国有投资主体投资设立的有限责任公司，其董事会成员中应当有公司职工代表。董事会中的职工代表由公司职工民主选举产生。

有限责任公司，股东人数较少和规模较小的，可以设一名执行董事，不设立董事会。

董事会设董事长一人，可以设副董事长一至两人。董事长、副董事长的产生办法由公司章程规定。董事长为公司的法定代表人，公司不设董事会的，执行董事为公司的法定代表人。

根据我国《公司法》规定，董事会行使下列职权：负责召集股东会，并向股东会报告工作；执行股东会的决议；决定公司的经营计划和投资方案；制订公司的年度财务预算方案、决算方案；制订公司的利润分配方案和弥补亏损方案；制订公司增加或者减少注册资本的方案；拟订公司合并、分立、变更公司形式、解散的方案；决定公司内部管理机构的设置；聘任或者解聘公司经理，根据经理的提名，聘任或者解聘公司副经理、财务负责人，决定其报酬事项；制定公司的基本管理制度。

董事任期由公司章程规定，但每届任期不得超过三年。董事任期届满，连选可以连任。董事在任期届满前，股东会不得无故解除其职务。

（2）董事会的议事规则。董事会会议由董事长召集和主持。董事长因特殊原因不能履行职务时，由董事长指定副董事长或者其他董事召集和主持。此外，三分之一以上董事可以提议召开董事会会议。召开董事会会议，应当于会议召开十日以前通知全体董事。董事会应当对所议事项的决定作成会议记录，出席会议的董事应当在会议记录上签名。

3. 经理

有限责任公司的经理，由董事会聘任或者解聘。经理可以列席董事会会议，并对董事会负责。经理行使下列职权：主持公司的生产经营管理工作,组织实施董事会决议;组织实施公司年度经营计划和投资方案;拟订公司内部管理机构设置方案;拟订公司的基本管理制度;制定公司的具体规章;提请聘任或者解聘公司副经理、财务负责人;聘任或者解聘除应由董事会聘任或者解聘以外的负责管理人员;公司章程和董事会授予的其他职权。

4. 监事会

有限责任公司的监事会是公司的内部监督机构。《公司法》规定,有限责任公司经营规模较大的,设立监事会,其成员不得少于三人。监事会应在其组成人员中推选一名召集人。

监事会由股东代表和适当比例的公司职工代表组成,具体比例由公司章程规定。监事会中的职工代表由公司职工民主选举产生。有限责任公司股东人数较少和规模较小的,可以设一至两名监事。监事可以列席董事会会议,董事、经理及财务负责人不得兼任监事。监事的任期每届为三年,任期届满,连选可以连任。

根据我国《公司法》规定,监事会或者监事行使下列职权:检查公司财务;对董事、经理执行公司职务时违反法律、法规或者公司章程的行为进行监督;当董事和经理的行为损害公司的利益时,要求董事和经理予以纠正;提议召开临时股东会;公司章程规定的其他职权。

(三) 有限责任公司的特点

有限责任公司是中小企业比较理想的企业模式,其优点在于:其一,投资者风险较小,易于筹集资本;其二,相对股份有限公司而言,其设立手续简便,机构简单,便于组织管理;其三,股东人数较少,相互了解信任,内部关系密切;其四,资本确定,人员稳定,对外信用牢固。这些,都是有限责任公司的优势所在。

在我国,由于法律对股份有限公司的规定较为严格,所以,有限责任公司为中小规模的企业广泛采用。

三、股份有限公司

股份有限公司,是指将公司全部资本分为等额股份,股东以其所持股份为限对公司承担责任,公司以其全部资产对公司的债务承担责任的企业法人。

(一) 股份有限公司的设立

1. 设立的方式

股份有限公司的发起人是指依法办理筹建股份有限公司事务的法人或自然人。依据《公司法》的规定，股份有限公司的设立可以采取发起设立或者募集设立两种方式。

发起设立，是指由发起人认购公司应发行的全部股份而设立公司。募集设立，是指由发起人认购公司应发行股份的一部分，其余部分向社会公开募集而设立公司。

2. 设立的条件

我国《公司法》规定，设立股份有限公司，应当同时具备下列条件：

(1) 发起人符合法定人数。根据《公司法》的规定，设立股份有限公司，应当有五人以上的发起人，其中须有过半数的发起人在中国境内有住所。

(2) 发起人认缴和社会公开募集的股本达到法定资本最低限额。我国《公司法》规定，股份有限公司注册资本的最低限额为人民币1 000万元。股份有限公司注册资本最低限额需高于上述所定限额的，由法律、行政法规另行规定。

(3) 股份发行、筹办事项符合法律规定。股份有限公司发起人，必须按照《公司法》的规定认购其应认购的股份，并承担公司筹办事务。股份有限公司的设立，必须经过国务院授权的部门或者省级人民政府批准。发起人以工业产权、非专利技术作价出资的金额不得超过股份有限公司注册资本的百分之二十。以募集设立方式设立股份有限公司的，发起人认购的股份不得少于公司股份总数的百分之三十五，其余股份应当向社会公开募集。发起人向社会公开募集股份时，必须向国务院证券管理部门递交募股申请。

(4) 发起人制订公司章程，并经创立大会通过。股份有限公司的章程由发起人制定，但必须由创立大会通过方为有效。

(5) 须有公司名称和符合股份有限公司要求的组织机构，并有固定的生产经营场所和必要的生产经营条件。

3. 股份有限公司设立的程序

我国《公司法》对股份公司设立的程序作了如下规定：

(1) 发起人发起。设立股份有限公司，发起人要通过协商就设立股份有限公司事项达成一致，并签订发起人协议，明确发起人之间的权利义务，进行股份有限公司的筹建工作。

(2) 制定公司章程。股份有限公司章程的制定与有限责任公司不同，股份有限公司章程的制定者是发起人，而不是全体股东。但发起人制定的章程还不是严格意义上的公司章程，当募集设立时，必须经过创立大会的修改、通过，才作为公司的正式章程。

(3) 申请设立批准。我国《公司法》规定，股份有限公司的设立，必须经过国务院授权的部门或者省级人民政府批准。

(4) 认购股份。

(5) 进行验资。

(6) 募集方式设立必须召开创立大会。

(7) 建立公司的组织机构。在发起设立的情况下，发起人的出资到位并经法定验资机构验资后，由全体发起人选举公司的董事、监事，组成董事会、监事会。在募集设立的情况下，创立大会将选举出公司的董事、监事，组成董事会、监事会等公司组织机构。

(8) 申请工商注册登记。

(二) 股份有限公司组织机构

股份有限公司的组织机构包括股东大会、董事会、监事会。

1. 股东大会

股份有限公司的股东大会是由公司全体股东组成的权力机构，在股份有限公司的组织机构中占有极其重要的地位，对公司的重大事项行使最终决策权。

根据我国《公司法》的规定，股份有限公司股东大会的职权与有限责任公司的职权基本相同，但不包括有限责任公司的股东向股东以外的人转让出资须由股东大会作出决议的相关规定。

2. 董事会

股份有限公司的董事会是公司股东大会的执行机构，对股东大会负责。董事会成员由五人至十九人组成。股份有限公司董事会的职权与有限责任公司董事会职权基本相同。董事会必须依据我国《公司法》及公司章程行使职权。

董事会设董事长一人，可以设副董事长一至两人。董事长和副董事长由董事会以全体董事的过半数选举产生。董事长为公司的法定代表人。副董事长协助董事长工作，董事长不能履行职权时，由董事长指定的副董事长代行其职权。

3. 经理

股份有限公司设经理。经理依照法律和公司章程的规定行使职权，负责公司的日常经营管理工作，对董事会负责，由董事会聘任或者解聘。

4. 监事会

股份有限公司的监事会是依法设立对公司事务进行监督的必设机构，对股东大会负责，向股东大会报告工作，其成员不得少于三人。

监事会应在其组成人员中推选一名召集人。监事会由股东代表和适当比例的公司职工代表组成，具体比例由公司章程规定。监事会中的职工代表由公司职工民主选举产生。董事、经理及财务负责人不得兼任监事。监事的任期每届为三年，监事任期届满，连选可以连任。

股份有限公司监事会的职权与有限责任公司基本相同。监事会的议事方式和表决程序由公司章程规定。监事应当依照法律、行政法规、公司章程，忠实履行监督职责。

(三) 股份有限公司的特点

股份有限公司是资本的集合体，实行股份等额化和转让自由化，对股东身份、人数都没有限制，因而能够广泛筹集资金，有利于企业规模的扩大，同时，也使得企业的稳定性和独立性进一步增强。股份有限公司是现代企业制度最典型的形式，其主要特点如下：首先，资本证券化，并允许自由转让；其次，个人财产与企业财产完全相分离；第三，所有权与经营权相分离，股东不参与经营，企业经营权由董事会和经理掌握。

但是，对中小企业来说，股份有限公司并不是理想的企业模式。股份有限公司较高的设立"门槛"和运作方式都不适合中小规模的企业。

四、公司制企业的特点

公司制企业是最完备、最成熟的一种企业组织形式。无论是有限责任公司，还是股份有限公司，都明确划分了股东、董事会和监事会各自的权利、义务与职责，形成了三者间的制衡关系，保证了企业各项经营活动和管理活动的正常开展和有效运行。

由于公司的股东承担的是有限责任，即以出资者的出资为限对公司债务承担责任，投资者的投资风险因此大大降低，这对于资本的集结极为有利。同时，公司的融资能力、经营的稳定性也随之大为增强，在此基础上，企业的扩张和发展空间都较其他组织形式的企业更为广阔。

但相比而言，有限责任公司这种形式更为适合中小企业。因为，有限责任公司规模适度，对资金的要求也不是很高，设立的条件和程序相对简便，管理的难度也远小于股份有限公司。中小企业可充分利用有限责任公司在集结资本和风险可控方面的优势，设立公司制企业，开展各项经营活动。

股份有限公司由于其自身的特点，尤其是在注册资本和设立程序方面，要求非常之高，使得这一组织形式对于中小企业而言显得有些"曲高和寡"。从理论上讲，股份有限公司并不是适合中小企业的组织形态。换言之，股份有限公司虽然是我国《公司法》确认的两种主要公司形式之一，但毫无疑问的是，股份有限公司对于中小企业是不适合的。

第四章　中小企业的管理组织

学习目标

完成本章学习以后,你应该能够:
- 掌握组织设计的基本要素和中小企业组织设计的特殊性
- 了解中小企业组织结构的形式和特点
- 理解组织生命周期与中小企业的组织变革
- 了解中小企业组织变革的基本模式
- 掌握中小企业组织变革的途径

任何人都不可能独自管理一个现代企业。但对于中小企业——特别是小企业来说,通常是由一个人或少数几个人来管理的,经验式和随意性管理往往导致小企业经常面临倒闭的危险。据调查,有90%的小企业倒闭是因为经营管理不善导致的,而经营管理不善,关键是因为组织结构与设计的问题,组织结构与设计一直是管理的核心内容,合理的组织设计,是企业有效运作的保证。

第一节　中小企业组织结构与设计

组织设计是以组织目标为依据,对组织的各项业务活动加以分解、分类和组合,进而设计不同的职位、部门、机构,明确其工作内容、责任、权限及其相互协作关系,规定其任职资格、规章制度和工作程序,编制职务说明书。组织设计是以组织结构安排为核心的整体设计工作。

一、组织设计的基本要素

组织设计涉及的基本要素包括分工与专业化、管理幅度与管理层次、部门化、职权与职责、集权与分权等。这些基本要素在中小企业中的具体运用有其特殊性,由这些基本要素而演变出组织设计的基本原则,是中小企业在进行组织设计时必须遵循的。

(一)分工与专业化

分工与专业化一直是组织设计中的一项基本原则。劳动分工是指按工作任务逐步分工分解,最后把组织分成不同的职位。每个职位都有明确的责任,这种规定把职位和人分离开来,先明确职位的责任、职务和权限,再选择担任该职务的合适人选。通过劳动分工实现专业化,长期以来一直被认为是提高工作效率的根本保证。专业化就是把工作分解为许多很小的单一化、标准化和专业化的操作内容与程序,并对工作者进行培训和激励,以保证工作的高效率。

分工与专业化要求设置组织结构时要以事为中心,因事设机构、设岗位、设职务、配备适宜的管理人员,做到人与事的统一。这也就意味着组织中的权力在职位而不在职位上的人。中小企业,特别是那些经验式管理和家族式管理的小企业,通常存在着明显的因人设事、因职找事的现象,从而造成人浮于事、不胜任工作的弊端。

虽然20世纪60年代以来出现了通过扩大而不是缩小工作活动范围来提高劳动生产率的趋势,具体表现为工作轮换、工作扩大化、工作丰富化等,团队工作的流行、流程再造的兴起更是将这种趋势推向极致,但分工与专业化至今一直是组织设计常用的理论和方法,从长远的观点看,它仍然是组织设计的一项基本原则,对中小企业而言,则更是如此。

(二)职权与职责

职权是组织设计的一个重要概念。职权指的是管理职位所固有的发布命令和希望命令得到执行的一种权力。职权与组织内的职位相关,而与担任该职位的管理者个人特性无关。一个职位被赋予一定权力的同时,必须承担一种相应的责任,这就是职责。中小企业在组织设计时应该做到权责对等和适度授权。

1. 权责对等

组织设计的一个基本原则是权责对等,责权一致、职权与职责对称。中小企业管理组织通常会出现有责无权、有权无责和权责不等的现象。如果有职权,而没有相应的责任,没有一定的压力,就会滥用权力;如果有责任,而没有相应的职权,就无法完成责任。在实际工作中,中小企业要正确处理好直线职权和参谋职权的关系。

按照职权的性质,可以将管理人员的职权分为直线职权和参谋职权两大类。

(1) 直线职权。直线职权是直线指挥人员对组织目标的实现负有直接责任,拥有决策、指挥命令下属的权力。这种上级-下级职权关系贯穿在组织最高层到最底层,形成指挥链。

(2) 参谋职权。随着中小企业的组织规模的扩大和管理活动的复杂化,直线管理人员没有足够的时间、技能来有效地完成工作,这样配置职能人员做参谋就成为一种必需。参谋职权是职能人员为实现组织目标而协助直线人员的工作,向直线管理人员提供咨询或建议的权力,职能人员没有决策权和指挥权,处于服务和协助直线人员的参谋地位,对下级只有业务的指导权,但没有指挥命令权,职能人员所发挥的即为参谋职能。

为适应环境的快速变化,在现代的组织设计中,一般将职能部门的功能适当扩大,特别对于那些创新型、高科技类的中小企业来说,尤其如此。

2. 适度授权

授权是指上级主管把自己的职权授予下属,使下属拥有一定的自主权和行动权。善于授权是一个现代管理人员必备的基本素质。有效授权必须明确受权人应承担的职责和权力范围,使受权人在规定的范围内有最大限度的自主权。有效的授权必须遵循适度的原则。如果授予的权力超过职责范围,可能造成下级滥用权力,甚至造成上级主管对下级的失控。

根据上级-下级职权关系在组织中所形成的指挥链,上级主管不能够把原来属于中层主管的权力直接授予基层人员,也就是说职权只能授予直接的下属,不可越级。

对于下授的职权,其职责可以分为执行职责和最终职责。一般来说,管理者在授权时,职权和执行职责下授,而最终职责不能下授。也就是说管理者应该对他授予执行职责的下属的行动最终负责,授权人承担的是最终的职责,而受权人承担的是执行职责。

中小企业在管理中存在着较为普遍的人格化倾向,职责不清,上级跨级指挥和下级越级请示的现象严重。组织设计仅仅设计出一个合理的组织结构是不够的,要保证组织结构的有效运行,还必须对组织的职权进行有效的设计。

(三) 管理层次与管理幅度

所谓管理幅度,就是一个主管人员直接有效管辖的下属人员的数目,以便上级有效协调下级人员的活动。它是一种水平方向的分工形式。由于任何主管的能力、精力等管理资源总是有限的,而管理下属也是有成本的,因此,主管要有效管理,这个管理幅度就不能无限大,不仅大型企业如此,即使小企业的最高主管,也必须将他所担任的部分管理工作委托给其他人协助进行,这些人就形成了次一级的主管,以此类推,直至受托人能够直接安排和协调组织成员的具体业务活动。这样就形成了从最高主管到基层主管之间的职位等级,管理层次就是组织的纵向等级数,有多少层次就有多少等级,它是一种垂直方向的分工形式。

1. 管理幅度、管理层次与组织的结构形态

(1) 管理层次与管理幅度的关系。管理层次受到管理幅度与组织规模的影响。管理层次与组织规模呈正比,也就是说,规模越大,成员越多,管理层次也就越多。在组织规模一定的情况下,管理幅度与管理层次呈反比关系,也就是说,主管直接管理的下级越多,管理层次就越少,相反,如果主管的管理幅度缩小,则组织的管理层次就增多。管理层次增多,则管理人员增加,组织内的协调和管理成本会上升,信息沟通的难度增大,工作效率下降;相反,管理幅度过大,容易导致控制不力、各自为政。

(2)管理层次、管理幅度与组织的结构形态。管理层次和管理幅度从纵向和横向两个截面决定了组织基本的结构形态。有的组织采用扩大管理幅度和减少管理层次的形式,构成"扁平"或"横式"的组织结构;有的组织则采用缩小管理跨度和增加管理层次而形成"高耸"或"直式的"结构。一般而言,"扁平"结构有利于提高职工的责任观念和生产效率,可使管理人员有更大的管理职责,并减少对上级的依赖性;同时扁平结构层次较少,因而有助于缩短下属与上级组织之间的行政层次距离,有利于信息情报的上下沟通。可以大大改进领导与下属的关系,调动领导与下属的积极性。但是,如果一个管理人员直接负责管理的下属太多的话,很难进行有效的协调和控制。而高耸结构可以使上级对下级进行更具体的指导和更严密的监督,也可以给有能力的下级提供更多的晋升提拔的机会。但是,由于级别层次多,需要的各级管理人员也多,因而会增加管理费用;层次多,信息情报的沟通也会有困难,办事效率可能显得低下,过多的层次还可能导致官僚主义,更多的时候会限制各级组织的积极性的发挥。

为了提高组织活动的有效性,中小企业应该采取扁平的组织结构。

2. 管理幅度的确定

管理幅度过大或过小,都有明显的弊端,因此,不存在统一的、标准的"管理幅度"。中小企业的管理幅度可能更大一些。管理幅度的确定,主要考虑的因素有管理阶层、管理者及其下属的能力和素质、工作的内容和性质、工作条件以及管理技术等等因素。

(1)管理阶层。管理阶层是指管理的层次位置。一般而言,管理阶层较高时,管理幅度应当小些;管理阶层较低时,管理幅度应当大些。有人通过统计得出的经验参数,上层管理幅度以 4～8 人为宜,下层管理的幅度以 8～15 人为宜。

(2)管理者及其下属的能力和素质。能力较强、素质较高的管理者,可以管理较大的管理对象幅度。但是一般来说,个人的能力和精力总是有限的,在通常的情况下,仰仗个人的能力去扩大管理幅度的做法并不有效;同样道理,如果下属受过良好的训练,工作自主性较高,他们所需的监督比较少,而且不必时时、事事都向上级请示汇报,在这样的情况下,上级主管人员的管理幅度可以相应增大些。

(3) 工作内容和性质。如果工作任务相似或工作中需要协调的次数较少,工作任务属于常规性的,已经有了相对定型的处理程序和解决方法,管理幅度相应可以大些;如果工作任务在内容、方式、地点等方面经常变化,面临的问题比较复杂,属于非常规、不定型的,管理幅度则应当相应缩小;另外,计划的完善程度和难易程度也影响了管理幅度。如果计划详尽周密、切实可行,下属容易单纯地执行,那么主管的管理幅度便可适当地大些。

(4) 管理技术。20 世纪 80 年代以来,随着现代计算机技术和网络技术在管理中的运用,许多企业的管理幅度扩大了。中小企业可以根据自身现代化的程度,适当增大管理幅度。

3. 管理层次的分工及其相互关系

管理层次的确定,应根据组织规模、活动特点以及管理幅度而定。中小企业的管理层次不宜过多,一般而言,中小企业的管理层次可以分为高层管理、中层管理和基层管理三个层次。三个层次之间存在着上下的指令和控制关系,同时,三大层次各有分工,各级管理者各自要负责做好与本层次匹配的工作。尤其要注意的是高层管理应当关注包括基层在内的各个层次的管理实施,但一般不轻易越级干涉下面各层次的工作。

(1) 高层管理。高层管理的主要任务是从组织整体利益出发,制定本组织的目标以及实现目标的一些制度、政策,并对整个组织实行统一指挥和综合管理。

(2) 中层管理。中层管理主要负责的工作是组织分解和落实高层确定的目标任务,拟定和选择计划的实施方案、步骤和程序,按部门分配资源,协调和控制下级的活动。

(3) 基层管理。基层管理的主要任务就是具体落实工作计划,直接安排和协调组织成员的具体业务活动,监督并保证工作计划顺利完成。

(四) 部门化

部门化通常是建立组织结构的第一步,是对所分工的工作的合理组合,就是将工作和人员组编成可管理的单位,使各个部门各司其职,使各个组织成员各有岗位、各有责任。一般来说,组织管理层次最高级以下的各级都需部门化,每低一级又有其进一步的部门划分,这是企业组织结构的基本形式。

1. 部门化的依据

适合于中小企业划分部门的依据通常有:职能部门化、生产部门化和顾客部门化等。

(1) 职能部门化。职能部门化是最常见的一种部门化方法,通常它更适合中小企业。这种方法依据业务专业化原则,以相同或类似的工作进行组织安排,因此,职能部门化与专业化有密切的关系,工作的专业化必然带来职能的部门化。

职能部门化有利于对专业人员进行归口管理,提高了各部门专业化程度和工作效率;既简化了对各部门管理人员的训练工作,也便于对本部门人员进行监督和指导;强化了专业权力的集中,有利于中小企业的领导对企业整体活动的控制。但是这种结构形式也存在着一些缺陷:可能出现本位主义,各部门人员可能缺乏对整个组织的全局观念,对涉及全局性的问题较难于发现;可能使决策和实施变得更为缓慢,并且容易产生官僚主义;不利于中小企业训练和培养那些能够统筹全局的高级管理人员。

(2) 生产部门化。生产部门化是根据生产产品的活动或产品的种类来安排组织结构。根据产品或者产品大类的活动来划分部门,叫做产品部门化,它通常更适合那些多元化经营的企业,比较适合那些大中型企业。根据生产产品的活动来划分部门,一般是按照业务流程划分不同的部门,通常也叫做过程部门化,这既可以在生产制造企业,也可以在提供服务的企业中应用。

以某一种产品或以某一生产程序设立部门,能够发挥个人的技能和专长,发挥专业设备的效率;有利于本部门内更好的协作;可以提高决策的效率;易于检查质量和监督职工。实行生产部门化的缺点在于:由于各部门的管理人员都把注意力集中在本部门的生产上面,因而对整个组织的关心就有所忽视;同时由于每个部门都有管理方面的人员,因此形成行政管理人员庞大，费用增加。

（3）顾客部门化。顾客部门化依据不同的顾客群(或用户)的需要设立相应的部门。这种部门化的方法常为不同类型和不同规模的组织所采用。如银行里往往就为了满足顾客的需要而设立各种存款和贷款部门，针织服装商店设立童装部、女装部和男装部等，其目的在于根据不同类型的顾客，更好地提供服务。

2. 中小企业划分部门时应注意的问题

除上述三种基本形式的部门化外，还有时间部门化、地区部门化、人数部门化等。中小企业在实际的运用中，应该根据自身特点和条件，选择能够最有效地保证组织目标实现的部门化方法。中小企业在部门化过程中要注意以下问题：

（1）现实性。中小企业部门划分应该采用哪种方法进行，最终取决于企业自身的特点、组建项目的需要以及具体的条件。

（2）弹性。部门的划分应随业务的需要而增减，同时在划分部门时，既要有合理的分工，又要考虑有利于部门的合作。部门化方式的选择并不是唯一的，各种部门化的方法各有优劣，不存在一种十全十美的部门化方式。

（3）最少化。要注意中小企业的特点，在划分部门时，不应求全，但必要的职能应该具备。部门划分在保证有效实现企业目标的前提下，力求最少。

（4）均衡性。各部门的职务指派应该达到平衡，避免工作量分配的不均。

（5）统一指挥。在划分部门时，应该考虑到各部门之间的协调。组织内部的分工越细，越容易出现越级指挥、政出多门、命令不统一的现象，从而增加组织内部的矛盾。因此，部门化必须与统一指挥相结合，必须遵循统一指挥的原则，保证每一个下级接受同一个命令。统一指挥表现在两个方面：

① 组织体制。对于中小企业来说，在组织体制上必须理顺直线部门与职能部门的关系。上一层的直线领导不能直接与下一层的职能部门发生关系，上级直线领导逐级地向下级直线领导传达和布置任务，下

级直线领导对本层次中的职能部门进行任务分配;上一级组织层次中的职能部门不能直接与下一级直线人员发生关系,不能随意改变下级直线人员的决定和命令。

② 人员序列。在人员序列上,也必须坚持统一指挥的原则,这就意味着一个下级人员在同一项工作中只能接受一个上级的指挥和命令,同一项工作可以有两个领导来指挥,但必须是对于两个不同的下级。

20世纪80年代以来,随着团队组织的盛行,组织结构出现了网络化、灵活化和动态化的趋势,统一指挥的原则正面临挑战。一个下级人员可以在不同的工作中接受两个上级领导的命令。这既对管理者的协调沟通、谈判和解决冲突的技能提出了更高的要求,也对组织结构如何保持一定的弹性提出了新的要求。

(五) 集权与分权

职权的本质是决策权。组织结构设计的一个重要问题是解决组织决策权在不同层次职位的分配。集权是指决策权在较高层次职位上一定程度的集中,分权是指决策权在较低层次职位上很大程度上的分散。在组织职权设计时,应该做到集权和分权相平衡,使决策权在组织各个层次的部门和职位之间合理分布。

1. 集权和分权是一个相对的概念

集权和分权对组织的结构及其管理来说,都是必需的和重要的,但不是绝对的。组织结构及其管理到底是倾向于集权还是分权,不存在一种定律,而是要取决于组织运行和发展的需要,因此,集权和分权是一个相对的概念。

一般来说,在组织创业初期,集权的组织结构和管理更有利于组织导向成功,当组织发展到一定阶段,资源和产品的类型多元化而且彼此之间又没有必然的上下道关联时,分权则更有利于组织做大做强;当组织的发展规模较大,组织的活动地域或领域分散性很强时,一定程度的分权,将有利于组织适应环境的变化。

2. 中小企业容易产生集权倾向的原因

相比较大企业而言,中小企业在组织结构和管理方式上的集权成分更多一点,中小企业容易产生集权倾向的原因是多方面的:

(1) 中小企业的成长历史。中小企业的成长一般是靠自身内部积累,由小到大发展,又没有其他组织的加入,因此,集权倾向较为明显,最典型的就是家族式企业。

(2) 中小企业的规模。一般来说,企业组织的规模越大,管理部门和管理层次就越多,因此较高程度的分权有利于提高管理效率。而中小企业由于规模较小,集权程度自然就应该高一些。

(3) 产品的生产技术特点。通常情况下,中小企业的产品单一,生产过程的连续性较强,生产经营的环节之间的协作和联系十分密切,客观上要求统一而集中的经营,因此,中小企业的集权色彩就更浓一些。如果中小企业要进一步做大作强,则应该加大分权的程度。

(4) 领导者的个性和领导风格。集权和分权作为一种领导风格,又与领导者的个性有着密切的关系。由于中小企业的成长发展,往往与创业者的个人素质和个性相关,中小企业的领导者更喜欢选择集权的风格,这在家族式的小企业中更为明显。

3. 集权的优劣势

集权的优势在于保证组织目标的一致性和组织行动的统一性。通过集权,把决策权集中在组织的领导层,便于根据整个组织的目标,实现资源的统筹配置,确保组织整体政策的统一和决策执行的高效。

集权的弊端表现在:

(1) 成员的积极性降低。由于权力高度集中,使基层管理人员和操作人员的主动性和创造性下降,组织发展可能失去动力基础。

(2) 决策质量降低。集权可能使组织的决策者远离基层,难以拥有全面的、及时的信息,从而影响决策的准确性和及时性。

(3) 组织的适应能力降低。过度的集权,使各个部门失去各自独立适应和调整的能力,从而削弱组织整体的应变能力。

二、中小企业组织结构形态

企业组织的形态不仅多样,而且复杂。组织结构的不同形式,是与不同的组织规模相适应的。常见的组织结构形式有直线型、职能型、直线参谋型、事业部制。

(一) 几种典型的组织结构形态比较

1. 直线制组织结构

直线制组织结构(图4-1)是人类历史上较早使用和定型的一种组织设计模式。最早,这种组织结构设计模式使用于军队系统。后来,这种组织结构又广泛使用于企业组织。工业革命前后,那些早期的企业组织职工人数不多(一般在十多人至一二百人),普遍采用这种直线制组织结构。这种组织结构的特点是:组织中的职务按垂直系统直线排列,各级主管人员对所属下级拥有直接的一切职权,组织中每一个人只能向一个直接上级报告。其优点是结构简单,权力集中,职责分明,命令统一,联系简捷。其缺点是在组织规模较大的情况下,所有的管理职能都集中由一个人承担,往往出于个人的知识能力有限而感到难于应付,顾此失彼,可能会发生较多失误。此外,每个部门基本关心的是本部门的工作,因而部门间的协调比较差。一般地,这种组织结构形式只适用于人数少、规模小的企业。

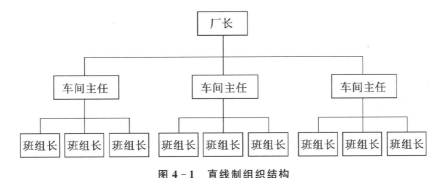

图4-1 直线制组织结构

就权力分布而言,直线制是权力高度集中的组织结构。直线制的组织结构形式特别适用于那些规模不大、人数不多、没有必要按职能实行专业化管理的小企业或现场的作业管理。

2. 职能制组织机构

职能制组织结构的设计,是基于按管理过程中的专业知识、专业方法和专业要求划分部门的考虑。在直线制结构中,对于企业来说,直线管理者在管理过程中具体负责计划、生产、质量、工艺、设备等职能工作。当企业规模增大时,这样的管理要求往往无法真正得到良好的完成。于是,企业中出现了专门从事某项职能管理的部门。某一层次专门的职能部门负责提出具体的职能管理要求,并通过下一层次加以落实。

在图4-2中,不同的职能部门在厂长的领导下,就专业工作各自对车间一层实施管理。在车间一层,必要时也可建立职能部门或职能人员,在车间主任领导下对班组实施专业管理。

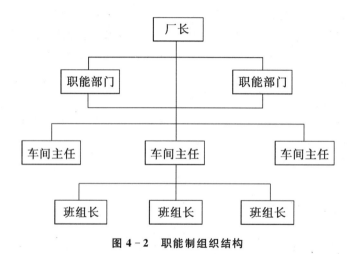

图4-2 职能制组织结构

就权力分布而言,职能制组织结构容易导致权力分散。它的优点是能够适应现代组织技术比较复杂和管理分工较细的特点,能够发挥职能机构的专业管理作用,减轻上层主管人员的负担。但其缺点也比较明显,它妨碍了组织必要的集中领导和统一指挥,容易形成多头领导,因此,不利于明确划分直线人员和职能科室的职责权限,容易造成管理的混乱。

3. 直线职能制组织结构

直线制的优点在于职责明确、指挥统一、信息传递效率高,缺点在于横向协调困难、高层管理者容易陷入具体事务堆。职能制的优点在于专业能力能够得到较好的发挥,高层管理者可以有精力考虑重大的、涉及组织未来发展的问题。因此,直线制的有些优点(缺点),几乎恰好是与职能制的缺点(优点)相对应的。直线职能制(图4-3)是一种既保留直线制和职能制的优点,又在一定程度上避免它们各自的缺点的组织结构。

直线职能制也叫直线参谋制。这种组织结构以直线制为基础,参照职能制,在最高管理层(必要时也可在中间管理层)设置职能部门,这些职能部门通常作为领导者的参谋机构。职能部门负责为领导者拟定、提出组织的有关计划、方案、指令。但是,职能部门无权直接下达指令,所有计划、方案、指令等均须通过直线领导者批准下达。各级领导者、管理者按直线制方式,逐级向上负责。

就权力分布而言,直线职能制是一种倾向于权力集中的组织结构。这种组织结构模式的优点是:集中领导,便于调配人力、财力和物力;职责清楚,有利于提高办事效率;秩序井然,使整个组织有较高的稳定性。其缺点是:下级部门的主动性和积极性的发挥受到限制,部门之间互通情报较少,不能集思广益地做出决策;各职能参谋部门与直线指挥部门之间目标不一致,容易产生矛盾,使最高领导的协调工作量加大;难以从组织内部培养熟悉全面的管理人才;信息传递路线长,使整个系统的适应性降低,对复杂情况不能及时做出反应;权力集中于最高领导层,是典型的"集权式"管理组织结构。

图4-3显示,职能部门与车间之间没有直接"通道"。如果职能部

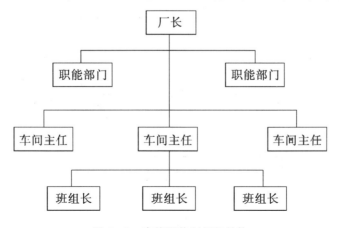

图4-3 直线职能制组织结构

门有什么要求,必须回到厂长的指挥线路中,以厂部名义下发。直线职能制既保持指挥统一的优点,又可以发挥专业管理的长处。因此,目前这种组织结构在各国的企业、乃至政府机构中得到了广泛的采用。

4. 事业部制组织结构

当组织规模较小时,直线制组织结构的适用性较强。当组织规模较大时,直线职能制组织结构可能具有较好的适用性。

当组织规模大到一定程度、组织任务分散性和复杂性达到一定程度时,带有集权倾向的直线制或直线职能制可能会限制组织及其成员的内在活力。

第一次世界大战以后,一些美国大型企业中开始演变出被称为"事业部制"的组织结构(图4-4)。事业部制组织结构的基本思路是,"集中政策,分散经营",即在集权领导下实行分权管理。具体办法很多,其中一种是,按照不同产品或生产(销售)地区,将企业分成若干个事业部,每个事业部都是相对独立的核算单位,在经营、管理上拥有较大的自主权。

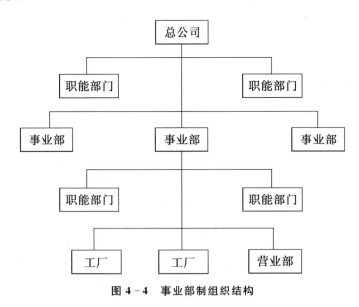

图4-4 事业部制组织结构

事业部制组织结构模式的优点是:最高管理部门可以摆脱日常行

政事务,成为坚强有力的决策机构;各事业部自成系统、独立经营、独立核算,可以发挥各自的灵活性和主动性;各事业部之间有比较、有竞争,可以促进事业的发展;生产与销售可以直接联系,供求关系可以很快得到反馈;这种模式也有利于培养具有综合领导才能的高级管理人员。事业部制组织结构模式的缺点是:机构重复,容易造成管理人员浪费;由于各个事业部独立经营,使各事业部之间人员互换困难,相互支援差;各事业部经理考虑问题容易从本部门出发,忽视整个企业组织的整体利益。

一般来说,中小企业很少采用事业部制的组织结构形式。

5. 矩阵制组织结构

矩阵制组织是由一种专门从事某项工作的工作小组发展而来的组织机构,相当于在直线职能制的基础上,再增加一种横向的领导系统,也就是说,矩阵制组织结构是有两套管理系统组成的方形组织结构,一套是纵向的职能系统,另一套是横向的为完成某一项任务而组成的项目系统。这种非长期固定性的组织结构特别适合于开发研究型的中小企业。

对于中小企业来说,可以选择的矩阵制结构有两种,一种是"自主的工作小组",另一种是二维矩阵结构。

(1) 自主的工作小组。自主的工作小组是由来自不同部门的人员为完成特定的任务而共同工作,任务完成以后随即解散,典型的是"技术革新小组"。小组成员共同讨论工作任务、选择工作方法、制定实施计划,小组是自行管理的,也称"项目经理制"。

自主的工作小组适应于需要不同专长的人才能完成的工作和因素复杂的不确定性工作。在这方面,工作小组的优点是适应性强,机动灵活;缺点是缺乏稳定性,可能出现小组目标与组织的规范和整体目标相偏离的现象,如果小组负责人选择不当,会极大地限制小组成员能力的发挥。

(2) 二维矩阵结构。如果企业中同时有几个项目需要完成,相应的有几个工作小组,而且这种形式长期存在,这就会形成一种新的组织形式——矩阵结构。矩阵结构是按照项目组织的,它打破了传统的一个管理人员只受一个部门领导的管理原则,加强了企业中各职能部门间的横向联系和信息交流;这种形式机动性强,便于集中各专业知识,从而更加迅速、高效地完成某一特定项目任务。它的缺点是:成员可能存在临时观念,容易使人员产生短期行为;同时,小组成员受项目经理和原部门负责人的双重领导问题会造成工作中的矛盾;项目经理的责任大于权力,对成员缺乏足够的约束和激励手段。

大企业在此基础上发展了一种由专业职能部门(专业成本中心)、产品事业部(产品利润中心)和地区管理机构(地区利润中心)结合成的三维立体的组织。

(二)中小企业选择组织结构形式应注意的问题

1. 直线制是小企业普遍适用的组织结构形式

对于小企业来说,组织规模不大,任务和关系不太复杂,因此,直线制是众多小企业普遍适用的结构模式。

2. 不要囿于固定的模式

上述典型的组织结构模式,各有自己的长处和短处。随着企业业务的发展,规模的扩大,企业可以考虑采用直线职能制的结构。另外需要指出的是,中小企业的划分是相对的,任何大公司、大集团都经过由小到大、由弱到强的发展历程,当组织规模发展到一定程度、组织任务分散性和复杂性达到一定程度时,带有集权倾向的直线制和直线职能制会限制组织及其成员的内在活力,暴露出它们的不适用性。因此,中小企业的管理者要不断提高自身的管理能力,变革组织设计,以适应企业的发展。

3. 操作规则的灵活性

一定的组织结构,决定了一定的管理模式。但是,由于不同的结构模式各自都有其优缺点存在,因此,管理者要考虑即使对同一种结构模式,也应根据企业自身的生存和发展需要设计不同的操作规则,以发挥每一种结构模式的有效性。比如,同样是直线职能制,既可以强调职能部门的参谋作用,不允许参谋部门向下发号施令,也可以通过适当授权,使职能部门拥有一定的向下指挥权。授权时必须注意权限范围。在现代的组织设计中,为适应环境的快速变化,一般将职能部门的功能适当扩大,从而使组织设计呈现出动态性的特点。

三、中小企业组织设计的特殊性

1. 适用性

对于中小企业来说,没有必要参照大企业的做法来进行组织设计,组织的设计要符合自身的需要,同时还要根据企业目标和任务的变化,适时地改变原有的组织设计。充分考虑运用临时性的项目组织。

2. 动态性

组织设计没有固定的模式。中小企业组织设计时要充分反映其经营方式灵活,适应市场变化灵敏的特点,使组织整体保持活力。

3. 弹性

从一定意义上说,组织设计是相对稳定的。但中小企业可以随时通过适当的人员调配来保持组织设计的弹性。由于中小企业没有大企业过于专业分工的缺陷,因此,中小企业的组织肌体可以具有更大的弹性和活力。

第二节 中小企业的组织变革

组织变革是对组织现有状况的调整和修正。组织设计不是一劳永逸、一成不变的。中小企业在成长发展过程中,要不断地趋于成熟、不断地取得业绩,就必须依据外部环境和内部条件的变化而适时地对其目标、结构和组成要素等有效地进行各种调整和修正。变革是中小企业保持活力的一种重要手段。

一、组织生命周期与组织变革

企业组织是不断发展变化的。组织理论专家钱德勒通过调查发现,大多数的大企业的发展都经历了四个基本阶段:扩大规模阶段—地区开发阶段—纵向整体化阶段—横向联合发展阶段。这表明了大多数企业都经历了由小到大、由弱到强的发展。这种阶段的转换都意味着组织的变革。

在组织发展阶段的研究中,最有影响的是格瑞纳的生命周期理论。格瑞纳认为,组织与有机体一样具有生命周期,有它的幼年、青年、中年和老年期。在不同的发展时期,每个阶段的后期都会出现问题和危机,管理人员应该采取相适应的管理方式,从而使组织渡过危机,向更高级的管理阶段过渡,以取得更大的成功。而对于这些问题的解决,就是一种组织变革。

(一)创业期

创业期是组织的幼年期,组织处于创业管理阶段。这时的组织,规模小、关系简单、一切由创业者指挥,组织的生存和发展完全取决于创业者的个人素质和创造力,这些创业者一般属于技术业务型,不擅长也不重视管理。随着组织活动的日益复杂,管理问题的日益突现,创业者无法通过个人的行为来解决所有的问题,组织面临了创业后期的"领导危机",因此,创业者必须进行角色转换,由创业者向管理者转型,或者引进专业的管理者,整顿管理的混乱。

(二)聚合期

聚合期是组织的青年期,企业经过创业期的发展而不断扩大,创业者经过锻炼成为管理者,组织通过分工形成专业化的集权指挥,这时的组织处于个人管理阶段,高层管理者形成了集权的习惯,中下层管理者由于事事请示而渐生不满,从而产生了"自主性危机",企业要继续发展,就必须改变管理方式,赋予各级管理者以较大的权力,提高各级管理者的积极性和自主性。

(三)规范期

规范期是组织的中年期,组织处于职业管理阶段。这时企业已具有相当的规模,增加了许多职能部门和经营单位,并对各级管理者进行授权管理。但各部门开始出现各自为政、本位主义的现象,可能导致组织的"失控危机"。为防止失控,组织又重新进行集权管理。

(四)成熟期

由于成熟期的组织已经形成了分权式的结构,不可能恢复到聚合期的命令式管理,为了克服"失控危机",组织会拟定许多规章制度、工作规范和工作程序,加强对基层管理的领导监督、信息沟通和整体规划,建立各种委员会加强各部门之间的协调。当这些制度、规范日益完善和复杂,会导致组织文牍主义盛行,产生"僵化危机"。组织必须培养管理者和各部门的合作意识和团队精神,加强各层次和各部门的协调和配合。

(五)成熟后阶段

在日趋成熟和稳定的同时,组织也可能由于不适应环境的变化而出现倒退,因此,这时的组织必然要通过变革创新,增加组织的弹性和内部竞争,从而增强组织活力,使组织重新获得发展。

二、中小企业组织变革的模式

(一)程序模式

在组织变革中,人的变革是最重要的,组织要实施变革,首先必须改变组织成员的态度。根据组织成员态度的一般发展过程,美国学者勒温提出了组织变革的程序模式,认为组织变革要经历解冻—改变—冻结三个阶段,这三个阶段反映了组织变革的基本过程。

1. 解冻

解冻是指刺激成员改变原来的态度、习惯,鼓励人们接受新的观念。在解冻期内,组织必须向成员介绍组织的现状、组织面临的问题,使成员意识到变革的必要性;同时还应该向成员描述变革的前景,使人们产生理解和支持改革的愿望,并通过采取一系列的措施,增加变革的动力,减少变革的阻力,加速解冻的过程。

2. 改变

改变是指通过同化和内化等方式,使组织成员形成新的态度和新的行为方式。同化是指成员自愿接受组织变革的新观点,愿意采取组织所期望的态度和行为;内化是指成员自觉地接受了新的观点,并使之成为自己态度的有机组成部分。通过内化和同化,能够加速变革的过程。

3. 冻结

冻结是运用必要的强化方法,使通过内化和同化而被成员接受的新的态度和行为方式长久地保持下去,溶合成个人品德中永久的组成部分。

在变革的过程中,一般存在着两种力量,一种是推动力,另一种是阻力。推动力是引发变革或是支持变革继续下去的力量,阻力是阻止变革发生或阻挠变革继续的力量。勒温认为可以运用力场分析的方法去分析支持或反对变革的所有因素,从而有针对性地采取措施,增强推动力、降低阻力。

(二) 系统模式

美国学者莱维特运用系统论的观点,从组织系统相互联系、相互影响的要素体系出发来探讨组织变革的基本模式,莱维特认为组织变革的模式由四个基本变量构成,这四个变量是:结构、任务、技术、人群。结构是指组织的权责体系、管理层次与幅度、工作流程与沟通状况等;任务是指组织的使命、组织任务之间具有的一定的层次和隶属关系;技术是指组织为完成目标所采用的方法和手段;人群是指组织的个体、群体、领导人员等。

上述四个变量是相互依赖的,任何一个变量的改变都会引起其他变量的改变。组织变革可以通过改变其中的任何一个变量或几个变量来进行,从上述基本变量出发,组织可以制定变革的基本对策和方法:改变组织的工作任务;改变组织结构;改变成员的态度、价值观念、行为方式、沟通程序等;改变解决问题的机制和解决问题的新方法;改变工作的流程等。

三、中小企业组织变革的途径

中小企业的组织变革有两个基本途径:一个是内部途径,20世纪80年代以来,许多企业开始了一种基于信息技术而对企业运作流程进行的重新设计,即"企业再造",企业再造的结果是使企业组织呈现出与传统组织的"科层制"完全不同的新特点,主要表现为柔性化和扁平化。中小企业组织变革的另一个途径是改变与其他企业之间的关系,这主要通过网络化和虚拟化来实现。本章的第一节已经介绍了扁平化的特点,这里主要介绍柔性化、网络化和虚拟化。

（一）柔性化

柔性化的组织结构是以组织结构的灵活性和可塑性为基础的，在组织内部，它能够不断地对其拥有的人力资源进行灵活调配，增强组织对动态变化的环境的适应能力，使组织结构表现出集权和分权的统一、稳定和变革的统一。

柔性化组织结构的典型形式是临时团队和重新设计等形式。

1. 临时团队

临时团队的组织结构，是指在组织结构上不设置固定的和正式的组织机构，而代之以一些临时的以任务导向的团队式组织。临时团队往往是任务单一、人员精干的临时性组织。这种组织形式在当代欧美国家普遍存在。它大大提高了组织结构的弹性，把核算单位划小，让基层组织有更大的自主权和主动权，从而对传统的垂直式的组织模式形成很大的冲击。

（1）团队的种类。根据团队的存在目的，拥有自主权的大小，可将团队分为三种类型：问题解决型团队、自我管理型团队和多功能型团队。

① 问题解决型团队。团队成员往往就如何改进工作程序、方法等问题定期讨论、交换看法或提供建议。在问题解决型团队里，团队的主要责任是通过调查研究、集思广益、理清组织的问题与机会，拟定策略计划，执行计划。

② 自我管理型团队。自我管理型团队是一种真正独立的团队，团队成员共同完成某项职能、承担工作责任。他们的责任范围包括自己订立工作目标、决定工作任务的分配、控制工作节奏、安排工间休息。团队成员充分发挥民主，共同决策，完全的自我管理型团队甚至可以挑选自己的成员，并让成员相互进行绩效评估。

③ 多功能型团队。多功能团队是为了完成某项任务而组成的跨部门的多功能型的团队，比如矩阵制组织结构中的项目小组。多功能型团队由来自同一等级、不同工作领域的员工组成，使组织内（甚至组织与组织之间）员工之间交换信息，激发出新的观点，解决面临的问题，协调完成复杂的项目。

(2) 团队成员的角色。在构建临时团队时,团队成员的合作是高效团队的关键。在团队成员的组合时,要考虑到成员的不同专长和不同风格和不同角色。每一成员在团队运作中都会表现出自己特定的行为模式,从而形成自己的角色定位,不同角色成员的相互配合,有助于团队绩效的提高。一般认为,团队成员的角色有任务型和维护型两种。

① 任务角色。任务角色通常包括建议者、信息加工者、总结者和评价者。建议者是指那些给团队出谋划策的人;信息加工者是指为团队收集有用信息的人;总结者是指为团队整理、综合各种信息的人;评价者是指帮助团队检验、筛选各种方案,帮助团队作出最佳决策的人。

② 维护角色。维护角色通常包括鼓励者、协调者、折中者和监督者。鼓励者热心赞赏他人对团队的贡献;协调者擅长于解决团队内的分歧与冲突;折中者协调不同的意见,并帮助团队成员制定大家都能接受的中庸决策;监督者往往鼓动沉默寡言的人,压制自我中心的支配者,从而保证每一个成员都有发表意见的机会。

(3) 高效团队的特征。在高效的团队中,成员之间不仅有最佳的组合,而且成员普遍认同共同努力是达到目标的最佳方式。团队可以高效地完成工作任务,从而使成员感受到进步与成就。高效团队具有以下特征:

① 协作精神。成员的合作是团队高效运作的关键。团队能否取得预期的绩效,主要取决于各成员的合作关系和相互之间的依存度。团队的任务需要各成员的协作精神来推动,团队成员一般是互补的,每位成员都必须具有相关的技能,以确保其胜任工作。成员之间的相互关系、协同作用是团队成功的基础,协作精神将促使成员与团队的目标趋于一致。

② 团队意识。团队意识是成员对团队的认同感,没有团队意识,团队成员就无法形成协作精神。团队意识不同于群体意识之处在于它的开放性。团队成员既有共同目标和采取的方法,又共同承担行动风险。

③ 平行沟通。沟通是团队管理高效地达到目标的根本前提。只有通过成员之间的平行沟通,才能协调团队成员的行为,才能形成团队

共同意识和凝聚力。有效的团队沟通,除了要明确团队组织中成员角色、地位、影响力和充分交流外,更重要的是构建团队时,创造有效的沟通模式,制定沟通制度,从而确保障碍沟通的消除和相互作用的有效性。有效的沟通模式应该保证成员能够参与工作任务讨论和决策并参与管理监督,同时能够鼓励成员的创新精神和成就感。

④ 民主决策。民主决策是团队运作的基本动力。团队运作采用的是民主、协商、共同参与管理的方式,成员共同确定团队的结构、目标、责任、规范。领导者鼓励和支持团队成员共同参与决策,在参与决策的讨论中,理解和认可工作的程序和目标。成员可以自由选择合作伙伴,工作量的分配及工作的安排可以由团队成员协商决定。领导层虽然仍然拥有实施奖惩的权力,但由于团队所创造的各种机会使成员更多地得到趋于团结一致的激励。这些激励措施一般仍然按照行政程序来决定,但更强调其过程的民主性、结果的公正性和公平性。

⑤ 共同承担责任。个人负责与相互负责是团队区别于传统组织中群体的一个基本特征。团队鼓励成员分担领导责任,团队成员个人负责与相互负责相结合,共同讨论,共同决策,也共同实施。

⑥ 不断学习。高效团队是一个能够进行不断学习的团队。团队学习是发展团队成员互相配合、实现共同目标的活动和过程。现实中团队之所以未能实现整体目标,可能是因为成员个人在团队内部格外努力,但他们的努力未能有效地转化为团队的力量,结果,许多个人的力量就被相互抵消了。团队学习的关键是要学会运用真诚交谈与讨论,在真诚交谈与讨论中,人们自由并且有创造性地探讨复杂而重要的问题,提出不同的看法,彼此之间撇开个人的主观思维,克服心智障碍,进而达成共识和决策。

2. 重新设计

重新设计是把组织结构的不断调整看成是组织结构存在的常态,而不是偶然进行的一次组织行为,这对于中小企业来说,尤其重要。中小企业的组织设计没有固定的模式,根据企业目标和任务的变化,适时地改变原有的组织设计。一方面要充分考虑运用临时性的团队组织,另一方面可以随时通过适当的人员调配来保持组织设计的弹性。此外，还可以在组织结构上把核算单位划小，让基层单位有更大的自主权和主动权，从而提高组织结构的弹性。划小经营单位，也是组织结构柔性化的一种表现形式。

（二）网络化与虚拟化

现代网络技术对组织结构变革的直接影响是网络化。在组织内部，通过网络技术对组织结构进行重新构造，突破了传统层级制组织结构纵向一体化的特点，组建了由小型、自主和创新的经营单元构成的以横向一体化为特征的网络制组织形式。在组织外部，通过联合与兼并组成企业集团，各种企业集团和经济联合体以网络制的形式把若干命运休戚相关的企业紧密联结在一起。

虚拟化是网络化的极端形式。虚拟化使组织的边界变得模糊，出现了所谓的"空壳组织"，即由于组织内部的高度网络化，使企业组织把尽可能多的实体转变成数字信息，减少实体空间，而更多地依赖电子空间，最终使企业组织本身成为"空壳型组织"。虚拟化的另一种表现是在组织之间虚拟的联盟关系。与传统的联盟关系相比较，它更多地表现出短暂性和临时性的特点，往往是由于一个特定的市场机会，一个特定的业务项目使得不同的企业之间建立起合作。

通过网络化和虚拟化，可以改变中小企业与其他合作企业或竞争企业之间的关系，具体的形式有：

1. 虚拟运作

网络技术的发展，使虚拟运作成为一种可能。虚拟运作就是中小企业根据市场的需求，将外部资源和内部资源整合在一起，以增强自身竞争优势、提高企业竞争力的一种管理模式。虚拟运作使得中小企业能够充分借用企业外部力量——诸如设计、生产、营销网络等等，来拓展企业可优化配置资源的范畴，使内外部各种资源得以整合，聚变成更强大的综合的竞争优势。

虚拟运作增强了中小企业之间的合作，使得中小企业既可以从协作开发和生产中获得规模效益，又避免了由于扩大企业自身规模而可能出现的弊端。

2. 业务外包

外包生产是指大企业把一些重要的但又非核心的业务职能交给外面的中小企业去完成，作为一种新的经营方式，它是大企业对"大就是好"的经营哲学进行反思后的明智选择。

大企业通过业务外包，将一些工艺和业务分包给中小企业，可以充分利用中小企业"精、专、特"的优势，获取质优价廉的零部件和配件；而中小企业通过业务外包，则能够与大企业分享合作的经济成果。业务外包超越了企业之间传统的纵向联合、自给自足的组织模式，增强了中小企业与大企业之间的合作。

3. 战略联盟

战略联盟是两个或两个以上的企业，为达到共同拥有市场、共同使用资源和增强竞争优势的目的，通过各种协议而结成的优势互补、风险共担的松散型组织。中小企业之间的联盟可以是在上下游企业之间，也可以是在竞争企业之间，中小企业还可以与大企业建立联盟关系。中小企业发展战略联盟必须注意：

(1) 正确选择联盟对象。很多中小企业在寻求合作对象时忽视了对合作者的资信和经营能力的评估，有时往往只注重其资金力量的雄厚与否，而没有考虑作为一个企业最重要的素质是其经营管理水平和技术先进的程度，没有考虑合作对象所能做出贡献的大小，而合作对象在产品创新和市场创新方面的能力通常又是难以直接估量的。

选择理想的联盟对象时，须充分研究联合的可行性，既要分析本企业的资源、生产能力和市场潜力，评估现有企业的优势，还要在此基础上，广泛了解合作对象的战略，以便使双方在短期目标与长期目标上都达到一致。

(2) 保持自身的技术优势。一般而言，战略联盟是中小企业利用自身的技术优势与另一方的其他优势相结合而构成的，但由于战略联盟实际上有很大一部分是处于劣势的企业为了避免遭到市场淘汰的厄运、寻求新技术而暂时委身于联盟这种形式，一旦这些企业掌握了生产的诀窍，往往会脱离联合体，以求得自身的发展，成为市场上有力的竞争者。因此，中小企业不断保持和开发自身的技术优势是非常重要的。

(3) 争取平等的联盟关系。战略联盟是联盟各方在资源共享、优势相长、相互信任、彼此独立的基础上,通过实现所达成协议而形成的一种平等的合作关系。这就从根本上改变了以往合资、合作企业之间依赖股权多少或其他控制能力强弱来决定彼此在联盟中的地位的局面。但在实际的联盟中,尤其是中小企业与大企业的联盟,双方的地位难以均衡,原因在于一般战略联盟的建立,要求双方都有相同或类似要素的对等投入,而中小企业在发展联盟的进程中,由于缺乏一定的实力,要素的投入不能跟上联盟发展的要求,最终只能重新被置于有关的联盟之外。因此,不断提高自身的竞争实力和资源优势是提高中小企业在联盟中的地位、争取平等联盟关系的唯一途径。

(4) 建立信任机制,防止欺骗和机会主义。中小企业往往是联盟过程中的欺骗行为和机会主义行为的受害者。对于联盟内的任何一个成员来说,只有在确信其他成员会信守诺言情况下,它才会表现出很强的可信度,这就需要在联盟内建立一套行之有效的防止相互欺骗和机会主义行为的机制,提高欺骗成本,增加合作的收益。联盟可以通过成员企业之间的不可撤回性投资,提高退出壁垒来消除欺骗得益的可能性;通过保护性合同,消除机会主义行为,对不合作的行为或违约行为进行惩治。增加信任的另一个举措是使联盟拥有一定的无形资产,使联盟在整个行业中占有一定的特殊地位,从而增加合作的收益。信任机制的建立能促成合作伙伴之间本着对联盟负责的精神,履行承诺、按章办事,稳定合作伙伴关系。信任作为合作关系中的一项重要的战略资产,是联盟得以成功的前提条件。

第五章　中小企业的环境和发展战略

学习目标

完成本章学习以后,你应该能够:
- 了解中小企业战略管理的主要问题
- 了解中小企业面临的环境
- 学会对中小企业行业环境的分析
- 认识内部环境分析的内容
- 理解愿景规划的含义及作用
- 明确愿景规划的内容
- 掌握差异化战略实施的方式
- 掌握中小企业的品牌战略

任何一个企业的成功,都要经历一个由小到大的过程。中小企业要成功、要发展,必须根据对自身实际情况和所处环境的分析选择适合的经营战略,从而保持竞争优势。在当前市场经济条件下,中小企业的生存和发展面临着复杂多变的环境和激烈的市场竞争,因此,制定和实施中小企业的经营战略就成为中小企业求得生存和发展的根本保证。

第一节　中小企业的环境分析

中小企业要成功地进入市场,必须制定相应的战略。而中小企业的特点及自身存在的一些问题,决定了中小企业与环境有更密切的联系。

一、中小企业战略管理的主要问题

(一)缺乏长远发展战略

美国管理学大师德鲁克指出:"中小企业的成功依赖于它在一个小的生态领域中的优先地位"。也就是说,中小企业应根据自身的实力选择一个可以发挥自己特长,适合自身发展的经营领域。但我国不少中小企业由于是在"机会带动增长"的短缺经济条件下迅速发展起来的,因此长期以来养成了重战术、轻战略,决策靠经验与感觉的思维习惯,应付日常事务取代了对企业的长远发展方向的考虑,即使有的企业自认为有战略,事实上也只是一种形式战略而无实际意义。

(二)缺乏连续性和一致性

战略意图表明了企业未来前进的方向、意欲占领的业务位置、计划发展的能力。依据比较优势制定自身的发展战略是中小企业的战略选择。但是,目前我国仍有一些中小企业在制定发展战略时,首先考虑的不是自己的比较优势,不是建立在对企业内外部环境的全面、科学分析与论证基础之上,而是喜欢走"东施效颦"的"捷径",不考虑自身的条件盲目跟进,但没过多久又"见异思迁"了,热衷于追踪热点,忽而这种产品,忽而那种产品,不能一如既往地执行既定的发展战略,从而使企业经营中盲目性、投机性和随意性的特点突出,致使许多同行业的中小企业发展战略高度雷同。

(三)追求多元化经营,盲目扩张

中小企业经营者都希望企业迅速成长起来,但不少企业往往以规模扩张代替能力扩张。为把企业迅速做大,盲目追求发展速度、多元化经营。范围经济理论认为,多元化经营效果产生于产业间的关联性和对未利用资源的有效利用。不具备条件的多元化和过度的多元化,只能导致资源分散,竞争力低下,内部管理困难。"实力不足"是中小企业的现实,撇开这个现实条件,大谈多元化经营是不现实的。不少中小企业的实践也表明,企业没有从多元化经营中得到好处,反而被这种多元化经营拖累甚至拖垮。

(四)忽视战略管理

企业发展战略的内容通常由战略思想、战略目标、战略计划、战略对策及战略的实施与评价五大部分组成。其中最为重要的是正确的战略思想。因为只有正确的战略思想才有可能制定一系列有利于中小企业发展的正确决策。但是,战略思想、目标、计划等的实现,还必须有一套与之相适应的保证手段,这就是战略管理。然而,目前我国有不少中小企业却往往忽视战略管理的全过程,其后果一是有可能导致中小企业错误地选择了自身的发展战略,使中小企业处于不利地位;二是在中小企业制定了正确的发展战略之后,也可能导致中小企业偏离原有预计的发展轨道,使中小企业发展战略得不到具体的实施;三是有可能导致中小企业发展战略得不到适时调整,使企业处于被动地适应环境的地位,影响企业的长远发展。

二、中小企业环境分析

(一)中小企业外部环境

外部环境是中小企业赖以生存的土壤,中小企业的发展要受到外部环境的影响和制约,根据外部环境对中小企业的影响程度可以把外部环境划分为三大部分。

1. 宏观环境

中小企业的宏观环境主要包括四个方面的因素。

(1) 社会与法规环境。所有企业都是作为社会整体的一个完整部分而存在的,它们要受社会、法规、政治因素强有力的影响。对一个中小企业来说,社会与法规环境属于不可控因素,带有强制约束力,中小企业要了解这些因素的发展,分析它们对企业的影响,并适应这些环境的要求,只有这样,中小企业才能通过灵敏地预测出政府行动或管理部门的决定所带来的巨大机会求得生存和发展。

(2) 宏观经济环境。经济环境是指对中小企业的经营活动具有影响的国际和国内经济形势和经济发展趋势,企业经济环境是一个多元动态的系统,主要由社会经济结构、经济发展水平、经济体制和宏观经济政策四个要素构成。这四个要素相互结合整体地影响着企业的生存和发展。宏观经济环境往往是通过微观经济环境具体地对企业发生作用。因此,中小企业的宏观经济环境意识要加强,这样才能使企业的生存发展得到有力的保证。

(3) 科学技术环境。科学技术环境是指中小企业所处的社会环境中科技要素及社会科学技术的总概括。科学技术的发展既给中小企业提供了有利的发展机遇,也给中小企业带来威胁。因此,中小企业要关注最新的科学技术发展动向,对技术进步要高度重视和投入,实施技术改造和技术创新,保持竞争优势。

当前科学技术发展的热点是:信息技术、新材料技术、新能源技术、电子技术、生物工程技术。

(4) 社会文化环境。社会文化环境是指对中小企业的经营与发展具有影响的社会文化、风俗习惯、道德规范、文化教育、公众的价值观念、人口结构及人均收入水平等。在企业成长过程中,社会的文化环境始终影响着企业,因此,制订企业经营战略,决不能忽视文化环境对中小企业的影响。

2. 行业环境

行业环境是介于宏观环境和微观环境之间的环境,中小企业的行业环境通常包括两个方面的因素。

(1) 行业的竞争结构。迈克尔·波特在其《竞争优势》一书中指出,市场中的竞争主要是行业内企业间的竞争,一个行业的竞争,远不止在原有竞争对手之间进行,而是有五种基本竞争力量,行业的竞争强度就取决于这五种基本力量之间的相互作用。这五种基本力量分别是行业内企业的竞争、潜在进入者的威胁、供应商的讨价还价能力、购买商的讨价还价能力和替代产品的威胁。如图 5-1 所示。

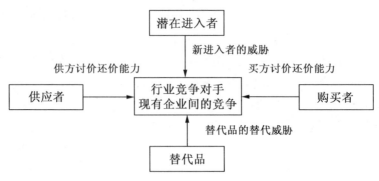

图 5-1 行业竞争的五种力量

第一,行业内企业的竞争。行业内企业之间的竞争是中小企业所面临的最直接的竞争,也叫直接竞争,其强度直接决定着中小企业的利润水平、生存与发展。直接竞争所采用的手段主要是价格竞争、广告竞争、服务竞争和产品创新竞争等。

第二,潜在进入者的威胁。潜在进入者加入一个行业,必然会使全行业的生产能力扩大,进而导致产品或服务的价格下降。为了获得一定份额的市场占有率,新加入者往往还采取降价促销的措施,这会进一步导致价格的下降。原有企业为了自己的既得利益不被蚕食,也不得不降价竞争,因而行业内的竞争会变得更加激烈。另一方面,潜在进入者加入一个行业,必然要和原有企业争夺资源以保证生产得以顺利进行,这就促使行业生产成本的提高,导致行业内所有企业的利润下降(当然,这是就全行业平均而言的,并不排除个别企业在短期内利润上升的可能性)。

第三,供应商的讨价还价能力。供应商的讨价还价能力是又一个影响行业内竞争激烈程度和行业内企业获利水平的重要因素。供应商对企业构成的威胁通常表现为提高供应价格或者降低供应产品或服务的质量,从而降低企业的利润。甚至在某些极端情况下,如果供应商的要求得不到满足的话,可能会拒绝给企业提供产品或服务。如果企业的经营过分依赖该供应商的话,此时就会面临破产的危险。

第四,购买商的讨价还价能力。对于多数行业来说,我国现在的市场是买方市场,在这种市场上,购买商的讨价还价能力通常比较强,他们会要求企业提供更高质量的产品和更优质的服务,并降低产品或服务的价格。为了生存与发展,行业内的企业往往不得不互相残杀,导致行业利润的下降,很多企业还在这种残酷的竞争中退出了历史舞台。

第五,替代产品的威胁。除了上述竞争的威胁外,企业还随时面临着替代产品的威胁。替代产品是指那些与本行业产品功能相同或相近的产品,这些产品投入市场必然会导致更加激烈的市场竞争。尤其是现在,科学技术水平进步得越来越快,新产品层出不穷,中小企业面临的替代产品的威胁也就越来越大。

(2)行业寿命周期。除了行业竞争结构外,行业寿命周期也是影响中小企业经营与发展的重要环境因素,行业的寿命周期是指一个行业从诞生、发展、成熟、衰退直至退出历史舞台所经历的时期,根据行业的发展情况通常把寿命周期划分为四个阶段,即诞生、发展、成熟、衰退。如图5-2所示。

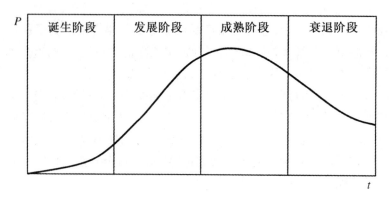

图 5-2　行业寿命周期

在图中,纵轴 P 表示行业的销售额,横轴 t 表示时间。

迈克尔·波特提出,在行业演进的各个阶段有以下共同特点:

诞生阶段	发展阶段	成熟阶段	衰退阶段
重要的顾客采纳创新产品 顾客对价格敏感 高价格 高利润率 高营销成本 专业化的分销渠道 产品生产期短、生产成本高 早期进入市场的厂商迅速占领市场份额 竞争者很少 多种产品设计、没有标准	早期的顾客影响了更多的、较保守的顾客群 价格相当高、利润率非常高 高营销成本 打开大众分销渠道 竞争者抢占新分销渠道 开拓者和早期的追随者争夺市场份额;早期追随者通常超过开拓者 很多竞争者 营销更注重技巧 产品迅速改进	大众市场 价格下跌 利润率下降 市场细分 产品线扩张 广告与服务更重要 分销继续转向大众渠道 分销渠道减少产品线数量 产品生产周期加长;单位成本下降 主要的竞争者确立地位;竞争者逐渐退出;产品差别化减少;产品标准化	有特殊要求的顾客 价格和利润率下降 行业生产能力过剩 回到专业分销渠道 回到较短的生产周期 产品成本上升 竞争者进一步减少 产品滞销 是用重大的创新举措重振行业的好时机

中小企业应该根据自己行业所处的寿命周期阶段的特点选择具有竞争优势的战略。

3. 微观环境

中小企业的微观环境是指中小企业赖以生存和发展的具体环境,即与企业的产、供、销、人、财、物、信息等直接发生关系的客观环境。微观环境的情况对中小企业的生存与发展有着最直接的影响。对微观环境的分析主要包括四个方面的因素:

(1) 消费者。消费者的民族、宗教信仰、受教育程度、个人偏好、生活方式等等都会影响消费者对中小企业产品或服务的需求情况,这些都是中小企业不能忽视的。要对消费者的心理与消费行为进行分析就离不开对市场的细分,而通过对市场的细分企业确定了目标市场,则相应的消费者群也确定了。

(2) 供应者。供应者是中小企业的上游企业,是企业维持正常的生产经营活动的各种要素的来源单位。供应者所提供的各种要素资源的质量、价格及供应者所提供的服务都对中小企业的竞争力有重要影响。企业为了获得必要的资源,必须积极主动地吸引资源的所有者把资源投入本企业。因此,对关键供应者的实力和经营状况,以及发展的方向和技术水平等应进行调查分析,为制定巩固供应者的对策提供依据。

(3) 竞争者。对竞争对手的分析与控制是经营战略成败的关键。竞争者通过各种方式与中小企业争夺市场、顾客和各种生产经营与发展所必需的资源。所以,中小企业要想削弱对手与自己争夺市场及资源的能力,从而扩大自己的争夺能力,必须重视有关竞争者的情报信息的收集,掌握竞争对手的长处和短处、分类及分布状况、市场占有率高低的原因,为本企业经营战略的制订提供依据。

(4) 联盟者。在市场竞争中能加强本企业实力的一方即是联盟者。由于中小企业具有规模小、资本和技术构成低、实力弱、经营形式灵活多样等特点,因此,不同中小企业间的联盟可以取长补短、互帮互助,应对激烈的市场竞争。但是,中小企业在选择联盟者的时候一定要注意与自己企业的互补性以及利害共同性。同时也应注意到,随着环境的变化,企业与联盟者今天的合作关系,明天可能会演变成竞争对手的关系。所以,对联盟者的分析是十分重要的,中小企业应对联盟者的实力状况、发展趋势都调查了解清楚,为制定联合方针与策略提供依据。

(二) 中小企业内部环境

对企业来说,要使经营战略实施并取得成功,就要一定的生产要素投入,如人力、物力、财力等。如果缺少这些生产要素,企业的发展就成了无源之水。因此中小企业在制定战略时要以内部条件为出发点,量力而行,这就是我们要分析内部条件的原因。

企业的内部条件是可控的,随着企业的不断发展,可以调控企业的内部条件。中小企业内部条件分析的内容主要包括:

1. 企业资源分析

资源泛指企业从事生产经营活动或提供服务所需要的人力、资金、物料、机器设备、组织管理、信息等各方面的能力与条件。企业经营战略必须要与企业资源相适应,经营战略是建立相对于竞争对手的优势,而建立优势实际上就是企业寻求一个能够充分利用自身资源的合适地位。企业资源分析包括:

(1) 人力资源分析。一个企业的全部员工的整体素质、结构如何,特别是人力资源的开发使用状况,对企业的经营水平与发展具有决定性的作用。人才是企业成败的关键,人力资源管理的结果和最终目的是要提高员工和企业的工作效率和效益。由于人力资源是能动性的资源,既是特殊的资本资源,又是高增值和自我丰富化的资源。所以,人力资源开发也是中小企业经济增长的主要途径。

人力资源分析的主要内容有:对企业高层管理者的分析、对企业管理人员的分析、对企业技术人员的分析和对企业员工的分析。

(2) 物质资源分析。物质资源分析主要包括物料分析和生产设备分析。

物料是企业生产经营所需的各种原材料和辅助材料等的总称。企业的生产经营过程,实际上是物料的消耗转化为产品的生产过程,由于企业中物料的消耗费用占产品成本的比重很高,因此,物料管理工作的好坏,直接影响到企业的生产经营活动及其经济效益。如何节约物料,发挥物料的最大效用,是企业经营战略目标的内容之一。

生产设备是企业现代化生产的物质技术基础。随着经济与科技的高速发展,企业的生产设备也越来越向着大型化、复杂化、自动化方向发展,生产设备的更新换代的速度也不断加快。如何对生产设备实行高效综合管理,从而延长其使用寿命,发挥其最高效能,也是企业经营战略目标的重要内容。

(3) 财力资源分析。财力主要指企业进行生产经营活动所需的资金。为了制订企业经营战略,财力资源分析的重点应该在长期的企业净收入趋势及总资产的利用上。同时要分析出企业在计划期内为保持战略所需要的增长率而进行再投资的资金数量,并判断出企业能否依靠自己的财力资源来支持预期的增长,如果还需要外部资源的话,应当用什么方式筹资来解决企业生存和发展所需要的外部资金。所以企业的财务分析人员应对企业的资金来源、资金使用结构状况、企业利润分配、成本费用结构等状况进行分析。

(4) 组织资源分析。组织资源分析是企业内部条件分析的基本环节和主要内容。组织是进行有效管理的手段,企业作为一个组织,最重要的是组织成员为了企业发展的目标而努力。企业在制订战略过程中,要特别重视组织能力和组织适应性。只有进行企业管理的分析,才能发现组织结构中导致效率低下的因素,从而进行组织变革,提高企业管理的效率。

2. 核心能力分析

核心能力是指居于核心地位并能产生竞争优势的要素作用力,美国战略学家汉尔得与哈墨认为,"企业是一个知识的集体,企业通过积累过程获得新知识并使之融入企业的正式的和非正式的行为规范中,从而成为左右企业未来积累的主导力量,即核心能力"。也就是说,核心能力并不是企业内部人、财、物的简单叠加,而是能够使企业在市场中保持和获得竞争的优势。因此,企业在制定战略时有必要对自己的核心能力进行分析:自己有没有核心能力,自己的核心能力是什么,体现在哪里。

从市场的角度来看,核心能力具有市场价值,它可以为最终产品用户带来实惠和价值的附加。企业在识别核心能力时,需要区别资源和能力这两个概念。如果企业具有非常独特的价值资源,但是企业却没有将这一资源有效发挥作用的能力,那么企业所拥有的这一资源就无法为企业创造出竞争优势。另外,当一个企业拥有了竞争者所不具有的竞争能力时,该企业并不一定要具有独特的而且有价值的资源才能建立起独特的竞争能力。

企业的核心能力是企业保持竞争优势的源泉。从短期来看,企业产品质量、性能和服务质量决定了企业的竞争能力。但是,从长期来看,以企业资源为基础的核心能力则是企业保持竞争力的决定性源泉。因此,如何将自身资源、知识和潜在能力这些重要因素加以协调和结合是形成中小企业核心能力关键中的关键。

第二节 中小企业的愿景规划

中小企业的领导者首要职责是为企业制定一个清晰的并在企业内部达成共识的愿景规划,而且要为实现这个规划而不断努力。

所谓愿景规划就是对企业前景和发展方向一个高度概括的描述,这种描述在情感上能激起员工的热情,是一个企业的领导用以统一企业成员思想和行动的有力武器。

一、企业愿景规划的作用

中小企业制定愿景规划有四方面的好处:

(一)愿景规划为战略和战术决策提供了背景

企业的愿景规划提供了一个背景,各个层次的人员在这个背景下进行决策。形成共识的愿景规划就像在群山中有一个指南针和目的地。如果你给一群人一个指南针和一个目的地,然后让他们在群山中到达该目的地,他们就很可能找到通向那里的路。他们沿途可能会遇到障碍、弯路、折返、峡谷,但是由于有指南针指引着总的方向,有一个明确的最终目的地,有一个认为他们正朝着正确的方向前进的信念,他们很可能会达到目标。相反,没有形成共识目标的企业就没有这种背景,他们的员工会在峡谷中漫无目的地闲逛,会走上无法到达目的地的弯路。而没有事先确定的愿景规划,也就无法制定战略。因为战略是人们打算如何实现期望目的的手段。因此,如果没有一个清晰的最终目标,人们是不可能制定出有效的战略的。战略是实现愿景规划的途径。如果不知道目的地是什么,人们不可能知道如何到达目的地。

(二) 愿景规划奠定了额外努力的基础

人们会对价值观、理想等令人兴奋的挑战做出反应,这是人的本性。人们经常会为实现其组织、团体或社会的理想而付出额外的努力,前提是它们共同拥有这些理想并且认为是有价值的。因此将企业建立在一套有价值的价值观、有意义的目的和强制性的任务基础上,就为额外努力打下了基础。

(三) 愿景规划强化了企业凝聚力、团队精神和共同感

如果没有形成共识的愿景规划,任何组织都很可能分裂成几个小集团。人们因为破坏性的内部斗争消耗了精力,而不是为了共同目标并增强整个企业的力量。这样,要保持较强的、积极的共同感就更不可能了。有一家最终被大公司收购的公司副总裁这样说:"我们原本有巨大的潜力,现在却把它挥霍掉了。一旦失去了共同的目标,我们就将所有的创造力都用在了内战中,而不是用来争夺市场。这是我们的悲哀。"

(四) 愿景规划使企业能够突破依靠少数几个关键人物的限制

在一个企业的发展初期,企业的愿景规划由其早期领导者直接制定,这在很大程度上可以说是个人规划。不过,为了使企业在以后的发展中能够健康运行,企业必须突破依赖一个或几个关键人物的做法。企业的愿景规划应该在企业内部达成共识,在整个企业中得到确认,而不是仅仅由管理企业的几个人确定。企业的愿景规划必须切实超越企业的创始人,使这种愿景规划成为企业的财富,灌输到企业中,并保持强劲且稳定。

二、企业愿景规划的内容

吉姆·科林斯和杰利·保罗斯在斯坦福大学开发了"柯林斯-保罗斯愿景规划框架",他们认为,一个好的愿景规划应该包括:核心价值观与信念、目标、任务。

(一)核心价值观

核心价值观是愿景规划的起点,是企业最根本的价值观和原则。比如,迪斯尼的核心价值观是崇尚想象力和乐趣;宝洁公司的核心价值观是追求一流产品;惠普公司的核心价值观是尊重人。核心价值观就像在企业中弥漫的空气遍布在企业发展的各个阶段。它构成了一系列基本的激励原则和信念,包括什么是企业和生命中最重要的;应该如何经营企业;关于人性的看法;企业在社会中的作用,等等。核心价值观就像是生物有机体的基因代码——它们隐藏在某个背景下,却又总起着决定性作用。

(二)战略目标

战略目标是指企业在一定时期内,考虑企业的内外条件及可能,沿其经营方向预期所要达到的理想成果。战略目标是从核心价值观中发展而来的,是企业生存的根本原因。中小企业的战略目标应该具有这样一些特点:

1. 可接受性

因为中小企业技术实力差,资金来源少,人才水平相对大企业来说也较低,因此,中小企业的战略目标应与中小企业各方面的情况相适应,量力而行,集中优势资源取得最大的经济效益,即具有可接受性。切勿制定超过中小企业人力、物力、财力的战略目标,否则目标难以实现,只能成为一纸空文。

2. 可实现性

战略目标应根据中小企业具有的内部条件和中小企业面临的外部环境来制定。把中小企业的目标定得过高,会使员工可望而不可及,损伤员工的积极性,浪费企业的人力资源。作为中小企业的管理者,也不能妄自菲薄,把目标定得过低,这样对员工会缺乏激励作用,使员工丧失信心,使企业失去发展壮大的时机。

3. 可检验性

战略目标要具有时间性,即在规定的时间期限内,达到预期的战略目标,因此必须随时进行检验,使战略的实施在可控范围内。目标的定量化是使目标具有可检验性的最有效方法,例如"极大地提高企业销售利润率"的目标就不如"到 2005 年,产品销售额达到 2 亿元,毛利率为 40%,税前净利为 23%,税后盈利为 1 500 万元,5 年内使销售利润率每年提高 1%,"的目标恰当。

4. 激励性

目标本身就是一种激励力量,特别是当企业目标充分体现了企业成员的共同利益,使企业的整体目标与个人目标很好地结合在 起时,就会极大地激发成员的工作热情和献身精神。也只有如此,员工才会关心企业的发展,表现出各自的责任心和热情,为实现目标而奋斗。

企业应该能够通过一两句目标说明将其目标简洁地阐述出来。目标说明应该能够迅速、清楚地传达企业存在的原因,企业如何满足人类的需求,如何对世界产生影响。一个好的目标说明应该是广泛的、根本的、富有激励性的和持久的。例如,吉洛运动产品设计公司的目标是:通过富有创新特色的高质量产品改善人们的生活;默克公司的目标是:保护并改善人类生命。

（三）企业任务

任务是将价值和目标转化为强有力的、重点突出的计划。任务应该简洁、明确、大胆、振奋人心,要能激发人们的胆识。任务一般不需要任何解释,因为人们能立刻"领悟"。在完成一个任务后,企业应提出新的任务。

一个好的任务必须达到的最重要的标准是激动人心。当然,好的任务也应该有时限,必须清楚什么时候完成。

第三节　中小企业战略的选择

我国中小企业的发展十分迅速,与大企业相比,中小企业一方面具有规模小、市场适应性强、市场反应快捷、富于创新精神等优势;另一方面,也面临着技术力量薄弱、管理水平落后、竞争能力差、经济效益低下、资金和人才缺乏等严重问题。随着"抓大放小"的改革思路的推进和全球经济一体化的持续发展,中小企业的生存和发展面临着更为复杂多变的环境和激烈的市场竞争。因此,中小企业必须根据市场的消费需求,分析市场的竞争态势,制定出适合中小企业自身特点和长期发展的经营战略。

一、中小企业的差异化战略

企业发展战略很多,但大部分战略适用于大中型企业,对处于发展中的中小企业来说,由于中小企业一般投入产出规模较小,资本和技术构成较低,从而导致竞争能力、抗风险能力低下。特别是很大一部分企业集中在技术含量低、生产工艺简单的行业,无力实施低成本战略,因而采取差异化战略是中小企业首要的发展战略。根据目前的市场供求状况和发展趋势分析,制约中小企业发展的最主要因素是商品生产重合度过高导致商品市场供过于求,所以,当一个企业能向其客户提供某种独特的、有价值的产品时,它就把自己与其竞争对手区别开来了。差异化可以使企业获得溢价,即使在周期性或季节性经济萧条时,也会有大量忠诚的客户。

所谓差异化战略是指为使企业产品与竞争对手产品有明显的区别,形成与众不同的特点而采取的一种战略。企业生产经营过程中的所有环节,都有一个差异化现象存在,其中,市场差异开发是整个运行过程中重要的环节。就实体产品而言,差异存在于产品内部构成的原料、工艺、功能、形态、品种等等各个方面以及产品外部的价格、营销等诸方面,从而造就市场差异无所不在。对中小企业而言可供选择的差异化实施方式有:

(一)"小而专、小而精"战略

这是根据中小企业规模小、资源有限等特点而制定的一种战略。中小企业由于资源和能力的制约,往往无法经营多种产品以分散风险,因此只能集中优势兵力,通过选择使企业发挥自身特长的细分市场来进行专业化经营,从而在较小的目标市场上获得竞争优势。

采用这种战略对于中小企业有三个方面的好处:一是中小企业可以更好地利用公司内部的资源,并通过扩大生产批量、扩大专业化程度和产品质量,提高规模经济效益;二是随着需求多样化和专业化程度的提高,大企业也普遍欢迎这些专业化程度高、产品质量好的中小企业为其提供配套产品;三是经营目标的集中,有利于中小企业提高管理水平,提高技术水平,争取有利地位,同时可以最大限度降低退出成本和进入成本。

但是这种战略往往过分依赖于某种产品或技术,一旦市场变化,需求下降就会给中小企业带来不小的风险。因此,中小企业为了尽量减少经营风险,采用这种战略时应注意:

第一,确定目标市场。中小企业可以通过市场调研,将某一特定的细分市场对企业的要求同企业的自身素质相比较,找到能够发挥自己优势的目标市场。

第二,提高企业技术创新能力。企业要在自己立足的目标市场上取得并保持竞争优势,必须通过与科研机构和大专院校的联合或采取技术引进等方式,提高企业的技术创新能力,不断开发新产品、新工艺,以产品优势或成本优势来赢得市场优势和竞争优势。

第三,加强市场营销。采用这种战略的中小企业所面临的市场或顾客一般比较稳定,所以市场营销的重点是,增加销售渠道;加强与销售商的合作;寻求新的顾客;采用灵活的价格策略等。

(二)依附战略

所谓依附战略,就是把本企业的生产经营与发展相对固定地纳入或嫁接在某个大企业上,成为大企业系列生产中的一个组成部分,进行集中生产或销售,形成一种比较优势。许多知名的大企业虽然拥有雄厚的资金实力、强大的销售渠道和具有市场号召力的品牌,但往往由于受资源条件的限制,或由于抢占市场方面的考虑,愿意以技术输出的方式来扩大企业的市场占有率、提高企业的知名度。因此,中小企业可以利用自己廉价的劳动力和经营灵活的特点,为大企业加工产品或提供服务。另外,还可以依附大企业的无形资产来发展自己。

对中小企业来说,采用依附战略可以获得这样几方面的好处:

第一,采用专业化分工协作,可以使中小企业背靠大企业,在一定程度上避开市场竞争的压力。

第二,可以使中小企业的产品开发和业务较为单一、明确,有利于发挥自身的技术、设备和人力的特长。

第三,可以使中小企业建立起较为稳定的销售渠道,既可以降低经营成本,又可以在一定程度上降低经营风险。

第四,可以借助于大企业的技术开发实力,突破中小企业自身在技术、资金、设备、人力等方面的制约,通过协作联合,相互促进,共同发展。

当然,采用依附战略也有不利的一面:

第一,中小企业对大企业过分依赖。长期采用依附战略,往往形成中小企业对大企业的技术以及原材料和市场的依赖性,渐渐丧失生产经营和发展的独立性。如果所依附的大企业的生产经营出现危机或生产经营处于停滞或衰退状态时,中小企业也将难逃厄运。

第二,中小企业在与大企业签订承包条件上处于不利的地位。由于采用依附战略的中小企业处于附属和被动的地位,中小企业在与大企业确定承包条件(即价格、承包期、产品质量等)时,如果自身没有过硬的技术实力或自己的专长,那么,中小企业往往处于十分被动和不利的地位,所获得的利润水平较低。

因此,中小企业在采用依附战略时,必须解决好依附与发展的问题,要特别注意保持自己的自主地位,在配套过程中,注意技术的消化和积累,不断增强自己的技术开发能力和产品开发能力,建立自己的营销渠道,尽快开拓自己的产品市场,减少对单一企业、单一产品和单一加工方式的依赖性,当企业发展到一定规模、具有一定实力之后,就应渐渐摆脱大企业的控制,谋取独立发展。总之,中小企业在依附大企业的发展过程中,一定要注意培养自己的技术开发能力和创新能力,只有这样,才能在激烈竞争的市场上站稳脚跟并不断发展壮大。

(三)拾遗补缺战略

为了在大企业的夹缝中生存和发展,中小企业根据"人无我有、人有我无"的原则,关注那些被大企业所忽视的细小市场,通过寻找市场上的各种空隙,以自己快速灵活的优势,力求在这些小市场上获取最大的收益。这种竞争战略通常被称之为拾遗补缺战略。

采用这种经营战略的中小企业所选择的产品一般具有这样一些特征:

第一,产品生命周期较短,只能在一段时间内加以生产。

第二,加工工艺简单,生产周期短,所耗资金少。

第三,被主要竞争对手所忽略。

第四,企业自身有充足能力向细小市场提供这种产品。

为了确保战略的有效性,采用这种经营战略的中小企业在战略实施过程中还要做好以下几方面的工作:

第一,建立一套高效、灵敏、准确的信息系统。因为这种战略的成功在很大程度上取决于市场信息的准确性和及时性。

第二,在组织上,保证战略决策在实施过程中的有效性,以便决策能够以尽可能快的速度转化为企业的生产经营活动。

第三,做好市场促销工作。因为采取这种战略的中小企业所开发的产品往往不为广大消费者所熟悉,因此,企业必须花大力气利用各种手段将产品的有关信息及时传递给消费者。对中小企业来说,可供选择的推销手段很多,如广告、展销会等,企业可以根据自己的实际需要来加以选择。

这种战略一般适合于那些比较弱小,或者刚刚兴办的中小企业。因为这种战略具有较大的过渡性和可塑性,对于中小企业积累资金逐渐扩大规模具有很大的作用。另外,这种战略也具有较大的不稳定性,经常变更产品,会给管理带来诸多不便,因此,采用这种战略的中小企业当发展到一定的规模,具有一定的实力之后,就应该考虑实施战略转移,以便能够保持长远的经营优势。

(四)经营特色战略

由于中小企业本身实力不雄厚,一般无法达到规模经济效益,成本难以大幅度下降,就应该从特色经营上下功夫。特色经营,就是中小企业以提供标新立异的、具有独特的内涵的产品或服务来吸引消费者,在竞争中达到出奇制胜的效果。

对中小企业来说采用经营特色战略是有好处的：某种经营特色一旦建立起来就具有很强的竞争力，因为它能获得消费者的信任，满足消费者的需要，所以就能比较长远地树立起优势地位，而不被其他企业所替代。

但中小企业采用这种战略，必须注意两方面问题：

第一，必须处理好经营特色和成本之间的关系。这是战略成功的关键。因为强调经营特色一般要以成本提高为代价，如新奇的设计或品牌形象、特别的技术、独特的外观等。企业必须根据自身的经营能力、与其他企业的成本差距、市场的发展状况来处理经营特色和成本之间的关系。

第二，应注意用产品专利权作为保护武器，通过法律手段维护已取得的特色产品或服务的专有权和垄断权，以免受其他企业，特别是大企业的驱逐和倾轧，赢得相对平稳的发展环境。

（五）联合竞争战略

这是根据单个的中小企业资金缺乏、生产技术水平较低，难以形成规模效益等特点而制定的一种经营战略。所谓联合竞争是指中小企业在平等互利的基础上，形成较为紧密的联系，互相取长补短，联弱成强，形成集团力量，共同开发市场，从而有利于自己的生存和发展。

中小企业采取这种战略具有十分明显的优势，这种战略可使中小企业更有效地利用有限的资金和技术力量，弱弱联合，优势互补，克服单个中小企业在市场中遇到的种种困难和危机，改变中小企业在竞争中的不利地位，取得规模经济效益。

中小企业实施联合竞争战略可以采取两种形式：

第一，松散型的联合。企业之间仅局限于生产协作或专业化分工的联系，如由不同的企业各自分担一个产品的不同部件的生产，然后组装成最终产品，也可以由不同的企业各自承担产品线中的某一个产品项目，形成瓜分市场的格局。而在资金、技术、人员等方面基本没有往来。

第二，紧密型联合。指企业之间除了生产协作或分工上的联系外，还进行资金和销售方面的联合,如相互持股、按股分息、互相调剂余缺等。

二、中小企业的品牌战略

品牌的定义多种多样,市场营销专家菲利普·科特勒认为"品牌是一种名称、术语、标记、符号或设计,或是它们组合运用,其目的是借以辨认某个销售者或某群销售者的产品或服务,并使之与竞争对手的产品或服务相互区别"。由此可见,品牌是一个复合概念,它包括品牌名称、品牌标记和商标等。

品牌名称是品牌中可以用语言称呼的部分,如可口可乐、海尔等。

品牌标记是指品牌中可以被认出但不能用言语称呼的部分,如符号、设计、独具一格的颜色或印字。

商标是指已获专利权,并受到法律保护的一个品牌,或品牌的一部分。商标具有排他性,不同企业的商标不能相同,一般来说,同行业经营范围内商标必须是独家拥有。

中小企业必须重视品牌的作用,把创名牌作为企业的长远战略规划。品牌被广大消费者接受了,就成为名牌。所以,名牌简单地说就是知名品牌,或在市场竞争中的强势品牌。名牌是企业的无形资产,创名牌可以提高企业的知名度。中小企业只有重视品牌的作用,采取积极的态度来实施名牌战略,才能在激烈的市场竞争中立于不败之地,求得生存和发展。

(一)品牌化决策

中小企业首先要决定是否给产品规定品牌名称,这叫做品牌化决策。中小企业基于竞争、生存和发展的考虑,依据企业自身的现实情况,可以选择的策略有:

1. 无品牌策略

无品牌策略,即不使用生产者或经销商的标记,不给产品规定品牌名称和品牌标志,也不向政府注册登记。这是一种节省成本和费用的策略。

对中小企业来说,选择无品牌策略时,主要是基于这样的考虑:

首先中小企业处于创业初期,无品牌策略可以节省建立品牌所要付出的成本——包装费、标签费和法律保护费等等。

其次,中小企业经销未经加工的原料产品、农产品。例如煤、木材、大米、玉米等。

第三,中小企业经销均质产品,尽管生产者和销售者不同,但产品质量基本无差异,如电力、糖等。

第四,中小企业临时性或者一次性生产的商品,或者短期经营的商品。

无品牌策略对于中小企业来说,只适合作为权宜之计,或者为了度过暂时的困难,或者为进行多品种经营作准备。从长远考虑,随着中小企业经济实力的壮大,还是应该向着品牌化的方向发展。

2. 借用品牌

借用品牌,或称商标许可,一般是指生产者经特许租借享有声誉的其他企业著名商标,并支付一定的特许使用费。中小企业使用借用品牌策略主要基于:

第一,企业产品没有自己的品牌,并且无力承担建立品牌要付出的各种成本和费用。

第二,企业要在一个目标对象不太了解本企业产品的新市场上推销产品。

第三,企业的商誉度低。

3. 自创品牌

是中小企业从创业之日起就决定使用自己的品牌,或实力壮大到一定程度时,采用自己品牌的策略。中小企业自创品牌是基于这样的利益:

第一,规定品牌名称可以使销售者比较容易处理订单并能够及时发现问题。

第二,商标能对产品独特的特点提供法律保护,减少被竞争者仿制的风险。

第三,自创品牌使中小企业有可能吸引更多的品牌忠诚者。

第四,自创品牌有助于建立良好的企业形象。

第五,自创品牌有助于中小企业细分市场。

(二) 家族品牌决策

中小企业决定采用自己的品牌还需要作进一步的选择,在这个问题上可供选择的策略至少有四种:

1. 个别品牌

企业的不同产品分别使用不同的品牌。这种策略的好处是:企业的整体声誉不至于受其某种商品的声誉的影响,且有可能为每个新产品寻求最适当的品牌。但由于品牌多,新产品进入市场的费用较高。

2. 统一品牌

企业的所有产品都统一使用一个品牌。企业采取统一品牌的主要好处是:企业宣传介绍新产品的费用开支较低,如果这个品牌声誉好,所有产品都能畅销,易于树立企业整体形象。但如有质量较差的产品,必然影响整个企业的信誉。

3. 各大类产品分别使用不同的品牌

企业生产或销售不同类型的产品,如果都统一使用一个品牌,这些不同类型的产品就容易相互混淆;另外,同一种类不同质量的产品,也可使用不同的品牌,这种策略兼收了个别品牌和统一品牌两种策略的好处。

4. 企业名称与个别品牌并用

这是个别品牌与统一品牌同时并行的另一种方式,即企业决定其各种不同的产品分别使用不同的品牌,而且在各种产品的品牌名称前冠以企业的名称。企业采取这种策略的主要好处是:既可使产品系统化,享受企业已有的信誉,又可使各种产品各有不同的特色。

当中小企业决定了它的家族品牌决策后,还要进行选择特定品牌名称的工作。企业可选择人名、地点、质量、效用、制法、生活方式或艺术名字作为品牌名称。一般来说,企业在选择品牌名称时,应考虑到这样几个因素:它应该使人们联想到产品的利益;应该使人们联想到产品的作用和颜色等品质;应该易读、易认和易记;应该与众不同;不应该用在其他国家有不良的意思。

（三）品牌延伸决策

所谓品牌延伸是指一个品牌从原有的业务或产品延伸到新业务或产品上，多项业务或产品共享同一品牌。品牌延伸是品牌战略的重要内容之一。

中小企业适时适地地推出延伸策略，可以把市场做大，锻造出成功的品牌。品牌延伸战略有许多优点，一个受人注意的好品牌能给予新产品即刻的认知和较容易地被接受，使新产品能迅速地、顺利地打入市场，新产品失败的风险有所减小；而且品牌延伸节约了大量广告费。当然，品牌延伸也有它的风险性，新产品可能使买者失望并损坏了企业其他产品的信任度；品牌名称对新产品可能不适宜；品牌名称滥用会失去它在消费者心目中的特定定位。

（四）多品牌决策

多品牌策略，是指企业决定同时经营两种或两种以上互相竞争的品牌。一个品牌只适合于一种产品，一个市场定位，多品牌策略强调品牌的特色，最大限度地显示品牌的差异化与个性。

这种策略是宝洁公司首创的。宝洁公司的产品有洗衣粉、香皂、洗发水等，其不同的产品线及不同的产品项目使用不同的品牌。宝洁公司大都是一种产品多个牌子，比如洗衣粉就有汰渍、洗好、欧喜朵、波特、世纪等9种品牌；在中国市场上，仅洗发精就有"飘柔"、"潘婷"、"海飞丝"三种品牌。他们的多品牌策略追求每个品牌的鲜明个性，使每个品牌都有自己的发展空间。如"海飞丝"的个性在于去头屑，"潘婷"的个性在于对头发的营养保健，而"飘柔"的个性则是使头发光滑柔顺。

一般来说，企业采取多品牌策略的主要好处在于：

第一，多品牌策略适合零售商的行为特性。多种不同的品牌只要被零售商店接受，就可占用更大的货架面积，增加销售机会。

第二，多品牌策略可吸引更多顾客，提高市场占有率。一般说来，大多数消费者都是品牌转换者，品牌的铁杆忠诚消费者是很少的，因此发展多种不同的品牌，才能赢得这些品牌转换者。

第三，多品牌策略有助于企业内部各个产品部门、产品经理之间开展竞争，提高效率。

第四,多品牌策略可使企业深入到各个不同的市场部分,占领更大的市场。多品牌策略可以满足不同偏好消费群的需要,一种品牌有一个市场定位,可以赢得某一消费群,多个品牌各有特色,就可以赢得众多消费者,广泛占领市场。

多品牌策略虽有众多好处,但其对企业实力、管理能力要求较高,市场规模也要求较大,因此,中小企业采取此品牌策略应慎重,一般在企业发展壮大后才考虑使用。

(五) 品牌重新定位决策

即使某一个品牌在市场上的最初定位很好,随着时间的推移也必须重新定位。这主要是因为:

第一,竞争者推出一个品牌,把它定位于本企业的品牌旁边,侵占了本企业品牌的一部分市场,使本企业的品牌占有率下降,这种情况要求企业对品牌进行重新定位。

第二,有些消费者的偏好发生了变化,他们原来喜欢本企业的品牌,现在喜欢其他企业的品牌,因而市场对本企业的品牌需求减少,这种市场情况变化也要求企业进行品牌重新定位。

企业在作品牌重新定位决策时,要全面考虑两方面的因素:一方面,要全面考虑把自己的品牌从一个市场部分转移到另一个市场部分的成本费用。一般来讲,重新定位距离越远,其成本费用就越高。另一方面,还要考虑把自己的品牌定在新的位置上所得收入的多少。而收入多少又取决于这个市场部分或偏好群有多少消费者;其平均购买率高低;这个市场部分或偏好群有多少竞争对手;自己品牌在这个市场部分的销售价格定得多高。

企业必须权衡多种重新定位的收入和费用,然后决定如何作品牌重新定位决策。

(六) 合作品牌决策

合作品牌是指两个或两个以上企业的品牌同时出现在一个产品上,每个品牌的企业期望另一个其他品牌能强化品牌的偏好或购买意愿。一种产品同时使用企业合作的品牌是现代市场竞争的结果,也是企业品牌相互扩张的结果。这种品牌策略现在日益增多,一般的做法是：企业往往以授权协议的方式，将自己的品牌名称之一同另一家企业的品牌名称放在一起使用。比如"松下-小天鹅"、"三菱重工海尔"等等。

（七）名牌化决策

中小企业在确定了自己的品牌战略后，要不断地扩大品牌的知名度和美誉度，这就涉及中小企业的名牌化战略。

名牌是知名品牌或强势品牌，名牌的作用是在它的名牌效应，名牌作为企业的资产，是企业开拓市场、资本扩张等等成功的法宝。中小企业在激烈的市场竞争中由于自身条件限制，往往处于最易失败的地位，更需借助创建名牌以保证企业的生存和发展。因为名牌是企业形象的集中体现，它代表着企业优良的产品质量、完善的销售服务和良好的商业道德。同时拥有名牌可以赢得消费者的信赖，尤其是品牌拥有了较高的知名度、美誉度后，会在消费者心目中树立起极高的威望，消费者会表现出对品牌的极度忠诚，从而使企业迅速打开市场并不断提高市场占有率。另外，名牌还能帮助中小企业解决筹措资金的困难。中小企业由于资金规模小，担保能力差，因此融资信用低；而名牌是一种无形资产，不但能够提高企业声誉，还代表企业良好的销售能力和发展潜力，从而使企业融资信用提高，为企业顺利筹资奠定了基础。所以中小企业应重视创建一个好的品牌。

由于中小企业管理机构简单，上下沟通方便，因此决策层创建名牌的战略规划和具体策略容易落实。另外，中小企业一般生产经营的品种有限，市场面较小，容易接近市场，因而能及时了解市场需求变化趋势，相应地调整经营策略，适应市场需求而保持名牌声誉和扩大名牌影响。与此同时中小企业在创建名牌中也面临一些困难，如：资金不足、经营风险大、人员素质低、保护名牌和提高名牌声誉困难较大等。这就要求中小企业在创建名牌时，一定要从本身特点出发，选择适合自身优势发挥的最佳途径。

中小企业在创立名牌过程中，要努力做到以下几个方面：

1. 高度重视质量管理

中小企业的经营者要引导员工树立创造优质名牌产品的强烈意

识,牢固树立"质量是企业的生命"的观念,并把它贯彻到企业的一切活动和全部过程之中。

2. 全面满足消费需求

市场竞争日趋激烈,消费者需求不断变化,产品的生命周期越来越短。这就要求企业要随着消费者需求的变化,不断调整产品、开发新产品,而且是从高起点来开发新产品,创造名牌。

3. 以创新巩固名牌地位

创新是企业品牌的灵魂,是企业活力之源。只有不断创新,才能让企业品牌具有无穷的生命力和永不枯竭的内在动力,发展和壮大企业品牌。创新包括多方面的内容,企业近年的发展历程始终围绕着技术创新,技术使得品牌更加有竞争力,谁掌握了将技术转化为现实生产的能力,谁就将夺得市场的主导权。因此,没有强大的技术力量做后盾,品牌要实现飞跃几乎是不可能的。

第六章 中小企业的人力资源管理

学习目标

完成本章学习以后,你应该能够:
- 了解我国中小企业人力资源管理现状
- 理解中小企业人力资源规划的内容
- 掌握中小企业人力资源规划的制定原则
- 掌握中小企业人力资源招聘与选拔的程序
- 掌握面试的基本内涵
- 掌握人员培训的内容与方式
- 掌握绩效考核的内涵
- 掌握薪酬的基本构成及薪酬制度的类型

人力资源管理的重要性已经被大多数的企业管理者所认可,但是中小企业究竟应该树立什么样的人才战略观念、在人力资源管理方面究竟应该做些什么工作、能做什么工作还是需要研究一番的。

第一节 中小企业人力资源管理现状

由于中国的特殊国情,中小企业由于得不到资金和政策的支持,很难有大笔的资金用于新产品和新技术的研发,用于各种高级人才的招募,用于企业形象和产品市场的推广活动以及销售渠道的建设。众多中小企业仍然很难形成自己的专利技术、管理经验、人才储备的优势。中小企业的人力资源管理由于受到企业规模与性质等诸多因素的制约,表现出一定程度的不理想性,存在着一些共性的问题,本节试图就这些方面的问题加以分析总结。

一、中小企业人力资源管理的现状

(一) 人力资源管理机构设置的不合理

目前,大多数中小企业没有设置专门的人力资源管理机构,其职能大都由总经理办公室或行政部门兼任。虽然有很多中小企业根据市场发展的需求将原来的"人事部"改为"人力资源部",但其职能仍然停留在一些档案管理、工资劳保管理等工作上,按照"静态"的、以"事"为中心的传统人事管理模式进行操作。人力资源管理不同于传统的人事管理,它是在经济学与人本管理思想的指导下,通过招聘、选拔、培训、报酬等管理形式对企业内外相关人力资源进行有效运用,满足企业当前及未来发展的需要,保证企业目标实现与成员发展的最大化。因此,由传统的人事管理转向现代的人力资源管理,并不仅仅是一个部门称谓改变的问题。

(二) 管理人员配备的不合理

大多数中小企业没有配备专职的人力资源管理人员,甚至有的中小企业还在沿袭传统的一些做法,使人力资源部门在某种意义上成为一些特殊人员的"安置所"。在一些中小企业中,往往是随便安排一位非技术人员或者是将不适合某一岗位的人员暂时调动到人力资源部来从事所谓的"人力资源管理"。在中国的中小企业中,还没有形成一批现代化的人力资源经理人才队伍。

(三) 管理制度的制定与实施不合理

许多中小企业主尝试着制定各种各样的人力资源管理制度,并努力加以贯彻执行。但从这些制度的内容来分析,大都是就员工的考勤制度、奖惩制度、工资分配、工作规划等方面对员工加以限制,而不是从"以人为本"、如何充分调动员工积极性和创造性出发来规范企业与员工的行为,以求得员工发展和组织目标的实现。尽管员工会心存不满,但是由于劳动力买方市场这样一个现实,绝大部分员工只好接受各种限制条件。因此,在某种意义上,目前一些中小企业人力资源管理制度的执行带有一定的强制性。

（四）人力资源存量现状的不合理

许多中小企业都是劳动密集型的企业，吸纳了大量的劳动力资源，从静态的角度来看，劳动力资源数量多，但是素质却不高。在用人机制上，普遍存在"任人唯亲"、"任人唯近"的现象，致使中小企业很难留住人才。

二、中小企业的用人误区

（一）感觉评判的误区

1. 缺乏长远的人才战略

许多中小企业的领导往往凭第一感觉和印象选拔和使用人才，通常没有一个长远的人才战略，缺乏对人才结构进行科学的战略性设计。这种目光短浅的方法往往不能任用真正的人才，有时还会被心术不正的人钻空子。这种选拔和使用的人才一般都是同一类型的人，不能互相取长补短，不能形成合理的群体结构，抑制了群体效能的发挥。

2. 缺乏科学的考核制度

大多数中小企业都没有考核工作表现的制度，即使有，也只停留在领导主观印象评价的表面上。因此，对表现平平的人员给予言过其实的夸奖，而工作成就突出的员工却没有得到应有的报酬；对员工的考评重点放在近几个月里，忽视他们全年的表现；领导们喜欢对"爱发牢骚的人"在工资评定条件上宽松一些，证明自己不是一个苛刻的人。

（二）"自己人"的误区

1. 任人唯亲

中小企业的管理者往往认为亲者比非亲者可靠。现代企业日趋复杂，需要真才实学的人才。亲者而德才兼备，当然可以任用，但亲而无才又居要职，就会影响企业的发展，亲者未必可靠，非亲者也未必不可靠，这需要详细考察，不可一概而论。

2. 任人唯近

为了稳妥起见，中小企业的领导在用人上倾向于选用与自己关系亲近的人员，而忽视了对其能力的考察。他们经常让"自己人"管理，让

"贴心人"掌钱,最终带来的是管理混乱、跑冒滴漏现象严重。中小企业的领导往往认为企业内的部分职务照顾亲朋无伤大雅,请谁都一样,还不如照顾自己的关系。表面说来,如果是闲职,照顾亲友也无可厚非,但即便如此,也将影响其他非关系员工的士气,打击了他们的积极性,从而降低了企业的整体效率。

(三) 大材小用的误区

1. 求"全"

选拔人才应力求完美。但要选拔出十全十美的人才是不现实的。

2. 求"高"

不讲求人才的适用性,突出地表现在对人才的"高消费"。许多中小企业招聘管理人员有一种倾向,即非大学本科以上学历不用。而实际上许多工作岗位只需要初中文化水平,有实践工作经验就可以胜任了。

3. 重"专"

现代企业专业化程度越来越高,对企业进行特色经营的要求也越来越迫切,因此企业对专门人才的选用不可缺少。但企业中确实需要一定数量的"通才",重"专才"轻"通才"的现象在中小企业中尤其普遍。

(四) 只重眼前、不管将来的误区

许多中小企业在选用人员时缺乏应有的规划,往往只看眼前,不管将来。用人时高薪聘请,尊敬有加,不用时闲置一旁,甚至过河拆桥,丝毫不尊重员工的人格和权益。这种用人环境很难吸引并留住人才。

(五) 重"物质"、轻"精神"的误区

不少中小企业的领导认为,只要给予员工丰厚的薪水就可以留住人才,而忽视了为人才创造良好的工作环境,忽视了他们的各种社会心理需要的满足。

(六) 无视劳动者权益的误区

中小企业普遍存在侵害劳动者权益的现象,具体表现为:剥夺劳动者自由;无限制延长劳动时间,不按规定支付加班费;劳动环境极差,劳动者安全无保障;轻视劳动合同,等等。

三、中小企业人力资源管理落后的原因

（一）管理方式

中国特殊的社会文化背景造就了管理者与被管理者之间与生俱来的不平等地位，形成了实际工作中支配与被支配的领导方式。同时，"上智下愚"的传统观念也在潜移默化中影响着管理者的决策和思维，成为人力资源管理工作中的痼疾。具体表现为偏好高度集权的管理方式，不重视人的真实感受和需要；在收入分配上实行"一刀切"的管理，不重视薪酬体系的激励作用；在工作安排上实行"控制—服从"的管理方式，严重制约了人力资源潜能的发挥。

近年来，由于受传统体制下管理观念与收入分配体制的影响，中小企业在人力资源市场的竞争中已经处于明显的劣势。如果中小企业不及时更新观念，不能客观评价人在管理中的中心地位，就不可能在未来发展中占据人才优势。

（二）管理理念

虽然很多中小企业开始认识到人才在企业发展中的重要地位和作用，并有意识地加强"以人为中心"的管理，但是由于人事、劳动管理制度阻碍人才流动，因此，如果没能在社会范围内实现人才优化组合，要真正做到"以人为本"是根本不现实的。中国长期以来形成的复杂的社会与文化背景，对于真正认识和运用"以人为本"的理念还需一个长期的、渐进的探索过程。

（三）管理机制

中小企业在用人方面缺乏科学的绩效评价机制，往往通过管理者"印象分"决定人才的价值；在收入分配方面缺乏与绩效考核挂钩的分配机制，收入中的平均主义倾向仍旧十分严重；在人才培养过程方面急功近利，无法为企业实现可持续发展提供动力。由于缺少科学的考核机制，忽视人的利益和主观需要，严重影响了员工特别是优秀人才的积极性和创造性，抑制了他们的潜力，形成严重的资源浪费。

对于中小企业而言，由于其规模小，导致其拥有的资金、信息、技术

等资源与大型企业相比较处于劣势地位,在这种情况下,更要用好、用足、用活企业的人力资源,为企业在市场竞争中赢得一定的竞争优势奠定基础。中小企业应该站在战略的高度,把人力资源看作是一种特殊的战略性资源,在其资源不具备优势的情况下,抓住人力资源的优势也可以占据市场。因此,中小企业应该使人力资源管理成为整体经营战略的一个重要组成部分。

第二节　中小企业人力资源规划

人力资源规划是指企业对未来人员的需求和供给之间可能的差异的分析,或者是企业对其人力需求与供给作出的估计以及中小企业如何根据自身的实际情况进行人力资源战略的设计。

一、中小企业人力资源规划

中小企业人力资源规划分为长期、中期和短期计划。一般来说,5年以上是长期计划,1～5年是中期计划,当年计划是短期计划。其中,中长期计划对人力资源规划具有战略性的指导作用,短期计划是年度执行计划,是中长期计划的贯彻和落实。

中小企业人力资源规划包括的内容有:岗位职务计划、人力分配计划、教育培训计划、人员补充计划等。

(一) 岗位职务计划

岗位职务计划主要是解决企业的定员定编问题。中小企业应该根据自身的规模和目标、劳动生产率、技术设备工艺要求等状况确立相应的组织结构、岗位职务标准,并在此基础上进行定员定编。

(二) 人力分配计划

人力分配计划是依据企业各级组织机构、岗位职务的专业分工来配备所需的各类人员,包括管理人员职务的调配、工人工种的分配以及员工工作调动等内容。

(三) 教育培训计划

教育培训计划是依据企业发展的需要,通过各类教育培训的途径,为企业培养当前以及未来需要的各类人员。

(四)人员补充计划

人员补充计划就是在一个较长的时期内使企业的岗位空缺从质量上和数量上得到合理的补充。人员补充计划要列出各级各类人员所需要的资力、素质、培训、年龄等要求。

二、中小企业人力资源规划的确定

(一)人力资源需求预测

人力资源的未来需求是指企业未来获得的一定数量和一定质量的人力资源。对人力资源需求的预测是依据企业的总体发展规划、组织发展计划等做出的,而要正确地确定人力资源的未来需求就必须要借助预测的工具。

1. 预测工作

预测工作首先要收集有关的信息情报。这些信息情报包括本企业关于人事安排的历史纪录资料、市场产品销售量的预测情况、企业的战略方针和计划、经济技术发展趋势等方面的信息情况。在充分分析各种信息的基础上预测出本企业的人才需求情况。

2. 预测的方法

适合中小企业人力资源未来需求预测的方法有:

(1)逐级评估法。这种预测方法是各级主管根据自己的经验和对未来组织业务的增减情况进行估计,然后由下而上地确定人员的需求量。

(2)经验法。这种预测方法是根据过去的经验,把未来的业务活动水平转化成人力需求的主观预测方法。

(二)人力资源供给预测

人力资源供给预测是指为满足企业对人力资源的需求,而对将来某个时期企业从内部和外部能够获得的人员数量和质量进行预测。中小企业人力资源供给预测包括的内容有:分析企业目前的人员状况;分析企业目前人员流动的情况及原因,预测将来人员流动的态势;掌握企业员工提拔和内部调动的情况,保证工作和职务的连续性;分析工作条件的改变和出勤率变动对员工供给的影响;掌握职工供给的来源和渠道。

(三) 中小企业人力资源的供求平衡

中小企业人力资源的供求平衡是中小企业编制人力资源计划的重要内容,也是对人力资源进行需求分析的根本所在。在需求与供给预测的基础上,中小企业人力资源的供求平衡不仅要在总量上达到平衡,更重要的是在人力资源的素质等供求结构上形成平衡。

为了达到这种平衡,中小企业必须做好综合平衡分析,这种分析通常是以企业员工供求平衡表的形式来加以反映的。同时,中小企业还必须对员工的潜力进行分析,从数量上消除人浮于事的现象,从质量上提高员工的素质,充分发挥现有员工的潜力。

三、中小企业人力资源规划制定的原则

(一) 充分考虑环境的变化

中小企业人力资源规划必须充分考虑内外部环境的变化,也就是说在制定人力资源规划时,应该对可能出现的情况作出预测和风险变化,最好能有面对风险的应付策略。规划要有一定的动态性,适时、适地、适量地提供人力资源以满足企业的需要。

(二) 确保企业人力资源的管理与开发

人力资源保障问题是中小企业人力资源规划中应该解决的核心问题。它包括人员的流入预测、流出预测、人员的内部流动预测、社会人力资源供给状况分析、人员流动的损益分析等。只有有效地保证了对企业的人力资源供给,才有可能去进行更深层次的人力资源管理与开发。

(三) 兼顾企业和员工的长期利益

中小企业人力资源规划不仅是面向企业的一种计划,也是面向员工的一种计划。中小企业的发展与员工的发展是紧密相关、互相依托、互相促进的。优秀的人力资源规划,应该能够使企业和员工达到长期利益,使企业和员工得到共同发展。

第三节 中小企业人员招聘与选拔

中小企业在人员招聘过程中必须考虑到企业与人员的匹配性,在招聘与选拔人员时要注意选用有效的方式,使招聘与选拔工作既符合企业发展需要,又有相对成本优势。

一、中小企业人员招聘与选拔

在编制出企业人力资源规划之后,对企业的人员招聘就有了一个大致的轮廓。在这个基础上,可以对企业所需要的人员进行招聘与选拔。

(一)人员招聘计划

人员招聘计划实质上就是拟定组织人员补充政策,目的在于使企业能够合理地、有目的地在未来将企业所需数量、质量和结构的人力资源补充到可能产生的职位空缺上。

人员招聘计划必须明确:需要招聘的职位是哪些,需要多少人;需要招聘的职位的人员任职资格是否明确;何时、通过什么方式发布招聘信息;对应聘人员进行何种测试;招聘的费用预算是多少;招聘工作的时间计划是否合理,等等。

(二)招募应聘者

中小企业应聘者的来源渠道主要有两大类:内部应聘者和外部应聘者。内部应聘者,即从本企业现有员工中招聘某些工作所需要的人员;外部应聘者,即从组织外部吸引从事某一工作的人选。

1. 内部招聘渠道

内部招聘渠道即从企业现有人员中挖掘所需人才,填补职位空缺。这种做法的优势在于:企业现有人员熟悉本企业的情况,可以即时投入工作;如果是晋升性质的话,可以激发现有人员的工作积极性和创造性。这种方法的不足在于:如何寻找合适的人员来填补旧的岗位,会带来职位空缺的遗留问题;会造成人际关系的紧张,会打击没有被选中或没能得到晋升人员的积极性。

2. 外部招聘渠道

由于中小企业所需要的人力资源大多为外部引进,因此,选择合适的外部招聘渠道是非常重要的。中小企业常用的外部招聘的渠道和方法主要有:

(1) 广告。招聘广告包括报纸、杂志、因特网等方式。中小企业在使用招聘广告时应注意的问题包括:

① 明确向谁做广告。要明确招聘的对象,从而选择合适的媒体。

② 创造工作中的兴趣。富有挑战性的工作,对企业外人员具有较大的吸引力。

③ 创造出工作之外的吸引力。依据马斯洛的需要层次理论,人在满足他们的物质生活需要的情况下,可以激发他们更高的成就欲望,所以,在招聘广告中,应增加一些工作之外的因素:职业生涯设计、社区服务等优越条件。

④ 招聘广告应能促发人们的行动。招聘广告的制作应具有吸引力,使得应聘者能够采取积极的行动,从而达到招聘广告的最终目的。

(2) 职业介绍中心。职业介绍中心通常建立各类应聘人员的基本情况的数据库。中小企业利用职业介绍中心招聘人才的好处在于:应聘者的范围广泛,能得到职业的咨询与服务,节省时间。中小企业利用职业介绍中心招聘人才的弊端在于:需要一定的费用,对应聘者的情况不是十分了解,可能会出现应聘者与工作要求不相符合的情况。

为了保证招聘人员的质量,中小企业应当选择那些信誉较好、有资质的职业介绍机构。

(3) 人才交流中心。中小企业可以通过人才交流中心直接获得大量应聘者的相关资料,既可以节省招聘费用,又可以节省招聘时间。同时可以在公开、公平竞争的条件下,择优录用,提高人员的整体素质。

(4) 推荐。推荐是由本企业员工或者相关单位的负责人推荐。这种方法的优点是:应聘者对空缺职位和企业工作条件能有更周全的认识和了解。为了避免本章前述的用人误区,中小企业在使用这种方法进行招聘时应该注意以下问题:

① 对应聘者实行必要的测试后方可录用;

② 要考察推荐人本身的能力与素质，只有相关专业或相关领域的人员才有推荐的资格；

③ 录用后被介绍人尽可能不在推荐人的领导下工作。

(5) 大中专与高职院校。一般来说，大中专与高职院校的毕业生总体素质情况较好，又具有生机与活力，具备较强的可塑性和发展潜力，是中小企业引进新鲜血液的重要来源。当然，这些人员缺乏工作经验，进入企业后还需加以培训和培养，使他们能够尽快地进入角色。

(6) 猎头公司。猎头公司的主要是搜捕和网罗对企业有用的人才，因此，这类公司的收费水平相当高。当然，企业一旦需要他们的帮助，则肯定其最终收益能弥补这部分相当昂贵的招聘费用。在选用这种方式时，为了达到更好的效果，一般需要向猎头公司提供较为详细的空缺职位的信息。

3. 提高中小企业的招聘条件

中小企业在选用各种不同的招聘方法时，必须重视自身的招聘条件。为了吸引更多优秀人才成为中小企业的应聘者，公开告示中小企业的招聘条件是十分重要的一个手段。一般情况下，中小企业能否吸引应聘者取决于以下这些条件：企业的目标与发展前景；企业的形象与声誉；企业的工资福利待遇；培训和晋升的机会；工作地点与条件；中小企业所属的行业状况；所招聘的职位类别等。

(三) 选拔应聘者

在获得大量应聘者情况资料的基础上，可以进入选拔与录用程序。

1. 制定求职申请表

求职申请表的主要内容有：

(1) 求职者的基本情况。涉及到求职者的年龄、性别、通讯地址、身体状况、家庭情况、现在工作的单位和职位等；

(2) 教育与培训。包括求职者的文化程度、专业、学位、培训等；

(3) 工作经历和工作要求。主要是指求职者所从事工作的名称、类型、担任的职务、工作的时间、期望的收入水平等；

(4) 个人心理特征。涉及求职者的能力、专长、性格特点、兴趣爱好等；

(5) 其他需要了解的信息。

2. 审核求职申请表

对求职申请表的审核应注意以下几点：找出申请表中与工作要求符合的关键词；查找反映求职者是否满足工作要求的形容词与数量词；在以往的工作经历中掌握的技术、知识、能力、经验与新工作所需技术、知识、能力、经验之间的转换难易程度；审核应聘者背景资料以及来源的可靠程度。

3. 面试

企业招聘与选拔人才的方式多种多样，面试是中小企业常用的方法。面试，可以说是一种经过精心设计，在特定场景下，以面对面的交流与观察为主要手段，由表及里地对应聘者进行有关素质测试的一种方法。

(1) 面试的内容。面试主要围绕以下内容对应聘者进行考察：

① 仪表风度。应聘者的体格状态，穿戴举止，精神风貌。

② 求职的动机与工作期望。判断本单位提供的职位和工作条件是否能满足其要求。

③ 专业知识与特长：从专业的角度了解其特长及知识的深度与广度。

④ 工作经验。应聘者以往的经历及其责任感、思维能力、工作能力等。

⑤ 工作态度。应聘者过去的工作业绩及其对所谋职业的态度，以及应聘者工作的进取精神和开拓精神。

⑥ 能力。包括口头表达能力的准确性、分析问题的条理性与深度、思维的敏捷性以及自控能力（主要指应聘者的理智与耐心）。

此外，还应该考察应聘者的为人处世和兴趣爱好等。通过面试，可以使企业的人力资源管理部门对应聘者的表现、工作经历、智力及个人的情况有更进一步的了解。但有一点需要注意：要避免提出与法律相冲突的问题。

(2) 如何提高面试效果。面试的效果如何，取决于面试人的技巧与方法,因此,面试人可以通过以下常用的几种面试技巧来提高面试水平。

① 问题的准备和设计。在面试开始之前确定你想要问的与工作有关的问题。

② 面试的气氛。应该创造安静平和的气氛进行面试。

③ 避免与招聘工作无关的问题,把全部注意力放在应聘者身上。

④ 避免冲突性的或暗含冲突性的问题,避免与应聘者发生争论。

⑤ 注意倾听艺术,在倾听时要密切观察应聘者的言谈举止以及与工作相关的一些特点。

⑥ 避免首因效应、晕轮效因和社会刻板印象。

面试应该是一种互动的过程:应聘者对企业进行评价;企业也对应聘者作出评价。为了便于应聘者作出决定,需要给他们提供提问的机会以便他们对企业及所应聘的工作性质有明确的认识。

4. 测试

在经过面试作出初步的筛选以后,还应对应聘者进行必要的测试。测试有许多方式,可以是现场测试,也可以是心理测试。

现场测试是一种比较实用的测试方法,通过工作本身对应聘者进行测试可以达到较好的效果,而且也比较直观。心理测试是一种比较科学化的测试方法,通过对人的心理行为的测验来达到对人的认识的目的。

中小企业在运用心理测试方法时要注意:

① 正确看待测试结果。由于业务适用性的差异,在对测试结果的解释上会存在困难,从而测试的结果可能产生误导。因此,对应聘者的任何测试都必须与其工作相关。

② 必须符合有效性与可靠性的原则。如果测试是有效的,那么它的结果就应该与应聘者日后的工作表现相一致;如果测试是可靠的,那么它对于在任何时候对不同个体进行的测试都应该提供一致的结果。

5. 录用

当最终合格人选少于所需人员数量时,应当避免用人的将就心理,

要按标准进行录用。当最终合格人选多于所需人员数量时,应当按照以下原则进行录用决策:

(1) 重工作能力。在候选人的基本素质相差无几时,以往的工作经验应该是首要的条件;

(2) 优先工作动机。在工作能力基本相同的条件下,希望获得这一工作的动机强度就是录用决策注重的第二个基本点;

(3) 任职条件的适用性。不要使用超过任职资格条件过高的人,因为这些人的流动动机也会增大;

(4) 限制参加录用决策的人数。限制参加录用决策的人数,以免出现难以协调的意见,以致最后得到的是折中的人选。一旦企业决定录用,就需要向被录用者发送录用通知,而对于没有被录用的人选,企业也最好能发送辞谢通知。

(四) 招聘效果评估

由于中小企业资金状况的限制,不可能花大笔的资金在招聘上,因此,这项评估主要是针对招聘成本和录用人员进行的。

1. 招聘选拔成本评估

如果成本低,录用人员的质量高,则效率高;反之,则效率低。而如果成本低,录用的人数多,则效率高;反之,则效率低。可以用一个公式来表示:

$$单位招聘和选拔费用比 = (总经费/录用人数) \times 100\%$$

2. 录用人员评估

录用人员的评估可以采用以下的公式:

(1) 人员录用比 = (录用人员/应聘人数) × 100%。如果录用比越小,相对而言录用者的素质较高;反之,录用者的素质较低。

(2) 招聘完成比 = (录用人数/计划录用人数) × 100%。如果招聘完成比等于或大于 100%,则说明在数量上全面或超额完成了计划。

(3) 应聘比 = (应聘人数/计划录用人数) × 100%。如果应聘比较大,说明发布招聘信息的效果较好,同时也可以说明录用人员的素质相对较高。

第四节　中小企业人员培训

中小企业在对人力资源的使用过程中,必须将其看成是一种可以再开发、再利用的资源,并将培训的观念贯彻落实到人力资源的管理过程中,使人力资本产生更大的价值。

一、中小企业人员培训

培训就是向新员工和现有员工传授其完成本职工作所必需的相关知识、技能、价值观念、行为规范的过程,是由企业安排的对本企业员工所进行的有计划有步骤的培养与训练。培训是获得高质量人力资源的重要手段,员工培训是企业所有投资中风险最小、收益最大的战略性投资。成功而有效的员工培训,不仅可以提高中小企业员工的素质,而且还可以满足员工自我实现的需要,增加企业的凝聚力。

中小企业的人员培训对象是新员工和在职员工。中小企业的人员培训内容有职业技能培训和职业品质培训。

(一) 培训的种类与方法

人员培训是一项在时间和金钱等各方面花费都比较大的工程,为了最大限度地提高人员培训的投资效益,必须根据企业发展的需要和个人发展的具体情况,合理地确定培训对象、有针对性地选择培训方法与技术。

1. 职前培训

职前培训是企业对新录用的员工进行集中培训。职前培训目的是培养新员工对企业的荣誉感和归属意识,促使新员工认同企业提倡的价值标准和行为规范;了解企业的基本情况,掌握必要的工作技能和基本的工作流程;帮助新员工规划、设计在企业的个人发展。

常用的职前培训方式有:发放员工手册、专人讲解、座谈会、带领新员工实地参观等。

2. 在职培训

在职培训是指员工不脱离岗位,由经验丰富的管理人员和技术人员在日常管理与工作中对员工进行定期的或不定期的业务传授和指导。这是企业应用最为普遍的培训方式。

常用的在职培训方式有：工作轮换和学徒方法。通过工作轮换，员工能掌握多种工作技能，对企业的工作也有更全面的认识。新员工一般都要跟有经验的老师傅学习，这种方法就是学徒方法。这两种方法都比较适宜于技术技能培训。

3. 离职培训

离职培训是指员工离开工作岗位，专门从事知识或技能的学习。

常用的离职培训方式有：讲座、录像、情景模拟、案例研讨等。脱产培训对提高人际沟通技能和解决问题技能比较有效。离职培训可以在企业内部进行，也可以在企业外部进行。

4. 业余自学

业余自学是指员工利用业余时间参加各种学历或非学历教育，中小企业应该积极支持员工业余参加各种职业资格或技术等级培训与考试，凡是所学的内容与企业相关，一般都给予一定比例的报销。

(二) 培训的程序

一般来说，员工培训的基本程序包括：培训需求分析、制定培训计划、设计培训课程、培训效果评估。

1. 培训需求分析

(1) 培训需求分析的层面。培训需求分析可以在三个层面上进行：员工层面、企业层面、战略层面。

① 员工层面。主要分析员工个体目前的状况与应有状况之间的差距，在此基础上确定培训的对象、内容和类型。

② 企业层面。主要通过对企业的目标、资源、环境等因素的分析，准确找出企业存在的问题，确定培训是否是解决这类问题最有效的方法。在此基础上进一步分析需要进行的培训项目。

③ 战略层面。主要考虑为了满足企业未来的发展，应该开发何种培训项目。

(2) 培训需求分析的方法。培训需求分析的方法包括任务分析、绩效分析和前瞻性培训需求分析。

① 任务分析。任务分析是指对工作任务进行详细研究以确定工作中需要哪些知识和技能,根据所需的知识和技能制定培训计划。任务分析主要适用于确定新员工需要哪些培训。

② 绩效分析。绩效分析就是考察员工目前的实际绩效与理想的目标绩效之间是否存在偏差,然后决定是否可以通过培训来加以纠正。绩效分析主要适用于决定现职员工的培训需求。

③ 前瞻性培训需求分析。前瞻性培训需求分析就是对员工由于工作岗位的调动、职位的晋升或适应工作内容的变化等原因需要进行的超前培训。前瞻性培训需求分析主要适用于和战略发展相关的培训需求。

2. 培训计划制定

培训计划制定包括的内容有:

(1) 培训对象。培训对象是培训活动的主要成本因素,必须认真选择,精确计算。对接受培训的人员,第一要考虑一项培训计划所能容纳的人员数量;第二要根据工作性质或工种、专业、水平层次、工作时间安排等因素进行分类,员工培训可以分为新员工培训、一般员工培训、专业技术人员培训、管理人员培训等;第三要尽量选择那些经过培训能大幅度提高工作绩效的员工参加培训。

(2) 培训目标。培训目标是指在培训结束时,受训者应该达到的水平和能够展示的能力。在确定培训目标的过程中,需要注意的是目标的设立与评价标准要密切相关,而且目标应该是可以衡量的。

培训目标应包括两个要素:一是操作,这是最主要的,它描述了受训者在培训结束时要会做什么。二是标准,只有规定标准,才能更有效地测量培训结果。同时,要根据培训过程中不断暴露出的新问题,对培训目标加以修改和调整。

(3) 培训时间。培训时间可以根据培训目标和要求、培训对象的素质水平、培训的种类等因素来确定。

(4) 培训实施机构。可以有企业内部培训和企业外部培训两种。企业内部培训包括在企业内部场所或企业租用的场地,由企业内部人员作为培训师进行的培训,或聘请外部专家和学者根据企业要求在企业培训基地进行的培训。企业外部培训是指企业外包给社会培训机构或教育机构为本企业员工进行的培训。包括由企业付费的学历教育。在实施企业外部培训的过程中,企业的培训管理部门要参与培训计划的设计,并与承办培训的社会机构保持密切联系。

(5) 培训方法、课程和教材。企业要根据自身的规模、经费、技术性质、培训内容、培训对象、人数、时间等因素来选定不同的课程、教材,采用适合成年人学习的培训方法和现代化的培训手段。

(6) 培训设施。培训设施的好坏对培训的效果有重大影响。因此,要从视觉效果、听觉效果、温度控制、教室大小和形状、座位安排、计算机辅助教学设施、交通条件、生活条件等方面搞好培训环境的布置。

3. 培训课程设计

培训课程设计就是根据培训的根本目的,对课程要素采取不同的方式,作出不同的处理。通过对课程要素的不同选择和处理,可以设计出各种不同的课程来。培训课程要素包括:目标、内容、教材、模式、策略、评价、组织、时间、空间。

在培训课程的设计中,除了考虑课程要素,还要特别注意以下几个问题:

(1) 培训课程的效益和回报。最有效的培训课程应该自始至终地将受训者当成一种资本形式来看待,把培训作为使这种资本保值和增值的一个环节。从这一观点出发,要求培训课程必须针对企业的需求进行设计,对企业的需求变化要及时了解、适时调整、同步适应,培训内容的安排也一定要强调其实用性,能学以致用,从而带来收效。

(2) 培训对象的特点。员工培训的对象大多是成年人,因此,培训课程的设计要符合成年受训者的认知规律,充分发挥和利用他们在学习上的优势。可以根据成年人的特点,把培训课程设计为一种互动性的资源。

(3) 培训课程与岗位的相关性。参加培训的员工都带有很强的学习目的性,学习就是为了运用,为了更好地适应工作环境的要求,为了更好地胜任工作岗位的要求或即将从事新工作的要求。所以,在课程内容的选择上要切实针对岗位的标准和工作的要求,教学方法要有利于同一工作领域的受训者相互交流与学习。

(4) 最新科学技术手段的运用。教学媒体的先进性与多样性是现代培训课程设计的一个重要环节。利用一切有利于学习者吸收和理解的手段与媒体，可以充分发挥和调动学习者的各项器官功能，从而使课程效果达到最优。

4. 培训效果评估

培训效果评估是指在培训过程中受训者将所获得的知识、技能应用于工作的程度。只有在培训的效果得到评估后，整个培训过程才算结束。中小企业对培训的效果可以通过以下几个指标进行评估：

(1) 反应。即测定受训者对培训项目的反应，主要了解培训对象对整个培训项目和项目的某些方面的意见和看法。这项指标可以通过面谈、问卷调查的方法来进行。

(2) 学习。即测试受训者对所学的原理、技能、态度的理解和掌握程度。这项指标可以用培训后的考试、实际操作测试来考查。

(3) 行为。即测定受训者经过培训后在实际岗位工作中行为的改变，以判断所学知识、技能对实际工作的影响。这是一项考查培训效果的最重要的指标。

(4) 成果。即测定培训对企业经营成果具有何种具体而直接的贡献。这项指标可以用统计方法、成本效益分析法来测量。

第五节 中小企业绩效与薪酬

中小企业的绩效考核与薪酬管理是事关企业生存与发展的关键，中小企业应根据自身所具备的优势条件与相对的灵活性，设计出符合实际需求，并带有战略前瞻性的绩效考核标准和薪酬制度。

一、中小企业人员的绩效考核

绩效考核，就是企业根据员工的职务说明或者根据特定的考核指标体系，对员工工作业绩进行的考察与评估。

(一) 绩效考核的基本要求

(1) 作为晋升、解聘和调整岗位与职位的依据，应着重在能力和能力发挥、工作表现上进行考核。

(2) 作为确定工资、奖励的依据,应着重在工作业绩考核上。

(3) 作为潜能开发和教育培训的依据,应着重在工作能力和能力适应程度上进行考核。

(4) 作为调整人事政策、激励措施的依据,业绩考核应能够促进上下级的沟通。

(5) 考核结果能够为企业生产经营以及管理部门在制定工作计划和进行决策提供参考。

(二) 绩效考核的原则

要做好工作绩效考核,明确其考核要求是非是很重要的,因为它直接关系到考核结果的质量。

1. 客观性原则

指标的确定必须能准确地反映客观,不仅需要有定性指标,更需要有定量的指标,以便如实地反映被考核人工作绩效的真实状况。

2. 完整性原则

由于工作内容的多样性,考核必须兼顾构成职位要求各方面的工作内容,防止主观臆断和片面性。同时,必须注意与履行与职位要求无关的情况不宜纳入考核范围,如个人生活习惯、个人兴趣爱好等。

3. 可行性原则

考核需要通过具体的方法来实施。方法的选择必须要注意可行性和考核结果的精确性。因此,考核的内容和指标尽可能是可以定量测定的,以便于实际操作。

4. 适当性原则

对不同人员考核的时间不可能整齐划一,时间安排要适当,并预先有所规定。绩效考核根据时间可以分为定期考核与不定期考核。定期考核可以是每周、旬、月度、季度、半年、年度。基层人员的考核周期相对可以短一些、考核次数可以频繁一些;中高层人员的考核周期相对可以长一些,有的甚至可以是3~4年。

5. 反馈性原则

考核的目的是为了推进工作,提高被考核人的工作质量和工作效率。及时向被考核人反馈考核结果,既有利于被考核人工作的及时改进,也有利于被考核人自身素质的提高。

6. 民主性原则

民主是实现客观公正的必要条件。在考核工作进行的全过程中,要多听取群众意见,及时改进工作,在条件许可的情况下,应当吸收群众代表参加工作,并要充分保障并尊重被考核人的解释和申诉权。

(三)绩效考核的形式

1. 上级考核

上级考核有两种形式,一种是由直接上级对其部下进行全面的考核和评价。这种形式的缺点是:上下级日常接触频繁,在考核时可能会掺杂个人感情色彩。这种形式的考核一般用于一线工人。上级考核的另一种形式是由间接上级越级对下级部门进行全面的考核与评价。

2. 同事评议

同级或同岗位的员工之间相互考核与评价。在这个过程中,必须保证同事之间的关系是融洽的。一般用于专业性组织和中层人员的考核。

3. 自我鉴定

员工对自己进行评价。这种方式的优点是抵触情绪少,但往往不客观,会出现自夸的现象。

4. 下级评议

下级员工或部门对上级领导或部门进行评价。这种形式的弊端是:下级怕被穿小鞋,所以在评价时往往是好话一大堆,缺点一语带过;上级怕失去威信,在工作中充当老好人。

5. 外部评议

外部评议有两种形式,一种是聘请外部的绩效专家或顾问进行评议。聘请外部的专家和顾问这种形式一般较为公允,可以避开人际矛盾,给出的结论一般也较为客观,但缺点是成本较高,而且专家或顾问不一定了解企业内某些职位和岗位的具体情况,也可能对某些工作不内行,中小企业一般不宜采用这种形式。中小企业采用外部评议的方法时,通常是听取外协单位、供应商、中间商、消费者或传媒对于与其有业务关系的部门和员工进行工作评价。

6. 现场考核

企业专门召开考评会议对有关人员进行现场答辩和考评,或者通过相对正式的人事测评程序和方法对候选人进行考评。

(四) 绩效考核的方法

适合中小企业绩效考核的方法主要有:

1. 查询记录。对生产记录、员工工作记录、档案、文件、出勤情况作整理与统计。

2. 定期考核。根据情况进行每周、月、季度、半年、年度的定期考核,以此为基础积累考核资料。

3. 书面报告。部门、个人总结报告或其他专案报告。

4. 考核表。设计单项考核主题或综合性的表格,为了方便应用,可以使用多项选择、评语、图表、标度或评分标准。

5. 重大事件法。为每一个员工或部门员工建立考核日记,专门记录其重要的工作事件,包括好的与坏的事件。

6. 比较排序法。通过在考评群体中对考评对象两两相互比较,优中选劣或劣中选优,逐步将员工从优到劣排序。

(五) 绩效考核结果的反馈

1. 反馈的方式

绩效考核的结果应与被考核人见面。具体方式有:

(1) 通知和说服法。主管要如实地将绩效考核的结果告诉被考核人,肯定其优点,提出需要改进的缺点。

(2) 通知和倾听法。主管要如实地将绩效考核的结果(优缺点)告诉被考核人,然后倾听对方的意见,相互讨论。

(3) 解决问题法。主管一般不将考核结果告诉被考核人,而是帮助其自我评价,重点放在寻找解决问题的途径上,协商出有针对性的改进计划,并激励、督促其执行。

2. 反馈的要求

(1) 策略性。反馈应该针对不同人员的情况,采取不同的策略,比如:对考核优秀的下级继续鼓励下级的上进心,并为其参谋规划,不必对其许愿诱惑;对考核差的下级要帮助其具体分析差距,找出原因并帮助其制定改进的措施,切忌不问青红皂白,兴师问罪;对连续绩效差、没有明显进步的下级要开诚布公,让其意识到自己的不足并揭示其是否需要换岗;对老资格的下级要特别尊重,不要使其自尊心受到伤害,要充分肯定其过去的贡献,表示理解其对未来出路或退休的焦虑,为他多出主意;对雄心勃勃的下级不要泼冷水,打击其上进的积极性,要耐心开导,阐明企业的奖惩政策,用事实说明愿望与现实的差距,激励其更加努力。

(2)艺术性。要讲究反馈的艺术。反馈的艺术体现在:反馈应该是描述性的而不是判断或评价性的;反馈应强调具体行为而不是一般化的;不要带有威胁性地教训下级;保持双向沟通,不能上级单方面说了算;要把握反馈的时机;要使消极的反馈指向接受者可以控制的行为;要创造轻松、融洽的谈话氛围。

二、中小企业薪酬管理

薪酬,是企业必须付出的人力成本,也是吸引和留住优秀人才的手段。通俗地讲,薪酬就是企业付给员工的劳动报酬。

薪酬制度的设计与管理是人力资源管理中矛盾最多、难度最大的一项工作。从经济学的角度来看,薪酬既是员工在企业中投入劳动的报酬,也是企业的成本支出;从心理学的角度来看,薪酬是激励企业中个体行为的主要手段。

(一)薪酬的构成

薪酬可以分为内在报酬和外在报酬两种。内在报酬是心理和社会性因素,如安全感、成就感、满足感、公平感、自我实现感、尊重感等等,都是由工作和职位的报酬所带来的心理感受。内在报酬是看不见、摸不着的,但是它所起的作用或许会比金钱还重要。外在报酬是确实给人带来实惠的物质因素,如工资、奖金和福利待遇等。

(二)薪酬的设计

合理、具有吸引力的薪酬制度是激发员工的积极性,促使员工完成企业目标,提高企业效益的基石。同时,也能够在激烈的人才市场竞争

中拔得头筹,赢得竞争优势。中小企业的薪酬设计要充分考虑以下因素:

1. 外部因素

(1) 劳动力成本。考虑企业效益与生产效率、支付能力、劳动力成本在总成本中所占的比重。

(2) 市场中的竞争力。包括劳动力市场的供求状况、如何吸引新员工、稳定技术骨干和管理骨干、企业内部劳动力的可替代程度如何,等等。

(3) 产品市场风险共担。包括对企业的产品需求转化为劳动力需求,不稳定的市场与产品意味着不稳定的劳动需求,对企业要在改变雇佣条件和改变报酬之间选择,对个人职业的非稳定性补偿等。

(4) 劳动立法。包括企业与员工劳动合同关系、同工同酬、童工限制、最低工资、社会保障立法等。

(5) 劳工关系。包括工会、集体谈判等。

2. 内部因素

(1) 工作与能力。包括工作价值评价和工作能力评价。薪酬中基本工资的主要依据是工作本身的价值,也就是员工对企业做出贡献的核心要素,薪酬的水平与结构确定的依据是工作的价值。薪酬的内在依据主要是员工自身能力的大小,基本工资报酬的确定以能力作为基础,它的假设条件是:员工的能力越强,对企业的贡献越大。

(2) 绩效与资历。包括绩效因素与资历因素。绩效因素:在确定员工薪酬时,主要考虑员工的工作绩效,根据其绩效成果量来决定薪酬的高低。资历因素:根据实际情况的需要,薪酬的确定主要依据员工的年龄、工作经验等。它的假设条件是:员工的业务能力与技术熟练程度提高与其年龄的增长成正比,同时也是对员工过去劳动的补偿。

(3) 个体与群体绩效。目前很多中小企业都是"集体作战",形成绩效小团体。在确定员工薪酬水平时需要考虑个体的贡献、群体的绩效以及两者之间的关系,同时需要平衡各部门业绩与企业整体业绩之间的关系。

（三）薪酬的类型

企业支付给员工的报酬主要包括两部分：第一部分是以货币形式直接支付给员工的报酬，比如工资；第二部分是以非货币形式支付给员工的报酬，如各种保险、带薪休假等福利。

1. 工资

工资是员工报酬的主要组成部分，它由基本工资、奖励工资和津贴构成。

（1）基本工资。基本工资是指按照工资等级标准支付并且在一定时间内固定不变的工资。基本工资在一定时期内是相对稳定的，只要员工在企业就业，并完成企业规定的工作定额，就能获得基本工资。基本工资的计量形式有：计时工资和计件工资。

① 计时工资。就是按照员工的实际有效工作时间而支付的工资。一般来讲，计时工资比较适用于自动化、机械化程度较高，产品数量取决于机械设备的性能，劳动成果难以用数量衡量，生产经营需要以集体劳动的形式进行的企业和工种。

② 计件工资。就是按照员工的实际劳动成果的数量来计发的工资。一般来讲，计件工资比较适用于自动化、机械化程度较低，主要依靠体力劳动和手工操作进行生产的企业和工种。

（2）奖励工资。奖励工资是根据员工的工作努力程度和工作绩效大小而决定的劳动报酬。由于基本工资在一定时期内固定不变，难以及时反映员工的实际工作努力程度以及工作绩效的变化，因此需要以奖励工资来补充基本工资，对员工的突出表现和超额贡献进行回报。奖励工资的形式较多，常见的有：奖金、利润分成、销售提成等。

① 奖金。它是一种提供超额劳动后所得到的报酬。奖金的适用范围很广，既适用于管理人员，也适用于生产工人。在大部分企业中，员工的奖金是与企业或部门的绩效挂钩的。

② 利润分成。利润分成是根据企业利润支付的报酬，它既可以是现金，也可以是股权。现金属于短期奖励工资，股权属于长期奖励工资。

③ 销售提成。它是根据销售收入的某个比例来决定奖励工资的

多少。比较适用于销售、证券、服务等工种和行业。

(3) 津贴。津贴是指为了补偿员工额外或特殊劳动消耗和为了保证员工的工资水平不受特殊条件影响而支付的报酬。它也是用于补充基本工资的一种辅助工资。

基本工资、奖金和津贴之间没有固定模式的比例关系，中小企业一般根据实际情况加以运用。

2. 福利

福利制度包括的主要内容有：

(1) 国家法律规定的劳动保险福利。这部分内容主要有：医疗保险待遇、养老保险待遇、工作保险待遇、生育保险待遇和失业保险待遇。

(2) 带薪休假。这部分内容主要有：法定的各种节假日、组织规定的年度休假、病假或事假以及工间休息等。

(3) 员工个人发展福利。这部分内容主要有：与员工个人发展有关的一些福利项目。如企业对员工的职业生涯设计指导、员工培训计划、晋升计划、继续教育计划甚至出国考察和深造等。

(四) 薪酬制度的类型

薪酬制度也称工资制度，是指与工资决定和工资分配相关的一系列原则、标准和方法。在现代工资制度的发展中，比较典型和常用的有岗位工资制、技能工资制、结构工资制、绩效工资制等工资制度类型。

1. 岗位工资制

岗位工资制是指按照不同岗位或职务的特点确定工资标准，并根据全年共完成岗位职责的情况支付报酬的工资制度。在这项工资制度中，岗位主要是针对一般工人，职位则是针对管理人员和专业技术人员。

(1) 岗位工资制的要求。工资分配遵循"对岗不对人"的原则。岗位差别决定工资差别。强调一岗一薪，同岗同薪，以岗级差别体现劳动差别，拉开岗位之间的工资分配差距。

(2) 岗位工资制的优劣。岗位工资的优点是工资分配较合理地体现了员工之间的劳动差别；有利于合理配置人力资源；能有效调动专业工龄短、生产技术一线岗位工人的劳动积极性；工资分配简便易行，透明度高，有利于统一管理。岗位工资制的缺点是不易反映同岗位或职务内部员工能力及劳动效果上的差别,不利于充分发挥员工特别是能力强的员工的积极性。所以,岗位工资制适用于生产专业化、自动化程度较高的生产流水线,以及分工细、同一岗位技能要求差别不大的企业和工种。

2. 技能工资制

技能工资制是指根据不同岗位或职务对劳动技能的不同要求和员工实际掌握的劳动技能水平而支付报酬的一种工资制度。技能工资制比较适用于技术要求高,劳动效果主要取决于劳动技能高低,需要灵活适用劳动力,劳动采取团队合作方式的企业和工种。

3. 结构工资制

结构工资制是指由若干个工资部分或工资单元组合而成的一种工资制度。

(1) 结构工资制的要求。在运用结构工资制时应注意:

① 工资由若干个工资部分或工资单元组成。最常见的工资部分有:基础工资、岗位(职务)工资、技能(职能)工资、工龄工资、奖励工资等。

② 通过复合的劳动衡量尺度考评每一个员工的劳动差别,并确定其相应的劳动报酬。

③ 各工资部分或工资单元之间的比例关系没有固定的模式,中小企业可以根据实际情况选择不同的工资单元数以及不同工资单元之间的比例关系。

(2) 结构工资制的特点。结构工资制兼容了岗位工资、技能工资、绩效工资、基础工资等不同工资的长处,有助于将员工报酬与其从事的岗位、实际技能水平以及实际劳动贡献全面联系起来;结构工资制具有较灵活的调节作用,有利于合理安排各类员工的工资关系,调动各方面员工的劳动积极性。因此,结构工资制的适用范围比较广泛,既适用于管理职务、技术职务,又适用于事务职务、技能职务;既适用于自动化、专业化程度较高的企业和工种,又适用于技术程度不高、分工不细的企业和工种。

4. 绩效工资制

绩效工资制是根据员工的实际劳动成果或工作绩效来决定劳动报

酬的一种工资制度。绩效工资制的优点是员工工资与绩效直接挂钩，能调动员工特别是优良员工的劳动积极性；由于工资成本随销售额、利润等指标的变动而变动，因此能防止工资成本过于膨胀；直观透明，简便易行，开发成本和执行成本均较低。绩效工资制的缺点表现在会导致员工过分注重短期绩效而忽视长期绩效；容易导致员工之间的收入差距过大，影响员工之间的和睦关系；会导致员工忽视售后服务等非销售任务；员工收入的稳定性差。

5. 职工持股制

职工持股，是指企业内部职工通过一定的法定程序，有条件地拥有企业股份的企业制度。我国目前推行的职工持股制度是与我国经济社会转型这个大背景相联系的，具体地说是与企业产权制度改革相联系，是指在企业实行股份制和股份合作制改造的过程中，按照一定的法定程序，通过有偿认购和无偿配送等方式，使职工在符合一定条件约束下拥有本企业股份，成为本企业股东的企业制度。

内部职工持股，是指企业内部职工个人出资认购本企业的部分股份，并委托企业职工持股会进行集中管理的一种新型的产权形式。

股权的构成，是职工持股必须首先解决的问题，也是职工持股最重要的问题。目前按我国企业持股主体的不同，可以将股权分为四种类型：

(1) 自然人股。是企业大股东所持的股份，持股人一般为企业的管理层人员。

(2) 职工持股会。可以工会为基础，代表小股东行使表决权。

(3) 集体股。包括没收的股权、赔偿的股权等。

(4) 其他投资人股(法人股)。主要是企业外部的股份，如果企业尚未发行股票，它具有私募的性质。

上述四种类型中，自然人股、职工持股会、集体股都属于企业内部的股份。其他投资人股属于企业外部的股份。中小企业可以根据自身的实际情况采取不同的股权形式。一般情况下，中小企业不通过发行股票来筹集资金。

第七章　中小企业的财务管理

学习目标

完成本章学习以后,你应该能够:
- 了解中小企业投资管理的程序
- 掌握中小企业项目投资可行性分析的步骤和主要内容
- 了解用净现值和内部报酬率评价项目可行性的方法
- 了解中小企业融资需求的类别和融资困难的原因
- 熟悉中小企业融资需求预测的定性和定量分析的方法
- 掌握中小企业融资渠道和方式的选择
- 理解确定中小企业资金结构时应考虑的因素
- 理解中小企业流动资产的构成和特点
- 熟悉和掌握现金流、存货以及应收账款管理等流动资产管理的方法
- 理解税收筹划的概念和特征
- 了解中小企业税收筹划常用的方法

企业的财务管理是组织企业活动和处理财务关系的一项重要经济管理工作。企业投入生产经营活动中的各种资源,绝大部分要支付费用和成本,如何使投入的成本获得最大收益,同时避免各种风险损失,都取决于管理者财务管理水平的高低。对中小企业而言,财务管理的主要任务除了筹资管理和投资管理之外,重点要做好流动资产的管理工作,在守法的基础上,进行税收筹划,合理节税。

第一节　中小企业投资管理

投资管理是企业财务管理的重要内容,对于中小企业而言,由于本身的资金有限,如果投资决策失误,不仅会对企业造成经济损失,而且还可能危及企业的生存和发展。进行投资项目的可行性评价是保证投资决策科学性的基础工作。

一、中小企业投资管理的程序

投资项目的决策是对投资项目进行信息收集、分析和评价、决定、规划和监督与反馈的过程。决策过程的各环节,共同形成企业投资项目决策的保证体系。

(一)信息的收集和分析

项目决策的信息收集和分析系统是指全面、客观、真实地收集项目决策所需的信息。通过适当的信息整理加工和分析,使企业投资项目的决策有可靠的基础。

对中小企业来说,不仅应注重收集投资项目所处的宏观环境方面的信息,如社会发展水平、经济形势、技术动态以及环境保护等;更重要的是要收集投资项目市场环境的信息,主要包括市场供求和市场竞争方面的信息。

(二)投资项目的可行性研究

项目的可行性研究是指在投资项目决策前,在收集和分析与投资项目有关信息的基础上,对项目建成后的社会、经济以及生态效益进行科学的预测和评价,提供可靠、可行的建议方案,进而为投资项目决策提供依据的活动过程。

(三)投资项目的决策

投资项目决策是指在项目可行性研究的基础上,从若干个建议方案中选择一个最为可行的方案的过程。在进行投资项目决策时应注意:

(1)坚持效益原则。中小企业的决策者在项目决策时既要重视项目的盈利性,保证投资利润的最大化,同时又要从社会发展和宏观经济的角度考虑,使所决定的投资项目符合社会效益和生态效益的原则。

(2) 提高决策效率。面对复杂多变的市场环境,及时把握市场机会对中小企业来说是至关重要的。这就要求中小企业的决策者对所选准的项目,要尽可能地缩短从决定到投产的间隔时间,以避免错过市场机会,生产出淘汰或即将淘汰的产品,提高决策效率。

(四) 项目决策的规划

投资项目的规划,既要着眼于当前市场,又要考虑产品及企业的未来发展,同时,还要考虑到向相关项目转变的可能性,以提高所投资项目在市场上的适应能力。

(五) 项目决策的监督和反馈

由于诸多不确定因素的影响和主客观条件的变化,一个正确的决策在执行过程中,往往也会出现偏差。因此,在投资项目实施的过程中,应适时地进行监督和反馈,及时采取相应措施予以解决,把损失和误差降低到最低程度,保证投资活动向预定的目标运行。

二、投资项目的可行性研究

投资项目的可行性研究是指在项目决策之前,在深入细致的调研和科学预测的基础上,通过分析判断投资项目在技术上的先进性和适用性,经济上的合理性,建设上的可能性和可行性,进而为投资决策者提供科学依据的一种论证方法。科学的、客观的可行性研究是预防投资失误的重要措施。

(一) 可行性研究的步骤

完整的可行性研究一般包括投资机会研究、初步可行性研究、详细可行性研究三个工作阶段。各阶段的目的、任务、要求和内容均不同,工作范围由宽到窄,内容由浅入深,工作量由小到大,投入的成本由少到多。

1. 投资机会研究

机会研究是对投资项目的初步设想和建议所作的概括性分析。机会研究的主要任务是寻找投资机会,选择投资方向,提出项目设想和项目建议,确定有无必要作进一步的详细研究,可行性研究所需时间大约为 1~3 个月,所需费用约占投资总额的 0.2%~1.25%。

投资机会研究阶段主要是利用现有资料及经验进行估计,而不是通过调查研究,收集更多的资料来进行详细分析。如投资额估算往往采用最简单的方法,套用类似企业单位能力的建设费用来估算;项目的销售前景、盈亏的可能性以及成本等方面的问题也是凭借经验和类比的方法,粗略地推算出来。如果投资机会研究的结果能引起投资者的兴趣,才会转入下一步初步可行性研究。

2. 初步可行性研究

初步可行性研究是在投资机会研究的基础上,对项目的可行性做出较详细的分析论证。对投资机会研究选出的项目进行筛选,将确实有发展前途的项目列入详细可行研究计划中,初步可行性研究所需的时间大致为 4~6 个月,所需费用约占投资总额的 0.25%~1.25%。

初步可行性研究的主要任务和目的:

(1) 在投资机会研究的基础上,进一步分析投资项目的条件和前途。

(2) 就项目中的关键问题,通过市场调查、现场考察、技术考察、模拟试验等方法进行分析与研究。

(3) 确定该项目是否需要进一步作详细的可行性研究。

3. 详细可行性研究

详细可行性研究是在初步可行性研究的基础上对初选项目进行全面细致的分析和论证,是最后阶段的调查研究。其工作任务是从技术、经济、环境等方面对初选项目进行综合和系统的分析,并进行多个备选方案的比较评价,最终为投资决策提供确切全面的依据和结论性意见。一般中小型项目的详细可行性研究所需的时间为 4~6 个月,所需费用约占投资总额的 1%~3%。

详细可行性研究的重点是实地调查,通过调查了解和掌握与投资项目有关的技术和经济状况,调查的重点是技术上的先进性和适用性、市场需求、市场机会等。

详细可行性研究的主要任务和目的:

(1) 提出可行性研究报告,对项目进行全面的评价。
(2) 为投资决策提供两个或几个可供选择的方案。
(3) 为下一步工程设计和施工提供基础资料和依据。

(二) 可行性研究的主要内容

可行性研究所调查研究的主要内容有以下几个方面。

1. 市场的调查研究

主要调查分析产品的国内市场(有些项目可能还要涉及国外市场)需求、供给以及市场竞争等方面的状况,从而判断产品的有效需求量。市场需求分析的主要任务是调查影响项目产品需求的因素及影响程度,进而确定项目产品的市场需求量。市场供给量包括实际供给量和潜在供给量、国内供给量和国外供给量。市场竞争分析的内容主要包括:竞争者的类别、数量、规模和地区分布;各主要竞争者的市场占有率;各主要竞争者采取的产品策略、价格策略、分销渠道、促销手段等。

2. 项目的经济评价

(1) 计算投资总成本。投资总成本是指从开始投资到投资全部收回全过程的费用。主要包括:① 实际投资额。即用于购买各种固定资产、流动资产等的投资额;② 资本成本。即由于投资所需筹集资本的费用,如利息和股息的支出、债券和股票的发行费用等;③ 其他费用。即从投资项目信息收集到全部收回成本期间,除上述费用外的与投资项目有关的合理支出。

(2) 进行项目投资经济效益综合评价。在评价项目投资的经济效益时,不仅要考虑项目为企业带来的利益,还应从社会效益的角度出发,考虑项目对整个社会以及生态系统产生的影响。

(3) 分析影响投资项目效益的不确定因素,预测投资风险。企业投资的项目可能会面临诸多不确定因素,从而产生投资风险。投资的风险性指投资可能遭受到的损失以及损失程度。构成投资风险的原因很多,主要有:① 政治风险。如战争、政策变化等;② 通货膨胀风险。如因通货膨胀使资产贬值等;③ 市场风险。如因购买力变动、供求和物价相对变化、市场转移等;④ 决策风险。如决策不准确,投资的时间选择不当等。可以使用盈亏平衡分析法、敏感性分析、概率分析法对投资项目的不确定性进行定量分析。

3. 原材料及供应的调查研究

列出所得原材料、燃料、配件等的数量、质量要求、供应渠道,分析供应的可靠程度,估算原材料成本等。

4. 厂址、布局的调查研究

分析生产经营对厂址的要求,合理生产布局对厂址选择的约束,如电力供应,运输方式对厂址的要求。

5. 项目技术设计的调查研究

分析项目所要采用的技术水平、技术获得方式、所需要的设备、工艺装备的技术水平以及技术的可靠性、成熟性和先进性等方面的内容。

三、项目投资可行性评价指标

项目投资可行性评价指标是指投资决策的经济评价指标,是通过分析与评价投资项目的经济效益,确定投资项目是否可取的标准。投资决策评价指标可分为非贴现指标与贴现指标两类。前者没有考虑资金的时间价值,计算较为简便,后者因考虑了资金的时间价值,计算较为复杂,但更为科学合理。本书主要介绍净现值、内部收益率两种贴现指标。

净现值和内部报酬率法都要用到现金流量的概念。现金流量是指投资项目所引起的在未来一定时期内所发生的现金流出量和现金流入量。现金流入量与现金流出量的差额称为净现金流量。现金流出量包括初始投资和项目投产后的付现成本和各项税收。现金流入量包括项目投产后的营业收入和资产的回收。现金流量的计算方法如下:

净现金流量=销售收入-付现成本-所得税

=销售收入-(生产成本+期间费用-折旧) 所得税

=税后利润+折旧

(一)净现值

净现值(NPV)是指将投资项目寿命周期内各年的净现金流量按一定的贴现率折算成的现值。所用的贴现率可以是资金成本,也可以是企业要求的最低报酬率。如果投资项目的净现值大于零,该方案可行;投资项目的净现值小于零,该方案不可行;投资项目的净现值等于零,则该方案本身的报酬率恰好等于贴现率。如果对多个互斥的投资项目进行选择,选取净现值最大的投资项目。净现值的计算公式为:

$$NPV = \sum_{t=1}^{n} \frac{C_t}{(1+i)^t} - C_0$$

式中:NPV——净现值;
C_0——初始投资;
t——计息周期(一般以年表示);
C_t——t 年的净现金流量;
i——贴现率。

(二) 内部报酬率

内部报酬率是净现值等于零时的贴现率,即项目本身的报酬率。内部报酬率计算公式如下:

$$\sum_{t=1}^{n} \frac{C_t}{(1+IRR)^t} - C_0 = 0$$

式中:IRR——内部报酬率。

采用内部报酬率决策的标准是:如果投资项目的内部报酬率大于企业所要求的报酬率,该项目可行;如果投资项目的内部报酬率低于企业所要求的报酬率,该项目不可行。如果有多个互斥的投资项目并存,选择内部报酬率最大的项目。

第二节　中小企业融资管理

资金是指用来为企业产生更多财富的一种财富形式,中小企业从事正常生产经营所需的资金类别可以按照不同的标准划分。按照资金最终是否需要偿还进行分类,中小企业的资金可分为权益资金(或自有资金)和债务资金。权益资金是以增加股本的方式筹措的资金;债务资金是中小企业借入并需要与利息一起归还的资金。权益资金的主要优点是不像债务资金那样,需定期支付利息,到期归还本金。按照用途分类,通常将企业所需的资金分为固定资金、流动资金两种基本类型。固定资金是指用来购置固定资产的资金。流动资金,也称为营运资金,是用来支持企业在短期内正常运营的资金。赊销、销售的季节性和需求的变化都会引起中小企业现金流的波动。

资金是企业的血液,资金缺乏的企业无法从事正常的生产经营活动。对中小企业而言更是如此,但资金的拥有量必须要有一个合理的界限,资金过剩会影响资金的使用效果。融资管理的主要任务就是在资金需求预测的基础上,通过各种渠道和方法筹集资金,实现中小企业资金结构的合理配比。

一、中小企业筹资困难的原因

中小企业面临的首要问题是生存,生存先于成功,要生存下来,就必须拥有一定量的资金。但在现实中,中小企业与大企业相比,融资相对比较困难。这主要因为银行的利息很高,中小企业难以承受,即使中小企业能够承担,但由于信誉等原因银行一般也只愿向大企业贷款。中小企业融资困难的具体原因表现为:

(1) 由于中小企业规模较小,破产率较高,市场风险大,资金不足,所以很难通过发行股票募集资金。

(2) 中小企业资金管理能力较差,所以不易采用规模大、技术复杂的融资方式,如期权融资等。

(3) 由于小企业经营风险大,生命周期短,缺乏自身信用支持,难以使用信用融资的方式。

(4) 从中小企业自身的角度看,向银行借钱的手续复杂,导致交易成本太高,也使其不愿向银行借款。

(5) 从银行角度看,向中小企业放贷运作费用较高。银行不仅要在放贷前收集企业的有关信息,经分析研究后才能决策。在放贷以后,银行还要监控企业是否按照合同办事。这势必增加银行开支,降低其盈利率。另外由于中小企业不能很好地执行正规的财会制度,难以按照银行规定提供担保或其他抵押资产等,也是导致银行不愿向中小企业贷款的原因。

二、中小企业资金需求的预测

不论通过什么渠道,采取什么方式筹集资金,中小企业在筹资前必须要正确地预测资金需要量,为融资提供定量依据,以克服融资的盲目性。只有使资金的筹集与需要量达到平衡,才能防止出现融资不足而影响生产经营或因融资过剩而降低融资效益。

资金需求量的预测方法有以下几种:

(一) 定性预测法

定性预测法主要是利用有关资料,依靠个人经验、主观分析和判断能力,对企业未来的资金需要量进行测定的方法。

预测过程是:

首先,由熟悉财务情况和生产经营情况的专家,根据以往所积累的经验,进行分析判断,提出初步的预测意见;

其次,通过召开座谈会或发出各种表格等形式,对预测的初步意见进行修正补充;

第三,通过多方论证,确定预测的资金需要量。

运用定性预测法预测资金需求量的优点是简单有效,一般是在企业缺乏完备、准确的历史资料的情况下采用。

定性预测法的缺点在于它不能揭示资金需要量与有关因素之间的数量关系。预测资金需要量应和企业生产经营规模相联系。生产规模扩大,销售数量增加,会引起资金需求量增加;反之,则会使资金需求量减少。因此,企业在历史、现状和未来数据资料比较完备、准确的情况下,应尽量采用各种定量预测法预测资金需要量。

(二) 定量预测法

定量预测法主要是利用历史、现状和未来的有关数据的基础上,运用数学模型对企业未来的资金需要量进行测定的方法。常用的定量预测方法有销售百分比预测法、资金习性法以及趋势预测法,以下重点介绍销售百分比预测法和资金习性法。

1. 销售百分比预测法

熟悉生产经营的管理者都了解这样一个规律：资金需要量应和企业生产经营规模相联系。生产规模扩大，销售收入增加，企业资金需求相应增加，生产规模缩小，销售收入减少，企业资金需求相应减少，资金与销售之间存在同增同减的比率关系。销售百分比预测法就是运用这种比率关系来预测资金需要量。

销售百分比法是指根据销售收入与资产负债表和损益表各项目之间的比例关系，预测资金需要量的方法。预测过程是：

(1) 从资产负债表中选出敏感性项目。所谓敏感性项目指在资产负债表中，随销售收入变动而变动的项目，包括敏感资产和敏感负债。如现金、应收账款、存货等敏感性资产以及短期借款、应付账款等敏感性负债。

(2) 计算企业资产负债表中敏感项目分别占销售收入的百分比，如现金销售百分比与应收账款销售百分比的计算公式如下，其余敏感性项目占销售收入的百分比的计算依此类推：

$$现金销售百分比 = \frac{现金}{当期销售收入} \times 100\%$$

$$应收账款销售百分比 = \frac{应收账款}{当期销售收入} \times 100\%$$

(3) 依据销售收入增加量计算敏感项目引起的资金需求变化量。

(4) 依据资金平衡原理确定企业资金需求总量。其中资金占用增量是敏感性资产引起的资金需求变化量；资金来源增量是敏感性负债引起的资金需求变化量。

$$企业资金需求总量 = 资金占用增量 - 资金来源增量$$

(5) 依据收益留存比率扣除内部融资，确定企业外部融资需要量。

内部融资量 = 预期销售收入 × 销售利润率 × 收益留存比率

外部融资需要量 = 企业资金需求总量 - 内部融资量

以上我们分析了中小企业资金需求预测的过程，由此可总结出一个计算预期外部融资需求的重要公式：

$$预期外部融资需求总量 = \frac{A}{S_1} \times \Delta S - \frac{B}{S_1} \times \Delta S - S_2 \times E \times R$$

式中：A——敏感性资产；

　　　B——敏感性负债；

　　　$\frac{A}{S_1}$——敏感资产销售百分比；

　　　$\frac{B}{S_1}$——敏感负债销售百分比；

　　　S_1——当期销售收入；

　　　S_2——预期销售收入；

　　　E——销售利润率；

　　　R——收益留存比率。

2. 资金习性法

所谓资金习性，是指资金的变动与产销量的变动之间的依存关系。按照资金同产销量之间的依存关系，可以把资金区分为不变资金、变动资金和半变动资金。

不变资金是指在一定的产销量范围内，不受产销量变动的影响而保持固定不变的那部分资金。主要包括：为维持营业而占用的最低的现金，原材料的保险储备，必要的成品储备，厂房、机器设备等固定资产占用的资金。

变动资金是指随产销量的变动而成同比例变动的那部分资金。它一般包括直接构成产品实体的原材料及外购件等占用的资金。另外，在最低储备以外的现金、存货、应收账款等也具有变动资金的性质。

半变动资金是指虽然受产销量变动的影响，但不成同比例变动的那部分资金，如一些辅助材料的占用的资金。半变动资金可采用一定的方法划分为不变资金和变动资金。

进行资金习性分析，把资金划分为不变资金和变动资金两部分，从数量上掌握资金同产销量之间的规律，对正确地预测资金需要量有很大的帮助。

资金习性法就是根据上述原理，预测资金需要量的方法。其数学模型为：

$$Y = a + bX$$

式中：Y——资金需要量；

a——不变资金；

b——单位产销量所需要的变动资金；

X——产销数量。

运用上式在已知 a，b 的条件下，即可求得一定产销量 X 所需占用的资金量。运用这种方法，可以直接预测资金占用总额，也可以先分若干资金占用项目预测，然后汇总测算出资金需求总额。

三、中小企业融资渠道和方式的选择

中小企业经营者寻求资金的渠道有两种，一是以增加股本的方式筹措权益资金；二是以举债方式筹措负债资金。

（一）权益资金的类型和来源

1. 个人积蓄

这是在创办企业时所需资金的首选来源，因为从自己口袋里取钱最节省时间，而且成本最低。

2. 亲戚朋友

由于与创业者的关系密切，亲戚、朋友更愿意投资，也比其他外来投资者更有耐心。然而，有时亲戚朋友不现实的期望值或误解也会破坏许多人之间的友谊和家庭内部的团结。为了避免这一风险，创业者必须开始时就如实讲清投资可能带来的机遇及必须承担的风险。这里应注意三点：一是投资者必须是自愿投资；二是严格按照商业惯例安排投资中有关事项，为了避免纠纷，不论亲友关系多么密切，贷款利率至少不得低于市场利率；三是尽可能做出具体安排。应对有关事项签订书面协议，内容包括：涉及金额多少，是否以现金投入？贷款如何偿还？如果企业倒闭，善后事项如何处理等问题。

3. 个人投资者

这些个人投资者往往是比较成功的企业主，在积累了一笔可观的家产后向其他企业投资。他们对企业的前景和风险有敏锐的判断能力，并能对投资企业提供技术和管理上的支持。

在与个人投资者打交道时,中小企业的管理者应注意以下各点:调查投资者及其过去的业绩;以意向书归纳投资的具体内容;做法简明易行;明确投资者的退出方式;避免胁迫潜在的投资者,不要勉为其难;自始至终都要真诚对待;提供各种供选择的投资方案;言之有信,遵守约定。

4. 合伙人

为了增强资金实力,创业者可以为拟议中的项目物色合伙人。合伙人有两类:普通合伙人和有限合伙人。普通合伙人对企业债务承担无限责任,有限合伙人仅以自己的投入资金对企业债务负有限责任。

5. 大公司

大公司也参与中小企业的融资,他们物色能提供新产品或者可以提高本企业效益的中小企业,然后进行投资。

6. 股票公开上市

由于我国二板市场的开放,中小企业在符合上市条件的情况下.可以将公司的股份在股票市场上公开销售给投资者,从而筹措所需的资金。

在决定公司股票上市前,中小企业的决策者应认真权衡上市的利弊得失。股票上市的有利因素有:有利于筹措大笔资金;有利于今后的融资;改善公司形象;可以吸引和留住关键员工;利用股票购进其他权益。

股票上市的不利因素有:弱化创业者的所有权;不利于保密;要定期向证券监管部门报告,接受监管;增加开支;容易失控。

7. 风险投资公司

专门研究高技术中小企业的英国学者奥基对风险资本投资的定义是:将资金投向蕴藏着失败危险的高技术及其产品的研究开发领域,旨在促进新技术成果尽快商品化,以取得高资本收益的一种投资行为。总之,风险资本是高风险、高盈利的新建项目或高盈利企业融资的重要方式。

风险资本的主要用途是:为科研成果商业化而创办的新企业融资;为现有企业的扩张和改造融资;为购买企业,尤其是为购买高增长创新型企业融资。

风险资本投资有三个特征：一是风险资本家通过直接购买权益，或通过保证书、购买权获得可转换证券等方式获得到企业参股的机会；二是风险资本投资具有长期性，从投资到实现利润回收，一般需要5～10年；三是风险资本家一般要参与或指导企业的经营。

（二）债务资金的类别和来源

债务资金是中小企业借入并需要与利息一起归还的资金。债务资金的各种来源及其不同特征：

1. 商业银行

商业银行是金融市场的核心，商业银行也是中小企业融资的首选对象。银行向中小企业发放的主要是短期贷款，有时也会给予某些中长期贷款。他们关心担保是否有充分保证，企业过去的经营业绩如何，从统计资料分析企业的未来发展潜力。他们也关注企业的销售前景是否稳定，产品或服务是否能获得足够的现金以偿还债务。

(1) 短期贷款。一年以内的短期贷款是中小企业常用的商业贷款。这些资金用于补充流动资金账户以采购更多存货、扩大生产、向客户赊销或得到付现折扣优惠。当存货和应收货款转化为现金时偿还贷款。短期贷款有以下几类：商业贷款、信贷限额和抵押贷款。

(2) 中长期贷款。中长期贷款的偿还期限可延长至1年或以上，一般用于增加固定资金或发展资金。商业银行为创建企业、建造厂房、购买不动产和设备及其他长期投资提供中长期贷款，企业通常按月或按季归还贷款。中长期贷款基本上可分三类：无担保定期贷款，分期偿还贷款，分期付款的贴现信贷。

2. 以资产为担保的出借人

这是一些小型商业银行、商业金融公司或专业的出借人，他们向中小企业发放贷款时要求将财产作为担保。当尚未盈利的中小企业难以得到银行贷款时，可设法得到这种以资产为担保的贷款。

以资产为担保的融资，主要有应收账款的贴现融资、存货融资和信用融资等。

(1) 应收账款贴现融资是担保信贷的最常用的方式。在这种融资方式中，中小企业以应收账款为担保。作为回报，银行根据应收账款的金额，预先向企业放贷。然而，贷款金额并不等于应收账款金额。中小企业一般能借到应收账款55%～80%的贷款。

当企业从客户收到应收账款后，即将其转给银行。银行在扣除一定比例还贷后，将余款转入企业账户。如果无法收回的账款过多，则由企业补齐。应收账款融资的利率比无担保贷款的利率高。以应收账款作为担保时，不再需要补偿性存款。

(2) 存货融资。采用存货融资时，中小企业以原材料、在制品和制成品作为获得贷款的担保物。如果企业违约，银行可出售存货，以其收入偿还贷款。在大多数情况下，由于存货是不容易流动或变现的资产，银行只能给予中小企业存货价值50%以下的贷款。

(3) 信用融资。信用融资主要表现为应付货款和预收货款，由于贸易信贷快捷灵活，是许多中小企业融资的重要来源。卖方和供应商通常愿意以无息、信用期为30～90天的条件为中小企业提供融资机会。

此外还可以通过发行债券、保险单贷款等方式获得债务资金。

(三) 中小企业不同生命周期筹资方式的组合

从中小企业发展的生命周期看，不同阶段所需资金有不同特点，因此需要从不同渠道筹措不同形式的资金。

1. 创办阶段

该阶段需要权益(自有)资金，或称股金，一般来自个人投资者和风险资金；也需从商业银行以举债的方式筹措少量资金。

2. 运营阶段

该阶段主要从商业银行及其他渠道获得流动资金的贷款；有时仍要从个人投资者、风险资金和中小企业投资公司等方面增加权益资金。

3. 发展阶段

该阶段外部融资是关键，主要从商业银行及各种中小企业投资公司、社区开发公司获得债务资金；也会从前述渠道筹措权益资金。

4. 成熟阶段

该阶段主要以大公司参股、雇员认股、股票公开上市等方式以及从投资公司、商业银行筹集发展改造所需权益资金。

四、中小企业资金结构的确定

企业不可能完全使用自有资金来满足自身的资金需要,因此,要用一定的债务资金与之相配比,以满足企业对资金的需要。这种自有资金与债务资金的比例关系以及自有资金和债务资金内部的比例关系称为资金结构。中小企业在确定资金结构时,应着重考虑以下几方面的因素。

(一)降低融资成本

企业筹集资金的渠道和方式多种多样,不同筹资渠道和方式的筹资难易程度、资金成本和筹资风险各不相同,为此就要选择经济方便的资金来源。而各种筹资渠道和方式往往各有利弊,有的资金获得比较方便,有的资金成本较低,有的资金供应比较稳定,有的筹资风险较小等。要综合考虑各种筹资渠道和筹资方式,研究各种资金来源的构成,使筹资方式实现最优组合,以便降低资金的综合成本。

由于融资成本的计算要涉及到很多种因素,下面给出一般情况下各种主要融资方式融资成本从低到高的顺序,供中小企业在进行融资决策时参考:

信用融资＜内部融资＜银行融资＜债券融资＜股票融资

需要说明的是:这仅是不同融资方式在融资成本上的大致顺序,这一顺序不是固定不变的,应具体问题具体分析。

(二)借债要适度

所谓借债的适度原则,主要包括以下三个方面。

(1)借债时机要合适。做到所筹措的资金能够满足新增生产能力及商品购销对资金的需要。

(2)借债的数量要恰当。借债数额应以弥补企业对资金需求的实际不足为前提,借债不足,会影响生产的正常进行;借债过度,会造成资金闲置、浪费,这两种倾向都会给企业带来损失。

(3)企业应合理安排长期债务与短期债务的期限结构与利率结

构。所谓期限结构,就是根据不同的资金投放对象对资金需求时间的限制来合理筹措不同还款期的资金。所谓利率结构,就是根据不同资金的需求以使长期资金与短期资金的借款利率总额达到最低。

(三) 重视债务资金的利用效率

对于借入资金的使用应掌握以下三条基本原则。

(1) 优先将所筹的资金用于生产和流通项目上。

(2) 将借入资金优先应用于经济效益好的项目上。这就需要对不同项目的现金流量进行预测,以确保所投资金的项目有较高的投入产出比,保证到期还本付息,并能为企业创造剩余收益。

(3) 应将债务资金用于资金周转快的项目上。如果将资金用于弥补滞销积压商品所造成的资金短缺,就可能引起债务资金陷入恶性循环。

第三节 中小企业流动资产管理

流动资产是企业资产的重要组成部分,流动资产的价值形态是流动资金。许多中小企业面临资金短缺的困境,其本质是缺乏流动资金。如何加强流动资产的管理、减少流动资金损失、加速流动资产周转是流动资产管理的中心。

一、流动资产的构成和流动资金周期

流动资产是指可以在 1 年以内或超过 1 年的一个经营周期变现或运用的资产,具有变现快、周转快、形态多样性等特点。企业拥有较多的流动资产,可在一定程度上降低财务风险,但拥有过多的流动资产会降低资产的收益率。

(一) 流动资产的构成

流动资产包括以下四种。

1. 货币资金

货币资金主要包括库存现金和银行活期存款,货币资金是流动资产中流动性最强的资产,可直接支取使用,也可以立即投入流通。拥有

大量货币资金的企业具有较强的偿债能力和承担风险的能力,但由于货币资金是非盈利或低盈利的资产,故企业不应保留过多的货币资金。

2. 应收及预付款项

应收及预付款项是指企业在生产经营过程中所形成的应收而未收的或预先支付的款项,属于企业债权类资产,主要包括应收账款、应收票据、其他应收款、预付货款和待摊费用等。在商品经济条件下,为了加强市场竞争能力,企业拥有一定数量的应收及预付款项是不可避免的,企业应加速应收账款的回收,以减少坏账损失。

3. 存货

存货是指企业在生产经营过程中为销售或者耗用而储存的各种资产,包括产成品、半成品、在产品、原材料、辅助材料、低值易耗品、包装物等。存货在流动资产中占的比重较大。加强存货的管理与控制,使存货保持在最优水平上,是中小企业财务管理的一项重要内容。

4. 短期投资

短期投资是指各种准备随时变现的有价证券以及不超过1年的其他投资,其中主要是指有价证券投资。所谓有价证券是指可以定期给持有人带来一定的收益,并且可以像商品一样买卖的证券,如股票、债券等。企业进行有价证券投资,一方面能带来较好的收益;另一方面又能增强企业资产的流动性,降低企业的风险。因此,适当持有有价证券是一种较好的财务策略。

(二) 流动资金周期

流动资产的管理的效果可以通过流动资金周期反映。流动资金周期也被称为现金周期,它是指公司支付给原材料或其他供应商的付款日与销货后最后收回货款的货款日之间的平均期限。这只是一个近似值,但从长远的角度看,它可以向管理者提供资金管理状况的有用信息。

$$现金周期 = \frac{平\quad 均}{库存周期} + \frac{平均应收}{账款回收期} - \frac{平均应付款}{付\quad 款\quad 期}$$

由此可见,要加强中小企业的流动资金管理,缩短现金周期,必须从存货管理、应收账款以及应付账款等方面着手进行控制。

二、现金流管理与现金收支预算管理

流动资产管理的核心是监测现金流,可以利用企业的银行存款账户简单测定企业的净现金流,用每月现金存款减去当月所开出的支票就等于企业的净现金流。在一个正常经营的企业中,现金会持续不断地流动。当客户为产品或服务付款时,现金流进企业;而当企业向供应者付款时,现金流出企业。现金流进和流出呈现出显著的不均衡性,使得正确了解并调节现金流成为企业经营之必需。

在计算净现金流时,必须把销售收入和现金收入两者区分开来,收入是销售完成时的记录,现金收入是一笔现金实实在在地流进企业时的记录,它常常发生在销售完成后的一两个月之后。销售收入和现金收入两者相等的可能性很小,除非销售是以现金销售的方式完成。同样,也必须把费用和现金支付这两者区分开来,费用发生在企业使用原料、劳动力或其他项目之时,而这些费用的现金支付可能是以后的事情。

加强现金收支管理,有利于克服资金短缺给企业带来的困难,提高资金运用效果,降低资金成本,保证企业正常运转。如何加强现金流的管理?实践证明,严格的现金收支预算管理是行之有效的方法,现金收支预算可以按月进行。

(一) 现金收支预算管理的基本程序

1. 编制现金收入预算

根据销售计划或销售预测,财务部门应会同销售部门,确定每月的收款数量,编制现金收入预算。对销售部门而言,不仅要求其完成销售收入目标,还必须做到货款的及时回收。通过编制现金收入预算,将销售回款额和应收账款的回收额明确地落实到销售部门及其销售人员身上。

2. 编制现金支出预算

企业各部门在制定生产经营计划和工作计划的基础上,编制出现金支出预算,报财务部门。在编制支出预算时,各部门必须按有关的标准和定额逐项核算编制,要具体说明各项现金支出的原因和数额。凡

是执行过程中无法控制的支出预算,财务部门可以要求其重新编制。重点应估计下述现金支付项目的数量和时间:

(1) 购买存货的现金支付;

(2) 租金、工资、税收和长期贷款利息的现金支付;

(3) 需要支付的用于清偿的短期借款及利息的现金。

3. 编制现金收支平衡预算方案

预算的重要原则是量入为出,现金收入预算和现金支出预算是现金收支平衡预算的基础。用现金收入减去现金支出,得到当月的现金剩余。用当月的剩余加上该月初的现金,计算出该月的净现金剩余。如果净现金剩余为正,表明企业有闲置的资金,就应该进行投资。当产生预算外的多余资金时,同样也应该用它们做一些适当的短期投资以获取投资收益。如果当月净现金剩余为负,需要增加短期借款补偿,这时则需计算短期借款的借款数量以及累计短期借款数量,该数量决定了下个月应付的利息数量。

最后由财务部牵头进行收支的综合平衡,各有关部门负责人共同参加,形成全公司完整的现金收支预算方案。

4. 审批现金收支预算方案

现金收支预算方案要经厂长、经理办公会(或预算委员会)讨论通过,交由财务部门执行监控。在股份公司中,年度现金收支预算还需要经过董事会讨论通过。预算讨论通过的目的有两个:一是可以进一步综合平衡,使预算更具可操作性;二是通过审核,赋予预算以法律效力。预算的法律效力表现为,预算一旦讨论通过,任何人不得随意修改,其中包括厂长经理。但在现实中,一些企业所有的现金支出都要由厂长经理"一支笔"签字,带有很大的主观随意性,这种做法与科学的预算管理方法是不相容的,往往会导致现金收支预算管理难以贯彻执行。

5. 执行现金收支预算

预算通过后,主要由财务部门负责控制执行。各部门如要发生现金支出,必须由部门负责人签字后方能生效。对没有列入预算支出的项目,财务部门有权拒绝开支,厂长经理也不能轻易签字批准。

6. 检查考核现金收支预算

计划期内应对预算执行情况进行检查考核,各部门要在分析预算执行情况的基础上,写出分析报告,对超预算开支的问题,在查清原因的基础上,追究当事者的责任。

(二) 现金收支预算的基本原则

1. 费用细化原则

现金收支预算要精打细算,要对费用支出的项目进行细分,按规定的标准和定额,逐项核算,并写出支出原因,只有具体细致的预算才能真正发挥预算的控制作用。

2. 收支分开原则

企业各部门各单位的现金收入都要收回到财务部门,任何单位不得截留现金收入。各部门各单位的现金支出均由财务部按照预算额度划拨,从而有效地控制现金的收支。

3. 硬预算原则

经过批准的现金收支预算具有法律效力,任何人不得随意修改。公司的全部现金收支都要纳入预算控制的范围之内,各部门预算内的开支由部门负责人签字生效,无需再经厂长、经理签字。超预算的意外性支出和资本性支出还需要厂长、经理签字方能生效。对未列入预算的项目,财务部门有权拒绝开支。

三、应收账款管理

许多中小企业为了拓展市场,往往会采用赊销的销售方式,因而不得不面对大量应收账款长期难以回收的现状,导致企业资金周转困难。为此,企业必须加强应收账款的管理,制定相应的信用政策,并在经营活动中认真执行,将应收账款的事后管理变为事前管理。

信用政策是指企业在向客户提供赊销时,应遵循的原则、标准、条件和对策等,主要包括信用标准,信用条件和收款政策等内容。

(一) 信用标准

信用标准是企业对客户的信用要求所做的规定,也是客户要求赊销所应具备的基本条件,通常用坏账损失率来判断。制定信用标准,通常是在对客户的信用状况进行调查了解后,根据对客户的信用评估,判断客户坏账损失率的高低,在此基础上决定是否给客户提供赊销、赊销的期限和额度等问题。

调查了解客户信用状况的渠道主要有三条:一是通过与客户有经济往来的企业和机构的调查访问来了解客户的信用状况;二是借助一些中介机构,如社会调查机构,信用分析机构来了解客户的信用状况;三是在合法或获得许可的情况下,从客户的开户银行了解有关资料。

此外,在确定信用标准时还要借助必要的分析工具,通常使用应收账款账龄分析表对现有客户信用状况进行评估。应收账款账龄分析表主要反映顾客信用的次数、数额,其中包括客户按时付款的次数和数额,未能按时付款的次数、数额和延付的期限以及坏账数量和次数等数据。运用应收账款账龄分析表,根据欠账时间长短和数额的大小,可以对顾客信用状况进行分类,以便对信用过程进行有效管理,减少坏账和其他信用风险。

对客户进行信用评估时,通常可以从客户的信誉、客户的偿债能力、客户的财务实力和财务状况、客户能被用作抵押的资产以及可能影响客户付款能力的经济环境等五个方面进行评估。

(二) 信用条件

在应收账款管理的过程中,企业应根据信用标准对客户的信用状况进行评估,并针对不同信用等级的客户制定不同的信用条件。信用条件是指要求客户支付赊销款项的条件,由信用期间、折扣期间、现金折扣三项组成。

信用期间是企业为客户规定的最长付款时间;折扣期间是企业为客户规定的可享受现金折扣的付款时间;现金折扣是在客户提前付款时给予的优惠。其表示方法:"$2/10, n/30$",30 表示信用期间,即 30 天内必须付清货款;10 表示折扣期间,10 天之内付清货款给予价格优惠;2 表示现金折扣比例,即如果客户在 10 天之内付清货款就给予其 2% 的价格优惠。

企业向客户提供较优惠的信用条件,可以增加销售量,但也会带来额外的负担,使应收账款增加、从而增加应收账款的机会成本、坏账损失成本和现金折扣成本,因此企业要综合考虑成本与收益的比率关系,来确定合理的信用条件。

(三) 收款政策

收款政策是指企业为催收过期的应收账款所应遵循的原则、程序、对策和方法。

企业制定收款政策时,要运用统计分析,对历年来拖欠账款的客户的情况进行分类,针对不同类型的客户采用不同的对策,从而明确在什么情况下采用发信催账,什么情况下打电话催账,什么情况下派人催收,什么情况下起诉,以及各种情况下应采取的收款策略。

制定收款政策的关键是将应收账款的回收与销售人员的薪酬挂钩,促使销售人员在将产品销售出去之后,及时地催收贷款。

四、存货管理

(一) 存货及存货成本

存货是企业流动资产中比重较大的项目,存货量的高低、存货周转速度的快慢,直接影响企业的获利能力和财务状况,因此必须存货加强管理,使存货保持在最优水平。一般而言存货量越多,存货成本就越高。存货成本包括以下四种。

1. 采购成本

采购成本是指存货本身的价值,由购买价格和运杂费等构成的。采购成本一般与采购数量成正比例关系,用数量与单价的乘积来确定。

2. 订货成本

订货成本是指取得订单的成本,如办公费、差旅费、邮资、电报电话费等支出。订货成本中有一部分与订货次数无关,如常设采购机构的基本开支等,称为订货的固定成本。另一部分与订货次数有关,如差旅费、邮资等,称为订货的变动成本。

3. 储存成本

储存成本是指存货储存过程中发生的仓储费、搬运费、保险费、破损变质损失和占用资金的利息等。储存成本也分为固定成本和变动成本。固定成本与存货数量的多少无关,如仓库折旧、仓库职工的固定月工资等。变动成本与存货的数量有关，如仓储费、保险费等。储存成本总额等于平均存货数量与单位储存成本的乘积。

4. 缺货成本

缺货成本是指由于存货供应中断而造成的损失，包括材料供应中断造成的停工损失、产成品库存缺货造成的拖延发货损失和丧失销售机会的损失，甚至还包括商誉损失等。

(二) 存货的日常管理

存货日常管理的工作量很大，由于中小企业的存货量与大企业相比数量较少，可以根据使用资金和管理资金相结合、物资管理和资金管理相结合的原则，实行存货归口管理的方式：

1. 原材料、燃料、包装物等存货归供应部门管埋

原材料、燃料、包装物等物资由供应部门负责采购、保管和发放，供应部门能随时掌握各部门领用物资的品种、质量和数量及变化规律，以合理的价格采购物资，及时补充库存。

2. 产品和自制半成品归生产部门管理

在产品和自制半成品是原材料经过车间加工后的物资，是生产部门接手以后尚未完成的存货，生产部门掌握着在产品和半成品的详细情况，其他部门介入都不方便。因此，在产品可由车间管理，半成品可由半成品库管理，而车间或半成品库均归生产部门管理。

3. 产成品归销售部门管理

销售部门负责对外签订产成品销售合同，对内提出产成品生产的时间和数量的需要，并向客户和内部有关部门签发销货单，所以产成品的需求和保管等由销售部门负责。相应地，与产成品有关的资金计划和控制，也应由销售部门分工负责。

(三) 存货占用资金的控制

存货资金定额是控制存货资金占用，加速存货资金周转的有效工具，但这些工具不会自发地发挥作用，还需要加强管理，重点抓好以下几个环节。

1. 存货资金定额的制定

中小企业在控制存货的资金占用量时，首先要针对具体的原材料、

在产品、产成品制定分项资金定额,以便各个部门、各个环节控制资金占用。制定存货资金定额时,可以由财务部门提出制定定额的方法和要求,各资金占用单位根据本部门的实际情况,制定各自的资金定额,然后由财务部门汇总、审核、批准。各类存货资金定额的测算公式为:

(1) 储存资金定额。储存资金是指企业从用现金购买各种原材料等物资开始,到把它们投入生产为止的整个过程所占用的资金,主要是原材料的占用资金。

$$原材料储存资金定额 = \frac{原材料平均}{每天消耗量} \times \frac{原\ 材\ 料}{单位价格} \times \frac{原材料资金}{周\ 转\ 天\ 数}$$

$$\frac{原材料资金}{周\ 转\ 天\ 数} = \frac{在\ 途}{天数} + \frac{验收}{天数} + \frac{整理准}{备天数} + \frac{供应间}{隔天数} \times \frac{供应间}{隔系数} + \frac{保险}{天数}$$

(2) 生产资金定额。生产资金是指从原材料投入开始,直到产品制成入库为止的这个过程所占用的资金,主要是在产品的占用资金。

$$\frac{在\ 产\ 品}{资金定额} = \frac{在产品日}{平均产量} \times \frac{单位产品}{计划成本} \times \frac{在\ 产\ 品}{成本系数} \times \frac{生产}{周期}$$

$$在产品成本系数 = \frac{在产品成本}{完工产品成本}$$

(3) 产成品资金定额。产成品资金是指产成品从制成入库开始,直到销售出去、取得货款为止的整个过程所占用的资金。

$$\frac{产\ 成\ 品}{资金定额} = \frac{产成品每天}{平\ 均\ 产\ 量} \times \frac{单位产成品}{计\ 划\ 成\ 本} \times \frac{产成品资金}{周\ 转\ 天\ 数}$$

产成品资金周转天数 = 在库天数 + 销售发运天数 + 结算天数

2. 资金定额的执行

资金定额的执行要与现金收支预算管理相结合,在编制计划期现金支出预算时,要以资金定额为标准,从现金支出环节上控制资金占用,如果某个环节的资金占用超过了资金定额,则在分析其原因的基础上,严格控制对这个环节的资金投入。

3. 资金占用的考核

把资金占用的控制责任具体落实到各个单位和个人,实行分级控制管理。逐月检查和考核存货资金的占用情况,并与奖惩挂钩。

第四节 中小企业税收筹划

财务管理中的筹资决策、投资决策等都与税收问题密切相关,税收筹划作为企业财务管理的重要组成部分,日益受到企业的重视。中小企业可以在不违反税法的前提下,进行税收筹划,选择最优纳税方案,减少税负,使税后利润最大,从而提高企业的资金利润率,实现企业的财务管理目标。本节主要从投资、筹资和生产经营过程三个方面来讨论税收筹划的应用问题。

一、税收筹划的概念及主要特征

(一) 税收筹划的概念

税收筹划就是企业在法律允许的范围之内,通过对内部核算、投资、筹资和生产经营等事项进行事先筹划,最终使企业获取最大的税收利益。企业可以利用税率差异、减免税、税收抵扣、退税和延期纳税等方法进行税收筹划。

(二) 税收筹划的特征

税收筹划主要有四大特征,即合法性、超前性、目的性和综合性。

1. 合法性

合法性是指税收筹划必须在法律允许的范围内进行。纳税人具有依法纳税的责任和义务,税务机关的征税行为也必须受到税法的规范,这种征纳关系是税收的基本关系。如果纳税人为规避和减轻税负而置法律于不顾的偷逃税行为,理应受到法律的制裁。但当纳税人有多种合法纳税方案可供选择时,纳税人可选择低税负方案。这正是税收政策调节纳税人经营行为的重要作用之一。

2. 超前性

超前性亦称前瞻性,即企业在纳税前,甚至在经营行为发生之前就要进行税收的规划、设计和安排,这是企业税收筹划的重要特征。相对企业经营行为而言,企业的纳税行为具有滞后性的特点,这在客观上为企业提供了纳税筹划的机会。

3. 目的性

企业进行税收筹划的目的是为获取最大的税收利益。其中包含两层含义:一是选择低税负,即选择税收成本较低的方案;二是滞延纳税时间,合法滞延纳税期可以减轻企业的税收负担,降低资本成本,这与不按税法规定期限缴纳税收的欠税行为有本质的区别。

4. 综合性

综合性是指企业税收筹划应着眼于企业资本总收益的长期稳定增长,而不是着眼于个别税种和税负的轻重。这是因为某一种税的税收减少可能会导致另一种税的税收增加,对企业整体而言,总税负不一定会减轻。同时,纳税支出最小化的方案也不一定等于资本效益最大化的方案。这里的综合性还指在企业税收筹划时,除考虑税收这一主要因素外,还必须考虑企业的经营管理决策中的其他因素,实现企业的总体收益最大化的目的。

二、中小企业税收筹划的方法

(一) 投资过程的税收筹划

投资过程的税收筹划是指纳税人利用税法中对投资所规定的有关税收减免等优惠政策,通过选择投资方案,达到减轻其税负的目的。中小企业投资方案的税收筹划可以通过选择投资方式、产业投向以及地区投向等方法实现。

1. 选择投资方式

投资方式选择法是指纳税人利用税法的有关规定,通过对投资方式的选择,以达到减轻税收负担的目的。如税法规定,盈利企业收购亏损企业,可以合并财务报表,在5年内可以用亏损企业累积亏损来抵消盈利,减少税负,节约现金支出。所以中小企业可以通过收购、兼并破产亏损小企业的方式进行节税。

2. 选择产业投向

我国同大多数国家一样实行产业倾斜政策,制定了一系列行业的税收优惠政策。如国家对从事基础设施项目投资、农产品生产和加工、高新技术开发、产品出口、废物回收再利用等企业实行相应的产业税收优惠政策。这为中小企业投资者提供了良好的税收筹划机会。

3. 选择地区投向

中小企业应选择有税收优惠政策的地区进行投资,如经济特区、经济开发区以及老少边穷地区等等。投资者若对此进行筹划,可充分享受税收优惠,从而减轻税负。

对于企业投资的税收筹划,企业除了税收因素之外,还应该全面考虑投资收益、投资风险、投资变现能力等各种因素。

(二) 筹资过程的税收筹划

如前所述,中小企业可以从多种渠道筹集资金,无论采用哪种方式都可满足企业的资金需要,但从企业纳税的角度考虑,由于不同渠道的筹资资金成本不同,产生的税后影响有很大差异。

利用利息摊入成本方法的不同和资金往来双方的关系及所处的不同地位是实现有效减税的关键所在。根据税法规定,股息支付不作为费用列支,只能在税后利润中分配,而利息支出则可以作为费用列支,允许企业在计算所得税时予以扣除。提高利息支付,减少企业利润,抵扣所得税额,是一种减轻税负的方法,所以企业在筹资时就面临着资本结构选择,是侧重于股票筹集自有资本,还是侧重于通过负债的方式借入资本(负债资本),这就需要决策者充分考虑投资收益率、负债成本率、财务风险、融资风险及筹资税收筹划等方面带来的综合收益,决定筹资方案,选择最佳资本结构方案。

(三) 生产运营过程的税收筹划

1. 选择合理的存货计价方法

现行税收制度及财务会计制度规定,企业可以在先进先出法、后进先出法、加权平均法、移动平均法、个别计价法、成本和可变现净值孰低法等方法中任选一种作为存货计价方法。企业可根据不同情况选择有利的存货计价方法进行税收筹划,但存货计价方法一旦选定后,至少要保持一年不变。在选择存货的计价方法时,要考虑并预测市场物价变化趋势因素的影响:物价持续上涨时,应选择后进先出法对企业存货进行计价;在物价持续下降时,应选择先进先出法对企业存货进行计价;而在物价上下波动时,则应采用加权平均法或移动加权平均法对存货进行计价;上市公司常用的成本和可变现净值孰低法的存货计价法不仅体现了会计在账务处理上的谨慎性原则,同时还可以有效避免各个会计期间经营利润的大幅度波动,使实现均衡税负的目标成为可能。

2. 选择有利的折旧方法

折旧方法有平均年限法、工作量法和加速折旧法,运用不同的折旧方法计算出折旧额在量上不一致,分摊到各期生产成本中去的固定资产成本也存在差异,最终造成企业的税负较重。例如在比例税制下,如果各年的所得税率不变,则选择加速折旧法对企业较有利,可以取得延缓纳税的利益。

3. 选择有利的技术更新改造方式

企业选择不同时间和方式进行技术更新改造会对企业的税负尤其是所得税产生重要的影响。例如,国家为鼓励企业进行新产品、新技术的开发,对企业在产品、技术开发过程中所购入的价值在 5 万元以下的设备(含试验性设备),允许企业在当年计算所得税前全额扣除(工业企业的标准是 10 万元)。同样,企业只要是购买国产设备进行固定资产投资,其购买设备价款的 40% 可以从企业购置设备当年比上一年新增的应纳税所得额中扣除,企业如果能够充分利用相关的税收政策上的优惠措施,不仅能有效进行产业的技术革新和升级,同时又能最大限度地降低所得税负。

第八章　中小企业市场营销

学习目标

完成本章学习以后,你应该能够:
- 熟悉中小企业营销的特点
- 认识顾客满意和顾客忠诚的含义
- 了解影响顾客满意度的因素
- 掌握中小企业获得顾客满意度的优势
- 熟悉中小企业培养顾客忠诚度的方法
- 理解中小企业的产品战略
- 认识中小企业产品技术创新的原则
- 掌握中小企业产品技术创新的方法
- 掌握中小企业定价的基本方法
- 认识信用策略对买卖双方的好处
- 了解信用的类型
- 熟悉信用过程的管理
- 了解中小企业的分销渠道策略
- 熟悉中小企业的促销策略

中小企业在激烈的市场竞争中既具有一定优势,也有不足的一面,如何进一步发展壮大中小企业是一个十分迫切的问题。中小企业要想在竞争中立足于市场,寻求生存和发展的空间,就必须根据自身的特点采取有效的营销策略。

第一节 中小企业营销的特点

俗话说:"市场如布,营销如针。"要研究适合中小企业发展的各项营销策略,离不开对中小企业营销特点的分析。综观我国中小企业营销的特点,主要包括以下五个方面。

一、市场适应性强

"小、快、活"是中小企业在经营管理上的优势,由于中小企业拥有的资源有限、规模小,这些特点决定了它有条件且必须随着经济环境的变化及时调整自己。一旦市场上产生了新的需求,中小企业一般能迅速组织生产,及时、灵活有效地满足市场新需求。适应市场需求的多样性、流行性、季节性和地区性,是中小企业营销的重要特征。

二、产品创新能力强

据美国贸易部统计,二战以来,50%的创新产生于中小企业,95%的重大革新来源于中小企业。20世纪美国中小企业的重大技术创新成果包括飞机、DNA指纹技术、人造生物胰岛素、录音机、心脏起搏器、个人电脑等。中小企业之所以有如此强的创新能力是因为:第一,中小企业的管理者往往比较精干,他们有强于大企业的革新动力。因为中小企业无法像大企业那样依赖于已取得的产品市场地位,创新是其求得生存的必要条件;第二,中小企业宽松的管理环境使得个人的主动性和创造力得以发挥,有利于创新活动的开展;第三,中小企业把创新作为竞争力战略的核心,对创新表现出极高的热情。因此中小企业的创新在量和质上都体现出很高的水平。

三、市场竞争力弱

在市场竞争中,人们常用"大鱼吃小鱼,小鱼吃虾米"形象比喻大企业与中小企业之间的市场争夺战。不少中小企业因生产规模小,所采用的生产技术水平一般远远低于大企业的,因而造成大量的资源浪费。

而且其产品和技术大多属于模仿性质,附加值低,蕴含于产品中的价值多为人的劳动。所以中小企业很难与拥有充足资金、成熟技术和销售网络的大企业、外资企业抗衡。由此可见这些中小企业在市场竞争中的弱势地位。因此,相对于大企业,其平均寿命短,倒闭的可能性和频率高。在经济衰退时期中小企业受到的打击尤其严重。

四、资金匮乏,促销乏力

资金短缺,几乎是所有中小企业都会遇到的普遍问题。由于资金的匮乏,企业的营销活动也因此受到严重的影响。中小企业资金匮乏主要表现在:第一,初始资本投入不足;第二,资金利用率低,资金总量不足;第三,技改资金投入不足。调查发现,我国不少中小企业,通过技术创新活动,研制了一些既能有效利用当地资源,又能满足当前市场需要的新产品。但是,由于资金不足,无力开展产品的宣传及其他促销活动,以致产品信息不能及时、有效地传递给消费者,企业新产品在市场上少有人问津。

五、营销人才缺乏

不少中小企业的营销管理者并非由专职人员承担,即使有也大多是从企业原有的技术或生产岗位转过来的。他们大多缺乏系统的营销理论知识及营销管理应有的素质与能力。另外中小企业经营风险较大,而且工资待遇低、社会地位不高、各种福利保障相对较差,发展预期低。这些都是中小企业难以吸收新来营销人才及留住现有内部营销人才的主要原因。

从以上我国中小企业营销特点的分析中可以发现,尽管我国中小企业的营销有其发展优势的一面,但是,更多的迹象表明,我国中小企业的营销工作面临着许多的挑战和困难,能否克服这些困难迎接挑战将最终影响中小企业的发展。

第二节 顾客忠诚管理

市场营销发展的一个重要趋势是对顾客价值的重视以及推进全新

的顾客服务理念。现代营销实践证明,忠诚的顾客是最能给中小企业带来利润的,也是最值得中小企业管理者关注的。因此,中小企业要在市场竞争中长期获胜,就必须树立以顾客价值为中心的理念,发展和维持顾客的忠诚度。

一、顾客满意度是建立顾客忠诚度的关键

顾客忠诚度的基础在于持续的顾客满意度,它是一种情感、态度上的联系,而不只是一种行为。为了增强忠诚度,中小企业必须提高每个顾客的满意度水平,并长期保持住这种水平。为此中小企业要增加提供给顾客的价值,从而使顾客感到自己的所得超过了他们的期望。

（一）价值的认识

价值的概念对营销的成功至关重要,中小企业必须了解如何从顾客的角度来认识价值,而不是想当然地认为自己知道价值对顾客的意义。

顾客是如何理解价值的？研究发现,价值的形成具有高度的个人色彩和习惯性特征,顾客会从不同角度定义价值,换句话说,顾客价值是多样性的。如果我们从较传统的观点来看顾客的价值,我们可以把价值定义为顾客通过他们的付出所获取的东西。也就是说价值不仅仅是基本的货币和核心产品或服务,还包括顾客可能付出的货币、时间、精力或努力以及心理成本。

菲利普·科特勒曾就此问题提出了"顾客让渡价值"的概念。所谓"顾客让渡价值"是指顾客总价值与顾客总成本之间的差额。顾客总价值是顾客购买某一产品或服务所期望获得的一组利益,它包括产品价值、服务价值、人员价值和形象价值等。顾客总成本是顾客为购买某一产品所耗费的时间、精神、体力以及所支付的货币资金等。中小企业只要增加顾客总价值或降低顾客总成本都能使顾客让渡价值提高,即增加顾客价值,从而就可能增加顾客的满意程度。

（二）顾客满意度

何谓顾客满意度？理查德·奥立弗认为：满意度是顾客满足情

况的反馈,它是对产品或者服务性能,以及产品或者服务本身的评价,给出了一个与消费的满足感有关的快乐水平,包括低于或者超过满足感的水平。顾客满意度直接影响到企业在现在和将来的销售业绩,因此对于中小企业而言,取得最高程度的顾客满意度是营销的最终目标。

如何使顾客满意?关键是必须了解哪些东西对顾客来说是重要的,并且要尽力满足他们的那些期望。这些需求不仅仅是相关的产品或者服务,许多核心产品之外的因素都会影响到满意度。我们把影响顾客满意度的因素分为以下五方面。

1. 核心产品或者服务

它代表着中小企业所提供的基本的产品和服务,是供给顾客的最为基本的东西,也是顾客需要的中心内容。因而在一般情况下,它是决定顾客满意度的关键和主要因素。在竞争性的市场上,中小企业必须把核心产品做好,否则顾客无法满意。

当然在今天,由于相互竞争的企业所提供的产品的差异性越来越小,而产品质量又得到了巨大的提高,因此,在核心产品这个因素上向顾客证明价值的增加或者某一企业的产品和服务优于另一家是非常困难的。

2. 服务和系统支持

有时顾客接受了非常出色的核心产品,但也会对服务表示不满。因此,提高顾客满意度还必须有完善的服务和系统支持。这包括了外围的和支持的服务,如运输和记账系统、服务时间、员工的水平、维修和技术支持等等。这些服务有助于核心产品的营销,尤其是有些企业以较好的核心产品或服务为基础取得竞争上的优势很困难的时候,企业可以提供有关的支持性和辅助服务,通过这些服务逐步将自己的产品同竞争对手的产品或服务区别开来,并通过减少心埋、时间和精力成本为顾客提供额外的价值。比如购买空调的顾客会喜欢部件运输、安装、维修和其他的服务支持,因为在一定的价格范围之内产品的技术性能十分相似,企业通过这些附加的服务将自己的产品区分出来,顾客会根据企业提供的服务支持和这些服务支持对他的重要性来选择特定的品牌和卖家。另外,中小企业也可以通过剔除服务中令顾客失望的因素来增加价值。

3．顾客服务承诺

顾客期望购买行为能进展顺利并且企业能遵守承诺,比如按时送货、保证质量等等。如果这种愿望未能得到满足,顾客就会产生出不满来。因此中小企业要在顾客服务承诺这方面创造价值,必须改善表现,并提供高水准的服务,这样就增加了顾客的满意度。因为顾客可以相信企业会按时供应完全符合承诺的产品。另外,中小企业还可以减少顾客的心理成本,帮助顾客更容易地获得信息和建议;通过减少或消除服务延迟、填单错误、系统问题和员工的失误,为顾客创造出价值。

4．顾客与员工的交往

企业员工应该与顾客进行个人交往。企业在满足顾客时考虑的不能仅仅是核心产品和服务的供应,或者只是把注意力仅仅放在服务的提供上面,还要把注意力放在顾客与员工之间的人际互动上,因为员工拙劣的接待仍然会导致顾客流向别的企业。原因很明显,顾客更喜欢友善、热情、善解人意、漂亮、礼貌并且富有同情心的员工。因此中小企业要在此问题上为顾客创造价值,关键是要做好与人员雇用有关的决策,包括员工的培训、激励、奖励和表彰等。

5．情感因素

情感因素是影响价值的最为重要的要素。如果顾客在与中小企业的交往中受到了尊重和礼貌的接待,他们就会产生良好的感觉。但是现在不少企业及员工往往过多地将注意力放在核心产品、价格和服务支持上,忽视顾客在与企业进行交易中的感受。实际上,按时送货很重要,但如果送货人很粗鲁,顾客对价值的评价也会降低。因此中小企业必须有意识地关注顾客的感受和情感,可以通过设计和实施顾客奖励和激励计划,发展那些让顾客感到自己受到了尊敬、重视、欢迎和让顾客留下深刻印象的计划,增加顾客的情感价值。

(三) 中小企业获得顾客满意度的优势

顾客满意度的取得是一个动态的过程,因此这也是个没有终点

的过程。中小企业在获得顾客满意度时与大企业相比,具有不少的优势:

1. 中小企业与顾客关系紧密

中小企业管理层的数目少,顾客常常觉得自己和交易活动及相关的工作人员有着更紧密的联系。这种紧密联系能够通过顾客与工作人员间的交谈表现出来,不仅表现在交谈的主题,还表现在交谈的语气及感情上。这是因为,中小企业的员工相对有限,为顾客提供服务时往往会有一个固定的员工,这个员工因而可以很好地了解顾客,了解顾客的个人生活;而顾客也会把员工当成他所熟悉的人。

2. 中小企业具有真诚的个性

中小企业经营者事必躬亲的管理风格十分明显,他们对企业体现出一种真实的拥有关系。管理者的管理风格会直接影响组织的文化,并通过对企业的操作和企业展示给顾客的形象来体现不同的组织文化。所以在中小企业中员工和企业有一种天然的不可分离性。正是这个特点使中小企业更容易与顾客建立友好的关系。

3. 中小企业容易得到顾客信任

中小企业的内部决策过程富于弹性,员工无需管理人员的许可,就能绕开一些企业制度,对一些特殊情况做出迅速反应,这包括企业提供的产品、服务以及提供服务的过程和程序。比如当顾客需要一个特定的新产品,中小企业常常能很快决定向顾客提供这项新产品。这容易使顾客认为企业反应快速良好,因此得到顾客的欣赏。另外,在处理顾客的问题和抱怨时,这些做法也更容易恢复顾客对企业的信心,因为员工可以向顾客表明他们对顾客的重视,以及真诚地致力于解决顾客的问题。

二、获得顾客忠诚度

顾客忠诚是顾客行为的持续性。顾客忠诚可以定义为顾客的一种信念:当顾客想买一种他曾经使用过的商品或是将来可能需要的商品时,他首先想到的是你的企业。那些能为顾客提供高价值的企业往往拥有较高的顾客忠诚度。

顾客忠诚所带来的收获对中小企业而言具有累积效果。也就是说,一个顾客能保持忠诚越久,企业从他那里得到的利益就越多。忠诚的顾客能给企业带来许多好处。如减少营销费用,提高利润;赢得更多正面的口碑;忠诚的顾客可能向企业再次或大量地购买产品或服务;向自己的亲朋好友和周围的人士主动推荐购买该企业的产品或服务;选购同类产品或服务时,几乎没有选择其他品牌产品或服务的念头,自动拒绝其他品牌的诱惑;发现所购产品或服务存在某些缺陷,或在使用中发生故障时,能做到以谅解的心情主动向企业反馈信息,求得解决,而非投诉企业或扩大事端。正因为这样,中小企业应想方设法培养顾客的忠诚度,具体可采取这样一些措施:

(一)认识和分析顾客

中小企业只有通过认识顾客,熟悉他们,并不断地研究顾客群的购买动机和购买行为,逐步认定和挽留住具有较高价值的顾客群,才能为中小企业未来的利润水平打下坚实基础。

中小企业应清楚地了解自己的顾客是谁,以及这些顾客有些什么特点。企业应收集与顾客有关的各种资料,包括产品、服务历史、顾客满意度、建议、偏爱、家庭特点、生活事件、爱好等,并建立用户档案,保持与顾客的长期良好关系。同时通过对顾客意见和感受等信息的深入分析,提供适合特定顾客群体的产品和服务品种,提供完美的个性化服务,企业也可以为自己未来的经营活动确定方向。

(二)建立互动关系

顾客忠诚度是通过互动、对话建立起来的,累积对顾客的了解,中小企业才知道什么时候该提供什么东西,才能让顾客心甘情愿地与你合作。相关资料积累越多,掌握顾客就越准,应对不同挑战所提出对策的有效性就越高。中小企业与顾客的互动,一方面可以通过答谢(尤其是函谢)顾客来体现,让顾客知道他们正受到企业的重视,这是维系企业与顾客感情的最好手段,顾客也许更在意这种精神上的满足。特别是对顾客主动发起的沟通与交流活动,企业更应答谢。另一方面,企业应为顾客反馈提供多种渠道,促进中小企业与顾客的持续的双向沟通。

(三) 建立和管理顾客数据库

今天信息技术的发展为中小企业保持良好的顾客关系,维系顾客的忠诚,建立顾客与企业间的长期稳定的互动关系提供了强有力的支持,这就是顾客数据库。

随着计算机技术、通信技术和网络技术等三大信息技术的发展,顾客数据库发挥着不可替代的作用:

1. 顾客数据库可以帮助企业准确找到目标消费者群

新一代高速计算机和数据库技术可以使企业能够集中精力于更少的人身上,最终目标集中在最小消费单位——个人身上,实现准确定位。

2. 顾客数据库可以提高企业新产品开发和服务的能力

企业拥有顾客数据库,可以代替市场调研,确定顾客需求的特征、功能、特点和收益。在许多工业品市场中,最成功的新产品开发往往是由那些与企业相联系的潜在顾客提出的。因此,通过顾客数据库更容易直接与顾客进行交互式沟通,更容易产生新产品概念;对于现有产品,通过顾客数据库容易获取顾客的评价和意见,以决定对产品的改进和换代产品的主要特征,从而降低成本,提高效率。

3. 顾客数据库可以提高顾客的忠诚度

数据库存储了大量现有消费者和潜在消费者的相关数据资料,企业可以根据顾客需求,提供特定的产品和服务,具有很强的针对性和时效性。因此越来越多的企业投资建立数据库,以便能够记录顾客最新反馈,并对目前销售的产品满意度和购买情况作分析调查,及时发现和解决问题,确保顾客满意,提高顾客的忠诚度。例如,某航空公司,其顾客数据库内存 80 万人的资料,这些人平均每人每年要搭乘该公司的航班达 13 次之多,这些顾客的消费占该公司总营业额的 65%。因此该公司每次举行促销宣传活动,必定以他们为主要对象,极力改进服务,满足他们的需要,使他们成为稳定的客户。

4. 顾客数据库可以对顾客流失进行警示

企业通过对顾客历史购买行为的观察和分析,赋予顾客数据库警示顾客异常购买的功能,即对顾客潜在流失迹象作出警示。

第三节　中小企业的市场营销组合策略

当一个企业确定其市场定位之后,就要根据目标市场的需求和各种环境因素,制定企业的营销组合。企业的市场营销组合策略包括产品策略、定价策略、分销策略和促销策略。

一、中小企业产品策略

一个企业是否有存在的价值,关键看其能否为消费者提供有效的产品和服务,以满足市场需求。因此,第一个要素就是产品,这是企业营销组合中一个最重要也是决定性的要素。

(一)中小企业的产品/市场策略

中小企业经常缺乏对产品战略选择的明确认识。这在市场努力中会产生低效和抵触。根据中小企业提供的产品性质和目标市场的数量,可供中小企业选择的产品/市场策略有:

1. 一种产品/一个市场

在一项新投资的最早阶段,中小企业经常采用的是一个产品/一个市场的产品策略。通常情况下,企业都想靠一种单一的基本产品经营出一个强大的市场环境来。

2. 一种产品/多个市场

在产品已经开拓出一部分市场时,中小企业可通过财力和物力的支持,将现存产品投放到新的市场。将商业市场上使用的地板清洗剂扩展到家庭市场上,就是一种产品/多个市场营销策略的例子。

3. 改良产品/一个市场

顾客都有一种期望"新的、改进的"产品出现的心理。在改良产品/一个市场的策略中,当新产品瞄准原先目标市场时,原先的产品将逐渐被淘汰甚至从产品组合中退出。企业如果想将现存的产品保留下来,那么就必须谨慎考虑改良产品将对现存产品销量的影响。除非改良产品具有一个较高的利润差额,否则企业没有必要将原来的产品淘汰掉,而只需对产品做一点改良就可能改善销量。例如,企业只需给清洁剂加点颜色进去,就可以给产品带来新的销售吸引力。

4. 改良产品/多个市场

企业也可以用一种改良产品开拓市场的其他部分。例如,一个家具企业通常将做好的家具卖给家具零售商,当然,他们也可以将还没有做好的半成品直接卖给想自己动手做家具的顾客。

5. 多种产品/一个市场

当前满意顾客对中小企业的产品组合中新增的产品项目也会表现出极强的购买欲。许多和现存产品相类似但并不是它的改进品的产品也能被加到产品组合中来。例如一家电话机公司原来生产20世纪80年代初期引进的电话快速拨号盘,随着电话机行业情况的改变,顾客的订单变得很少,公司靠引入一种新的相关产品——调制解调器,对这一市场改变做出了成功的反应。

6. 多种产品/多个市场

用多种新的相类似的产品去开发不同的市场是另一种产品策略,尤其是当企业担心新产品的引入会降低现存产品在某个市场领域的销量时,多采用多种产品/多个市场的产品策略。

以上六种可选的策略是中小企业经常使用的产品策略,尽管在运用时可两种或两种以上的营销方案同时使用,但每组方案都代表不同的营销策略。一般情况下,中小企业基本上是按照上述所列出的顺序来使用这些方案的。

(二)中小企业产品生命周期营销策略

市场需求的演进,决定产品像许多事物一样,具有生命周期特性和阶段性。为了有效管理需求,企业必须适应产品在市场演变中的不同阶段的特殊性,制定并实施相应的营销策略。

产品的生命就是它的市场寿命,产品的生命力主要表现在其进出市场的能力上。产品生命周期指产品从投入市场到退出市场所经历的全部过程。产品生命周期概念可以用于分析某一产品种类(如非酒精饮料),一种产品形式(如碳酸饮料),一个产品品种(如可乐),或一个具体产品或品牌(如可口可乐)。不同的产品因其生产技术的变化和市场需求的强弱、范围以及紧迫程度的差异,在不同时期会有不同的销售量和利润表现。典型产品生命周期以销售状态与利润表现。如图 8-1 所示：

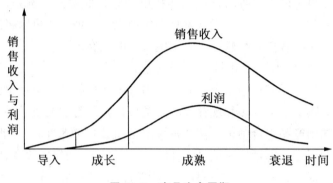

图 8-1 产品生命周期

典型的产品生命周期通常分为导入、成长、成熟和衰退四个阶段。产品导入阶段的特点是利润为负，在经过成长阶段到达成熟阶段时利润达到顶峰。产品生命周期的概念非常重要。首先，它告诉了企业应该在产品生命周期的不同阶段，依据市场供求关系而调整产品的促销、定价、分销策略。其次，它强调企业应当通过适时调整产品结构和开发新产品，来保证业务和利润的稳定和增长。

例如在导入期企业可以通过定价、广告、促销和分销策略的恰当运用，尽可能缩短导入期，减少亏损；在成长期，企业通过改进产品质量、增加特色和式样，寻找并进入新的细分市场，进入新的分销渠道和适时降价等策略加快业务扩展；在成熟期企业可以通过市场改进、产品改进和营销组合改进等手段延长企业获利的黄金期；在衰退期来临时，企业则需要为适时退出做好准备等等。

(三) 中小企业产品技术创新策略

产品创新是指在生产和经营过程中，对产品自身所进行的改进、提高或发明的创新过程。企业通过产品创新向消费者提供更有竞争力的新型或改进型的产品。

现代营销理论认为，任何产品，都应包含着三个层次，即核心层、形式层和延伸层三个层次。如图 8-2 中所示：

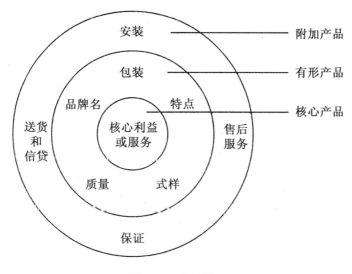

图 8-2 产品层次

消费者对产品的需求应该是上述的全部,即产品是能够满足消费者特定需求的有形和无形属性的统一体。但在现实中,不少中小企业往往只重视核心层和形式层的开发和创造,忽视延伸层,致使产品的生命周期缩短,企业信誉下降。因此,中小企业的产品创新应是对上述三个层次的创新。

1. 中小企业产品创新的原则

产品创新是关系到中小企业生存发展的一项关键性工作,因此必须慎重对待。根据我国中小企业近些年的经验教训,产品创新工作应注意遵循以下几项原则:

(1) 以市场为导向,开发适销对路的产品。生产符合市场需要的新产品,既是中小企业提高经济效益的需要,也是社会主义基本经济规律的必然要求。尽管推动中小企业技术创新的动因不同,但技术创新成果价值的实现方式却是相同的,即中小企业欲提高经济效益,只能把自己的创新产品推向市场,实现其商业价值。因此中小企业要全面正确地掌握市场需求及其发展变化的现状和前景,做好经常性的、深入的市场调查和预测,进行系统的市场研究工作,根据市场需求的变化来开发新产品。

(2) 量力而行，确定创新产品。对中小企业而言不是任何具有市场需求的新产品，企业都是有能力加以开发和创新的，因为中小企业自身拥有的技术创新能力受企业规模的限制。因此，中小企业应根据市场需求，同时结合自身的创新投入能力、研究开发能力、设计能力、生产能力、销售能力、管理能力等内部条件，确定具备创新能力的新项目。

(3) 采取切实可行的创新方式。中小企业应根据自身能力和其他基础性条件，确定创新方式。在一般情况下，能力较强或条件较好的中小企业应选择独立创新；而能力较弱或条件较差的中小企业应选择仿制创新、引进创新或合作创新(详见下文)。俗话说：知己知彼，百战不殆。中小企业应恰如其分地评估自身的创新能力和基础条件，既要防止高估自身能力，也要避免低估。

(4) 把握产品创新的动向。随着社会经济的不断发展和科技的进步，人们的消费观念发生了很大的变化，对创新产品的要求也与以往有所不同。产品正朝着多功能、微型化、智能化、多样化和节能化的方向发展。特别是在经济全球化的影响下，以电子信息化为核心的高新技术的迅猛发展和普及，以及新材料、新能源、新工艺的不断涌现，为产品创新开辟了新的途径。这些都应是广大中小企业在创新产品时密切关注的动向。

2. 中小企业产品创新的方式

中小企业根据自身条件以及开发新产品的经营目标，可以采取多种方式来开发新产品。最基本的方式有这样几种：

(1) 仿制创新。仿制是指中小企业通过学习其他创新者的思路和创新行为，吸取其成功经验和失败教训，引进并破译领先者的核心技术，再加以消化、吸收和改进的过程。仿制是开发新产品最快捷的途径，也是中小企业产品创新的优选模式。

仿制创新方式具有一定的优势：首先，仿制创新产品具有较强的竞争力。这种竞争力主要得益于仿制创新产品的低成本和低风险，所以，成功的仿制创新产品会后来居上，超越领先创新者的产品，更好地满足市场需求，给企业带来丰厚的利润回报。其次，持续不断的仿制创新,能有效地提高企业的基础竞争力。这主要是通过仿制创新过程中的快速而高效的知识和技能积累实现的。

当然仿制创新也存在一定的局限性,比如仿制不当,引起知识产权纠纷;仿制时机不当,导致失败等。因此,当中小企业在仿制新产品时,要注意研究技术上的先进性与经济上的合理性,要考虑产品的生命周期,切忌盲目性。

(2)引进创新。引进主要是指购买国外新技术新产品。企业通过与外商进行技术合作、来料加工、补偿贸易、购买专用设备和专利等形式,引进新产品,以填补国内市场的空白。这种方式可以为中小企业节省大量的研发经费;相对于仿制创新而言,投入费用可能较高,但回报率也较高。

(3)合作创新。这种方式是中小企业同其他组织联合起来以产品创新为目标,以合作为基本手段,以资源互补为核心内容的创新活动。

这种创新方式的优势在于:第一,有助于缩短创新时间,增强中小企业的竞争地位。在市场经济中,创新时间的缩短对创新的成功起着决定性的作用。合作创新可以加速资源的整合,实现优势互补;可以集思广益,减少因决策失误而造成的时间上的浪费和经济上的损失。第二,有助于中小企业降低创新成本和风险。因为合作的双方或多方可以分摊创新成本,并分散创新所带来的风险。

中小企业的合作创新对象可以是与本企业相关的高等院校、科研院所、大企业和一些科技类信息、咨询机构。最为常见的合作创新有两种:一种是产学研的合作创新;另一种是企业间的合作创新。

产学研的合作创新是指中小企业与高等院校、科研机构的合作创新。这种创新方式会带来"双赢"的效果。一方面有助于中小企业借助高等院校、科研机构雄厚的科研力量,提高创新水平;另一方面也有助于高校科技成果转化率提高。

企业间的合作创新是指中小企业之间或者中小企业与其他企业联合起来共同创新。这种类型的创新可以产生技术和生产资源的优势互补,减少创新成本;同时不同地区间的企业合作创新,可分配市场区域;最后还可分担创新所带来的风险。所以,随着全球经济一体化速度的加快,企业间的合作创新得到推动。

(4) 独立创新。这种方式是根据科学技术发展的新趋势,根据国内市场的新需求,中小企业主要依靠自己的力量,探讨新产品的原理与结构,开展基础理论研究和有关新技术、新工艺、新材料的应用研究,从而创造出全新的独具特点的产品。它是一种具有独创性的开发方式。但进行独立研制是一件相当困难的事情,不但要依靠新的科学原理和先进的技术,要花费巨大的人力、物力和财力,而且从理论到实践、从实验到生产需要一定的时间。另外,还存在研制失败和被竞争者超越的风险。因此这种方式只适合于那些技术力量比较雄厚、技术创新能力较强的中小企业。

3. 中小企业产品创新的过程

产品创新过程由八个阶段构成,即寻求创意、甄别创意、形成产品概念、制定营销战略、营业分析、产品开发、市场试销和商业性投产。

(1) 寻求创意。所谓创意就是产品创新设想。虽然并不是所有的设想或创意都会变成产品,但是,寻求尽可能多的创意可为产品创新提供更多的机会。因此,现代企业非常重视创意的开发。

新产品创意的主要来源有顾客、科学家、竞争对手、企业推销人员和经销商、企业高层管理人员、市场研究公司、广告代理商等。除了以上几种来源外,企业还可以从大学、咨询公司、同行业的团体协会、有关的报刊媒介那里寻求有用的新产品创意。

(2) 甄别创意。取得足够创意之后,要对这些创意加以评估,研究其可行性,并挑选出可行性较高的创意,这就是甄别创意。甄别创意的目的是为了说明该创意是否与企业目标相一致,是否具有足够的实现性和合理性。

(3) 形成产品概念。经过甄别后保留下来的产品创意还要进一步发展成为产品概念。所谓产品概念,是指企业从消费者的角度对这种创意所作的详尽的描述。例如一块手表,从企业角度来看,主要是这样一些因素:齿轮、轴心、表壳、制造过程、管理方法(市场、人事方面的条件)及成本(财务情况)等,但对消费者而言,他们只考虑手表的外型、价格、准确性、能否保修、适合什么样的人使用等。因此,企业必须根据消费者上述方面的要求把产品创意发展为产品概念。

一种产品创意可以引出多种不同的产品概念,因此企业要对发展出来的多种产品概念进行评价,确定最佳产品概念。随后用文字、图画描述或者用实物将产品概念展示在一群目标消费者面前,观察他们的反应。

(4) 制定营销战略。形成产品概念之后,企业的有关人员需要拟订一个将新产品投放市场的初步的市场营销战略报告书。

(5) 营业分析。这一阶段,企业有关人员复查新产品将来的销售额、成本和利润的估计,看看它们是否符合企业的目标。如果符合,就可以进行新产品开发。

(6) 产品开发。如果产品概念通过了营业分析,研究与开发部门及工程技术部门就可以把这种产品概念转变成为产品,进入试制阶段。在这一阶段应当搞清楚的问题是,产品概念能否变为技术上和商业上可行的产品。如果不能,除在全过程中取得一些有用的副产品即信息情报外,所耗费的资金将全部付诸东流。

(7) 市场试销。试销,实际上是在有限的市场范围内,对新产品的一次市场试验。通过试销可以了解消费者和经销商对经营、使用和再购买这种新产品的实际情况以及市场大小,然后再酌情采取适当对策。

(8) 商业性投产。经过市场试验后,企业已经占有了足够信息资料来决定是否将这种新产品投放市场。如果决定向市场推出,除了要对实现投产的生产技术条件、资源条件进行充分准备外,还必须对新产品投放市场的时间、地区、销售渠道、销售对象、销售策略的配合以及销售服务进行全面规划和准备。这些是实现新产品商业性投产的必要条件。

二、中小企业的定价策略

企业产品的价格历来都是企业经营中的一个特别重要和十分敏感的问题。因为它直接关系到需求的变化,决定着利润的高低,影响着其他营销组合的效果。

(一) 定价的方法

定价的基本方法主要有三种类型,即成本导向定价方法、需求导向定价方法和竞争导向定价方法。

1. 成本导向定价方法

以成本为主要依据制定价格的方法统称为成本导向定价方法,这是最简单、应用相当广泛的一种定价方法。成本导向的定价具体有:

(1) 成本加成定价法。这是最简单的定价方法,即按产品单位成本加上一定比例的毛利定出销售价。这是成本导向定价法的基本形式。其计算公式为:

$$单位产品价格 = 单位产品总成本 \times (1 + 加成率)$$

成本加成定价法是一种最普遍的定价方法。它的适用范围是产品与单位成本相对稳定,市场竞争不是很激烈的产品。因此这种方法不仅适用于制造商和中间商,其他行业如建筑业、交通运输业、农牧业等部门也常使用。当然,产品不同、行业不同和市场供求状况不同,产品成本的加成率也不一样,一般中间商的加成率常高于制造商。

这种定价方法简单易行,对买方较为公平,若都按此方法定价也会缓和市场竞争,但缺点是它只从卖方、从成本的角度考虑价格,忽视了市场需求和竞争,从而适应性不是很强。

(2) 目标利润定价法。这种方法是根据企业总成本和预期销售量,确定一个目标利润率,并以此作为定价标准。其计算公式为:

$$单位产品价格 = \frac{总成本 \times (1 + 目标利润率)}{销售数量}$$

(3) 边际贡献定价法。这种定价方法也叫变动成本加成或边际贡献定价法。边际贡献就是销售收入中补偿变动成本后的余额部分。计算公式是:

$$单位产品价格 = \frac{总变动成本 + 预期总边际贡献}{预期销售数量}$$

2. 需求导向定价方法

现在越来越多的企业意识到,有效定价的基础,不是卖方的成本,而是顾客对需求的认识和对产品价值的理解。这些企业通过运用营销组合中的非价格变量在购买者心目中建立起产品价值概念,并以此为基础确定企业的价格、利润和成本。需求导向的定价方法最主要的是认知价值定价法。

认知价值定价法是将产品定价建立在顾客对产品的认知价值的基础上的一种定价方法。该方法认为最有效的定价依据不是卖方的产品成本或打算赚多少钱,而是买方对产品价值的认知。认知价值,是指买主对产品或劳务的价值的理解、感受或评价。实施认知价值定价法的关键在于准确确定顾客对产品价值的认知水平。对自己提供的价值产生夸张自满看法的卖主,会定价过高;估价过低,则会使定价低于顾客认知价值,从而无谓地减少企业利润。为了准确把握顾客的认知价值,深入细致的市场调研是必需的。认知价值定价方法具体有直接评议法、相对评分法和诊断法。

3. 竞争导向定价方法

竞争导向定价方法是针对主要参考竞争者的价格和参考提供物价格制定本企业产品价格的方法的总称。具体有:

(1) 随行市定价法。这是指企业把本行业的平均价格水平作为产品定价的标准。这种方法应用较普遍。因为有些产品市场竞争激烈,成本较复杂,需求弹性难以计算,而随行就市则可反映本行业的集体智慧和市场供求情况,从而,一来能保证适当的利益;二来依照现有行情定价,也易于处理与同行之间的关系。

(2) 追随定价法。这是企业以同行业主导企业的价格为标准制定本企业的商品价格,这种方法可避免企业之间的正面价格竞争。

(3) 密封投标定价法。当多家供应商竞争企业的同一个采购项目时,企业经常采用招标的方式来选择供应商。供应商对标的物的报价是决定竞标成功与否的关键。尽管各供应商在报价时会考虑产品的成本因素,但是预测竞争者的报价却是非常重要的,特别是在竞争者之间的实力不存在很大的差别的情况下。价格报得过高自然会得到更多的利润,但是却减少了中标的可能性,反之,则可能由于急于中标而失去可能得到的利润。很多企业在投标前往往会拟订几套方案,计算出各方案的利润并根据对竞争者的了解预测出各方案可能中标的概率,然后计算各方案的期望利润,选择期望值最大的投标方案。

(二) 定价策略与信用策略

对企业而言,与定价策略相关的是信用策略,它不仅会影响企业的收益和现金周转,而且会影响销售数量和市场份额,是企业重要的促销手段。有关信用策略的具体内容很多,这里主要介绍企业进行信用销售对于买卖双方的利益。

1. 信用销售对于卖方的利益

对厂商来说向买主提供信用的主要原因是扩大产品销量,即以买货后付款的方式来鼓励顾客提前买和多买。厂商向顾客提供信用是为了增加销售量。厂商希望销售收入的增加量在抵消了提供信用的成本后还有剩余,这样企业就可以增加利润。信用销售对卖方来说可以得到的好处是:

(1) 信用销售隐含的对顾客的信任,使顾客和企业的联系更加紧密。

(2) 企业更容易通过电话和邮购系统向顾客销售商品。

(3) 由于提供信用时顾客具有购买能力,因而使得企业产品销售水平持续稳定。

(4) 使企业更容易保持竞争力。

2. 信用销售对购买者的利益

信用销售对购买者来说可以得到的好处是:

(1) 可以先满足当前需求,然后再付款;或将部分资金用于更重要、更紧迫的需求。

(2) 实现更好的信用账单购买记录。

(3) 在更换购买的产品项目时,得到企业更好的服务和更多的便利。

(4) 可以建立起信用历史记录。

三、中小企业的分销策略

在营销学中,产品的分销包括产品实物的转移和建立中间销售机构以及实现这种转移的过程。涉及产品位置转移的销售配送活动被称作实物分销或企业后勤。企业为实现其产品的销售而建立起来的各种销售网联络体系被称作分销渠道,或者说分销渠道是指产品从生产者向消费者或用户转移过程中所经过的一切取得所有权的组织和个人组成的流通途径。其起点是生产者,终点是消费者。中间环节包括批发商、零售商等。无论对于有形商品还是无形商品来说,分销都是一种基本的企业行为。

分销渠道的设计会影响产品营销的各个方面。无论产品通过高档零售店还是通过仓储式折扣店销售,这都会影响市场认知产品和企业了解顾客的能力,也会影响企业定价及判断满足潜在顾客所需的合同数量的能力。

(一)中小企业的分销渠道策略

1. 长渠道策略和短渠道策略

中小企业分销渠道按其有无中间环节和中间环节多少,也就是按渠道长度的不同,可有不同的选择方案。如图8-3和图8-4所示:

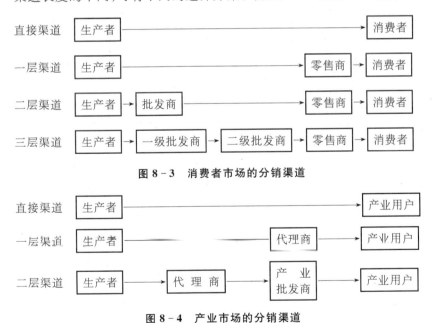

图8-3 消费者市场的分销渠道

图8-4 产业市场的分销渠道

以上几种策略是就分销渠道的长度不同而言的,产品流通经过的中间环节越多,渠道越长,反之则越短。根据长度的不同,我们也可把分销渠道概括为直接渠道和间接渠道两大类。直接渠道是指生产企业把产品直接销售给顾客,没有中间商的介入。间接渠道是指在生产企业和顾客之间要有一个或多个中间商,消费者市场多数采用这种间接渠道。

2. 宽渠道和窄渠道

产品由生产者流向消费者过程中,每一中间层次上中间商数目的多少,称为渠道的宽度。根据同一层次上中间商的多少,可分为密集性分销、独家分销和选择性分销。

密集性分销是生产商在一个销售地区运用尽可能多的中间商销售自己的产品,使渠道尽可能加宽。消费品中的便利品和工业品中的标准件、通用小工具等适于采取这种分销形式,以提供购买上的最大便利。

独家分销是生产商在一定地区内只选定一家中间商经销或代理,实行独家经营。它是一种最窄的分销渠道策略。通常只对某些技术性强的耐用消费品或名牌产品适用。独家分销对生产者的好处是,有利于控制中间商,提高他们的经营水平;也有利于加强产品形象,增加利润。但这种形式有一定的风险,如果这一家中间商经营不善或发生意外情况,生产者就要蒙受损失。

选择性分销是生产商在某一地区精选几家中间商销售产品,它是介于密集性分销和独家分销之间的分销形式。这种形式对所有各类产品都适用,它比独家分销面宽,有利于扩大销路,开拓市场,展开竞争;比密集性分销又节省费用,并较易于控制,不必分散太多的精力。有条件地选择中间商,还有利于加强彼此之间的了解和联系,使被选中的中间商愿意努力提高推销水平。

(二) 中小企业选择分销渠道的原则

中小企业在选择分销渠道时,必须考虑渠道要有利于企业长远目标的实现。具体可从三方面分析:一是渠道的经济效益;二是企业对渠道的控制力;三是渠道的适应性。

企业的最终目的在于获取最佳经济效益,因此,经济效益方面主要考虑的是每一条渠道的销售额与成本的关系。一方面要考虑企业自销和利用中间商哪种方式销售量大;另一方面要比较二者的成本。一般说来,利用销售代理商的成本较企业自销的成本低,但是当销售额增长超过一定水平时,用代理商所费的成本则愈来愈高,如图 8-5 所示:

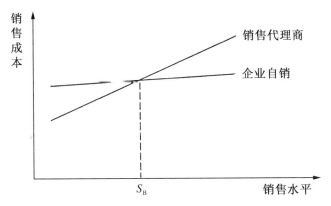

图 8-5　销售代理商与自销比较

图上的 S_B 点代表两条渠道成本相同时的销售额。当销售水平低于 S_B 时,使用代理商合算,销售水平高于 S_B 时则企业自销有利。因为代理商通常是收取较大固定比例的佣金,而企业自销是企业内销售人员的固定工资加部分佣金。因此,中小企业利用销售代理商较合算。当销售额达到一定水平后,则宜于设立自己的分销机构自销。

企业对渠道的控制力方面,自销当然比利用销售代理商更有利。因为销售代理商是独立的商业机构,主要关心的是能为它带来最高收益的顾客,因而有可能不按照中小企业的要求来销售产品,所以,当中小企业决定使用中间商分销产品时,必须谨慎选择那些能够按照企业的要求提供支持的中间商。

由于市场环境需求和由此产生的各方面的变化,要求企业有一定的适应能力。渠道的适应性方面,主要是与销售代理商签订长期合约时要慎重从事,因为在签约期内不能根据需要随时调整渠道,将会使渠道失去灵活性。所以中小企业在择定渠道结构或成员时,要全面考察,用发展的观点分析,尤其是涉及长期承诺的渠道方案,只有在经济效益和控制力方面都十分优越的条件下,才可予以考虑。

(三) 中小企业的实物分销

中小企业在建立自己的分销渠道时,除了需要有中间商之外,还必须有一个实物分销系统。实物分销系统方面的主要因素是运输,其他的因素还包括储存、原料管理、交货条件以及库存管理等。

1. 运输的方式

中小企业在产品实物运输方面需要作出的决定主要是采用何种运输方式。企业可以利用的运输方式传统上被划分为:

(1) 铁路运输。铁路运输是最重要的货运方式之一。铁路可以用来整车装运大宗散装产品,如长途运输煤、沙、矿物和农林产品等。铁路运输的收费标准比较复杂。一般来说,整车运输收费标准最低,而零担货运收费则较高。因此,中小企业可将发往相同目的地的货物合并配载运输,以利用整车费用低的优势。

(2) 水运。水运主要包括轮船运输及沿海驳船和内陆水路驳船运输。水运适合运输体积大、价值低、不易腐烂的产品,如沙、煤、粮食、石油和金属矿等。水运的成本很低,但这一运输方式的速度慢,另外容易受到气候条件的影响。

(3) 卡车运输。卡车在运输业中所占的比重一直在稳步上升。与城市间的运输不同,卡车在市内运输中所占比重最大。卡车在运输路线的时间安排上有很大的灵活性,它们可以挨家挨户上门送货,这样发货人就不必将货物由卡车转装上火车,再由火车卸货装上卡车,因此节约了时间,也避免了货物被偷盗或损坏的风险。对于价值高的商品的短途运输来说,卡车是一种有效的运输方式。在许多情况下,卡车运费与铁路运输相比较,具有较强的竞争力,而且卡车所提供的服务一般更为迅速。

(4) 管道运输。管道运输是一种专门由生产地向市场输送石油、煤和某些化工产品的运输方式。管道运输石油产品比水运费用高,但仍然比铁路运输便宜。大部分管道都是被其所有者用来运输自有产品。

(5) 空运。空运在运输业中所占的比重比较低,但其重要性越来越明显。虽然空运费用比铁路或卡车运输高得多，但是如果要求迅速交货，或者要将货物运送到遥远的市场时，空运仍是理想的运输方式。经常空运的产品有易腐产品(如鲜鱼、鲜花)和价值高、体积小的产品(如科技仪器、珠宝等)。

中小企业在发货给仓库、经销商和顾客时，应在上面的五种运输方式中进行选择。发货人员在为某种产品选择运输方式时，要考虑速度、频率、可靠性、运载能力、可用性和成本等因素。

2. 库存管理

对于中小企业来说，缺少空间是一个普遍存在的问题。如果中小企业使用了中间商销售系统，随着商品所有权的转移，商品中间商也就充当了库存的功能。如果一家企业太小，不值得自己建造仓库的话，那么，它可以在公共仓库租用空间。如果企业的产品库存非常简单不需要许多特殊处置设备，那么租用公用仓库对中小企业来说是非常经济的做法。

库存管理的目的是在满足顾客服务要求的前提下通过对企业的库存水平进行控制，力求尽可能降低库存水平、提高物流系统的效率，以强化企业的竞争力。在中小企业采购、生产、销售的不断循环的过程中，库存使各个环节相对独立的经济活动成为可能。但是对库存在企业中的角色，不同的部门看法并不相同。库存管理部门希望保持最低的库存水平以减少资金占用、节约成本。而销售部门愿意维持较高的库存水平和尽可能备齐各种商品以避免发生缺货现象，提高顾客满意度。而采购部门为了降低单位购买价格往往利用数量折扣的优惠通过一次采购大量的物质来实现最低的单位购买价格，这样不可避免会增大库存水平。同样制造部门愿意对同一产品进行长时间的大量生产，这样可以降低单位产品的固定费用，然而这样又往往会增加库存水平。总之，库存管理部门和其他部门的目标存在冲突，为了实现最佳库存管理，需要协调和整合各个部门的活动，以实现企业的整个效益为目标。

3. 交货条件

产品交货条件是中小企业实物分销系统中一个虽小但重要的部分。它将产品分销过程中的几个方面的负责方明确出来：交付运费、选择运输商、承担产品运输过程中产品的损失、选择产品的运输方式。

对作为经销商的小型企业来说,最简单和最有利的交货条件是开始离岸价格,运费对方自理。它将运费成本转移到了顾客的身上。在产品装运之后,企业将商品的所有权和损失风险转移到产品购买者的身上。

四、中小企业的促销策略

促销是指企业将产品和服务方面的信息传给顾客,并进而促使顾客进行购买的市场营销行为。促销的本质是信息沟通。促销的根本作用在于沟通了买卖双方,使得各自的信息得以传递。

(一) 中小企业的促销组合

促销组合是一种企业促销活动的策略思路,它主张企业应把广告、公共关系、营业推广和人员推销四种基本促销方式组合为一个策略系统,使企业的全部促销活动互相配合、协调一致,最大限度地发挥整体效果,从而顺利实现促销目标。

中小企业的特点决定了它们很少利用费用较高的商品促销手段,如杂志广告、电视广告等,而公共关系促销能给企业带来的直接经济利益不高、不快,因此,有创造性的中小企业常常把有限的财力集中在人员推销和营业推广上,以及使用费用相对低廉的促销手段。在人员推销策略中,以奖励和提成激励营销人员开拓市场,扩大销售,特别是强调销售返款考核,采用灵活多样的营业推广策略诱导消费者的购买动机,促进实际购买。

(二) 中小企业的人员推销

所谓人员推销,是指推销员与一个或多个可能的购买者交谈,为实现销售所进行的口头陈述活动。许多中小企业的产品销售都需要人员推销——在一对一的环境下进行的促销活动。推销人员作为企业和购买者之间相互联系的纽带,负有维护双方利益的责任,概括地说推销人员的工作任务主要有寻找和发现新顾客、沟通、销售、提供服务和反馈信息。

推销人员既是企业的资源和财富,又是一大笔企业的投资。这项投资不仅受各种环境因素的制约,而且一旦拍板决策之后又很难进行变动。所以,企业必须加强对推销人员的管理。

1. 中小企业推销队伍的规模

推销队伍规模即企业怎样确定其所需要推销人员的数量。人员推销的成本与企业推销工作的负荷量是考虑这一问题的两个基本依据。在劳动力成本较高的国家,企业人员推销的费用往往大于广告。所以中小企业必须合理确定推销队伍的规模,具体有多种方法,其中较为实用的方法是工作量法,可分为五个步骤:

(1) 按年销售量的大小将顾客分类。

(2) 确定每类顾客所需的访问次数(即对每个顾客每年的推销访问次数),它反映了与竞争对手相比要达到的访问密度有多大。

(3) 每类顾客的数量乘以各自所需的访问次数就是整个地区的访问工作量。

(4) 确定一个销售人员每年可进行的平均访问次数。

(5) 将总的年访问次数除以每个销售人员的平均年访问数,即得所需销售人员数。

2. 推销人员的挑选和培训

招聘和挑选到具有良好素质的推销人员是降低人员推销成本、提高人员推销效率的基础。因此,中小企业的销售工作要想获得成功,就必须认真挑选销售人员。挑选的标准大体上有以下几点:

(1) 感同力。即善于从顾客角度考虑问题,并使顾客接受自己。一般而言,中小企业应根据其推销工作的特点来确定选拔标准。

(2) 自信力。让顾客感到自己的购买决策是正确的。

(3) 挑战力。即具有视各种异议、拒绝或障碍为挑战的心理。

(4) 自我驱动力。即具有完成销售任务的强烈愿望。这是任何一个意欲达到成功的推销人员所必须具备的。

中小企业在挑选和招聘到推销人员之后,不应未经培训就将新推销员分派到实际工作岗位,因为推销人员不经过系统的训练很难获得与顾客的沟通。所以,中小企业必须对推销人员进行训练。推销员的培训内容一般包括:本企业的历史、现状、发展目标、人员、机构,产品的生产过程、各项特征、销售状况、顾客状况、竞争状况,企业的销售政策和制度,推销技术、推销员的任务与职责等。

3. 推销人员的激励

中小企业要实现自己的销售目标,与推销人员的精神状态有着密切的联系,也就是推销人员有无实现目标的高昂士气。激励是鼓起高昂士气的有效手段。企业通过有效的科学的激励方法,引导、激发推销员蕴藏的巨大潜力,使他们的能力、积极性和创造性得以充分发挥,获得最佳的工作绩效。激励的原则是:公平合理;对提高推销人员工作绩效有直接作用;作为管理制度要长期保持,但对于个人应是短期的,以利于推销人员继续努力;要有确定的目标,并易为推销人员了解;目标应具有驱动意义。

在对推销人员进行激励时,不能只用金钱等物质奖励方法,还要结合精神奖励方法。具体的方法有:

(1)目标激励法。目标能激励推销人员上进,是他们工作中的方向。可建立的目标有:销售数量指标,一年内访问顾客次数,每月访问新顾客的次数,订货单位平均批量增加额,将旅途时间减少到一定百分比等。为使目标成为有效的激励工具,目标必须同报酬紧密联系,推销人员达到目标就一定兑现。目标激励的好处在于把企业的目标变成了推销员自觉的行动,使他们看到自己的价值与责任,工作也增添了乐趣。

(2)强化激励法。强化有两种:正强化和负强化。正强化是对推销人员的进步发展给予肯定和奖赏;负强化是对推销人员不正确行为的否定和惩罚。两者相互配合和交替使用能促使推销人员保持高昂的士气。

(3)反馈激励法。是把一定阶段推销各项指标的完成情况、考核成绩,及时反馈给推销人员,以此增强他们的工作信心和成就感,激励他们的进取心。

(4)竞赛。这是一种常用的激励推销人员的工具。根据工作实际采取多种竞赛形式,能充分发挥推销人员的潜力,促进销售任务的完成。

4. 推销人员的报酬管理

建立合理的报酬制度,对于调动推销人员的积极性、主动性,提高推销工作效率和扩大市场占有率,有着重要作用。反之,如果报酬制度不合理,就是有了最优秀的推销人员,也不能很好地发挥作用。一般来讲,推销员的报酬应与完成推销量的多少以及工作能力和推销经验直接挂起钩来。从中小企业的实际情况看,推销人员的报酬形式主要分为三种:

(1) 薪金制。即给予推销人员固定收入的报酬。这种制度比较简单,也有很多优点:销售管理者能对推销人员进行最大限度的控制,推销人员也有安全感,不必在没有推销业务时忧虑其个人收入。正在受训的推销人员,以及那些专门从事指导购买者使用产品和开辟新销售区域的推销人员,都愿意接受薪金制。但是,薪金制缺少对推销人员的激励的动力,较难刺激他们开展创造性推销活动,容易形成"大锅饭"的局面。

(2) 佣金制。即中小企业按销售额或利润额的大小给予推销人员固定的或根据情况可调整比率的报酬。佣金制与薪金制不同,它有较强的刺激性,能鼓励推销人员尽最大的努力工作,并使销售费用与现期收益紧密相关。但企业对推销人员的控制程度较低,销售人员往往会抱怨企业安排的非销售性工作。实行佣金制的企业支付给推销人员的佣金是一个变量,推销的产品越多,佣金也就越多。这样,推销人员往往只注意眼前销售数量的增长,而忽视这种情况对企业长远利益的影响。

(3) 薪金加奖励制。即支付薪金的同时,利用奖金来刺激推销人员更好地工作。这种形式实际上是薪金制和佣金制的结合。一般说来,它具有薪金制和佣金制的优点,既可实行对推销人员的控制,又能起到刺激作用,但执行起来比较复杂。薪金加奖励制是一种被广泛采用的报酬形式,目前实行这种报酬形式的中小企业越来越多。

(三) 中小企业的广告策略

所谓广告,是指广告主支付一定的费用,采取非人员推销形式,通过各种媒体(如报纸和杂志、广播电台和电视台、邮寄广告、广告牌、招贴、商品目录)把商品信息传送给广大目标顾客,广而告之,促进商品销售。

1. 广告的类型

广告的两种基本类型是产品广告和企业形象广告。产品广告是指企业设计的、用来展示企业的某个具体产品或者服务,使得潜在的顾客知晓该产品和服务,并唤起顾客对它的需求的各种办法和手段。企业形象广告则是被用来发布有关企业的信息,向公众介绍企业的同时加强它的形象的方法和手段。

中小企业广告中大多数是产品广告,几乎是专门强调他们的产品,例如超级市场的周末专卖,或者只在一家妇女用品店进行的运动衣专卖。然而,要说明的很重要的一点是,同样的广告既可以用来传达产品信息,也可以用来传达企业形象。企业在决定应该使用何种类型的广告时,应该以企业的行业性质、行业的做法、可用的媒体方式以及企业的目的为基础。

2. 中小企业的广告策略

大多数中小企业都在地理上或者顾客的类型上对他们的广告进行限制。广告媒体应该覆盖企业的目前市场或者期望的目标市场,但也不应该做得过火。中小企业应该从众多的广告媒体中选择那些相对于他们的广告投入回报最大的媒体方式。

企业最适合的广告媒体组合依赖于企业的类型和企业的目前环境。例如,对于一家不动产销售公司来说,它可能会专门依赖于当地报纸的分类广告,补充性地在电话簿黄页上进行企业形象方面的宣传。一家搬场公司可能会同时利用广播、广告牌以及电话簿黄页的广告,对那些打算搬家的人们进行宣传。

国际互联网为中小企业进行广告提供了一条崭新的途径。互联网具有彩色的图表和双向式信息交换,可以传递声音,并且还有全天24小时都可以获得的服务。目前,网上广告正向传统的广告媒体发起挑战。

目前,使用互联网的中小企业越来越多。互联网上广告有两种基本方法,一是建立自己的网站,进行站点推广;二是在互联网上发布广告信息。

对于所有建立网站的企业而言,总是希望有更多的人来光顾自己的站点,但这需要有一定的宣传技巧。站点的推广主要有两种方式,离线宣传和在线宣传。离线宣传主要是运用传统的媒体进行站点推广。在线宣传主要是利用搜索引擎、邮件列表、电子邮件、广告交换登录、友情链接登录等手段来进行宣传。

(四)中小企业的营业推广

所谓营业推广,是指企业为促使顾客的购买行为而在短期内采取的种种诱因。营业推广的目标根据目标市场的不同而有所差异。就消费者而言,目标包括鼓励消费者更多地使用产品和促使其大量购买,争取未使用者试用,吸引竞争者品牌的使用者等。具体的方法多种多样,其中较为常见的包括:

1. 赠送样品

免费向顾客发送样品供其试用,主要用于新产品推广阶段。这是最有效也是最昂贵的介绍新产品的方式。它能够产生"百闻不如一见"的效果,刺激消费需求。

2. 优惠券

是中小企业对长期顾客、对社会影响较大的顾客提供一种可享受优惠的证明,以此来联络感情,开拓市场;或者在一定时期集中优惠销售,以扩大企业或产品的知名度。优惠券可邮寄,也可包进产品内,或刊登在广告上。专家认为,优惠券必须提供15%~20%的价格减让才有效。

3. 特价包

就是低于正常水平的价格和特别的包装方式向消费者销售商品的一种方法,其做法是在商品包装或标签上加以附带标明。它们可以采取减价包的形式,即将商品单独包装起来减价出售,例如原来买一件商品的价格现在可以买两件。也可以采取组合包的形式,即将两件相关的商品并在一起减价出售,例如牙膏和牙刷等。特价包对于刺激短期销售十分有效。

4. 赠送礼品

就是以相当低的价格出售或免费赠送商品,作为购买特定商品的刺激。它有三种主要形式:一是随附赠品,可以附在商品或包装中,或包装物本身就是一个能重新使用的容器;二是免费邮寄赠品,即消费者交出买过这种商品的包装、标签或其他证据,商店就免费给他寄去一个商品;三是低价赠奖,即以低于正常零售价的价格出售给需要此种商品的消费者。

5. 奖励

即在消费者购买某种产品后向其提高获得某种奖励的机会。

第四节 中小企业的市场营销计划

市场营销计划是在中小企业对市场营销环境进行调研分析的基础上按年度制定的企业及各业务单位的对营销目标以及实现这一目标所应采取的策略、措施和步骤的明确规定和详细说明。一般包括八个部分。如图 8-6 所示:

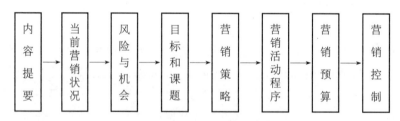

图 8-6 市场营销计划的构成

一、内容提要

市场营销计划首先要有一个内容提要,即对主要营销目标和措施的简要概括的说明,目的是使管理部门迅速了解该计划的主要内容,抓住计划的要点。例如某企业年度营销计划的内容概要是:"本年度计划要使销售额和利润比去年有较大幅度的增长,计划销售额为 500 万元,利润目标为 50 万元,比上年增加 10%。之所以能实现这一增长,是因为目前的经济形势、竞争形势以及分销能力都比去年同期有较大的进展。为达到这个目标,今年的营销预算要达到 10 万元,占计划销售额的 2%,比上年提高 12%。"

二、当前营销状况

这是计划正文的第一部分,主要提供该产品目前营销状况的有关背景资料,包括市场、产品、竞争、分销以及宏观环境状况的分析。

市场状况。市场的范围有多大,包括哪些细分市场,市场及各细分市场近几年销售额有多少,顾客需求状况及影响顾客行为的各种环境因素等。

产品状况。列出企业产品组合中每一个品种的近年来的销售价格、市场占有率、成本、费用、利润率等方面的数据。

竞争状况。识别出企业的主要竞争者,各个竞争者在产品质量、定价、分销等方面都采取了哪些策略,他们的市场份额有多大,以及了解竞争者的意图、行为,判断竞争者的变化趋势。

分销状况。描述企业产品所选择的分销渠道的类型及其在各种分销渠道上的销售数量。如某产品在百货商店、专业商店、邮寄等各种渠道上的分配比例等。

宏观环境状况。主要对宏观环境的状况及其主要发展趋势作出简要的介绍,包括人口环境、经济环境、技术环境、政治法律环境、社会文化环境,从中判断某种产品的命运。

三、风险与机会

这一部分,是对计划期内企业的某种产品所面临的主要机会和风险、企业的优势和劣势以及主要问题进行系统分析。所谓机会是指企业营销环境中所存在的对企业营销有利的因素,即企业可取得竞争优势和差别利益的市场机会;而风险是指营销环境中存在着的对企业营销的不利的因素。

此外,企业还应辨别其优势和劣势。所谓优势是指企业的目标和资源,包括资金、技术、设备、分销、品牌等在某类产品的生产和经营中所具备的有利的条件；反之，在上述方面不利的条件即为劣势。

在分析了机会与风险、优势与劣势的基础上，企业就可以确定在该计划中所必须注意的主要问题。

在这项分析中，必须把机会与风险的分析与企业的优势与劣势分析结合起来进行，这样才能使这项分析真正给企业带来赢利的机会，回避可能遇到的风险。一个市场机会能否成为企业的营销机会，关键在于这个机会是否与企业在目标和资源方面的优势相匹配。一个最成功的企业所经营的业务应当是：能扬长避短，发挥优势，比竞争者享有差别利益，并且能得到购买者的偏爱。

四、目标和课题

在分析市场营销活动现状和预测未来的机会与威胁的基础上，还要确定本期的营销目标和所要解决的课题，这是市场营销计划的核心内容。在这里应建立两种目标，即财务目标和营销目标。财务目标即确定每一个战略业务单位的财务报酬目标，包括投资报酬率、利润率、利润额等指标。营销目标包括销售收入、销售增长率、销售量、市场份额、品牌知名度、分销范围等。这些目标要用数量化指标表达出来，要注意目标的实际、合理，并应有一定的开拓性。

五、营销策略

营销策略是指达到上述营销目标的途径或手段，包括目标市场的选择和市场定位战略、营销组合策略、营销费用战略等。

目标市场。在营销策略中应首先明确企业的目标市场，即企业准备服务于哪个或哪几个细分市场，如何进行市场定位，确定何种市场形象。

营销组合。企业准备在其目标市场上采取哪些具体的营销策略，如产品、渠道、定价和促销等方面的策略。

营销费用。详细说明为执行各种营销策略所必需的营销费用，并且要以科学的方法来确定恰当的费用水平。既要保持营销活动的需要，又要能使费用水平相对降低。

六、营销活动程序

营销策略说明了企业管理人员为了达到企业目标而将采取的总营销的内容。除此以外,还必须把营销策略转化成具体的活动程序。内容包括:将做什么?何时开始?何时完成?谁来做?成本是多少?

整个行动计划可以列表加以说明,表中应具体说明每一时期应执行和完成的营销活动的时间安排和费用开支等,如每项营销活动何时开始、何时完成、何时检查、费用多少,等等。使整个营销策略落实于行动,并能循序渐进地贯彻执行。

七、营销预算

营销预算基本上是一个关于预计盈利或亏损的报告。在收益的一方要说明预计的销售量及平均实现价格,在支出的一方说明生产成本、实体分销成本和营销费用,以及再细分下去的细节项目。收入和支出的差额即预计利润。企业的各业务单位编制出营销预算后送上层管理者审批,经批准后,该预算就是材料采购、生产调度、劳动人事以及各项营销活动的依据。

八、营销控制

营销计划的最后一部分是对计划执行过程的控制,用以监督计划的进程。为便于监督检查,典型的做法是将计划规定的目标和预算按月或季分解,以便于企业高层管理者进行有效的监督与检查,督促未完成计划任务的部门改进工作,确保市场营销计划的完成。

市场营销计划就是由以上八个部分构成的。企业的市场营销计划制定并经审核批准后,就成为企业营销部门一定时期内的行动纲领,成为各项营销活动的主要依据。

第九章 中小企业的信息管理与电子商务

学习目标

完成本章学习以后,你应该能够:
- 理解企业信息管理的含义及内容
- 了解信息系统的定义及构成
- 熟悉企业信息化的含义及特征
- 掌握信息化对中小企业的意义
- 掌握中小企业信息化建设的方法
- 理解电子商务的含义及特征
- 熟悉电子商务对中小企业的效益
- 掌握中小企业电子商务的建设的方法

21世纪是信息经济时代,随着全球经济一体化进程的不断加快,信息技术的飞速发展,企业将面临一个全球化的市场,市场环境发生了根本性的变化。面对市场竞争的全球化和激烈化,企业都不可避免地感到了压力与危机。要想在这样的市场条件下掌握经营的主动权,对信息的及时掌握和充分利用已成为当今企业成功与否的重要因素,可以说,信息开发和利用是未来企业生存、发展所必需的。

第一节 信息管理与中小企业

未来社会是信息化和网络化的社会,谁能在这场信息革命中领先一步,谁就能在未来的国际竞争中占据优势。只有实现企业信息化,才能快速响应市场并赢得市场。

一、信息技术作用下的中小企业管理

(一) 对信息管理的理解

信息是客观事物的特征通过一定物质载体形式的反映。因此，信息是客观存在的事物，是客观事物运动和变化的一种反映。从一定的角度说，管理就是通过信息来协调系统内部环境、外部环境与系统目标之间的关系，实现管理的目标。所以，有效地利用信息可改变企业的目标、经营、产品、服务或相关环境，从而提高企业的竞争力。

信息管理，英语中是 Information Management，简称 IM。关于它的定义，目前还没有统一的表述。我们认为，信息管理是人类为了实现确定的目标对信息进行的采集、加工、存储、传播和利用，对信息活动各要素进行合理的计划、组织、指挥和控制，以实现信息及有关资源的合理配置，从而有效地满足组织自身和社会信息需求的全过程。简言之，信息管理就是对信息和信息活动的管理。

中小企业信息管理是中小企业管理者为了实现企业目标对企业信息和企业信息活动进行管理的过程，它和常规管理并存于企业之中。

企业信息管理的内容可包括以下几个方面：

1. 企业信息化建设

企业信息化建设，是企业实现信息管理的必要条件。企业须从思想观念、管理模式、技术设备、组织机构等许多方面对自身进行一次信息化改造。只有这样，才有可能实现信息管理，其他信息管理的任务才有可能完成。

2. 企业信息系统的建立与管理

在建立企业信息系统时，中小企业不能照搬大企业的管理模式，中小企业存储信息，只可能是一个原则，就是必须对企业发展有用。因为中小企业使用的信息，都是直接为企业决策服务的，能够及时为决策提供有效的信息是中小企业信息管理工作追求的最高目标。当企业需要某信息而不能及时地获得该信息，或者获得的是一些过时的、失真的信息，就会造成决策延误或决策失误。因此，企业信息管理的成绩，以能否及时地提供优质信息为标准。

3. 企业信息的公开

企业信息的公开,是指企业向社会公布自身信息的工作。这是企业信息管理的重要内容之一。企业向社会公开信息,并不只是社会信息资源共享的需要,而且对企业自身的发展也是十分有利的。企业信息流是社会信息流的重要组成部分。从国家宏观管理的角度来看,企业公开自身的信息是企业的义务;从扩大市场、树立企业形象、提高企业竞争力来看,企业有着公开自身信息的内在动力。企业对外公开信息主要包括向上级主管部门、向社会监督部门、向社会信息网络、向其他企业、向用户和消费者、向股东和股民等几个方面。

4. 企业信息的保护

企业为了自身的发展,需要公布那些能够公开的信息。同样,为了企业的自身发展,需要保护那些不能公开或即使公开了也要保护的信息。通常,企业用来保护信息的手段有:专利保护、商标保护、知识产权保护、合同保护、公平竞争保护等等。

(二) 企业信息系统的构成

1. 企业信息系统的定义

信息系统是一个集成的系统,任何企业中信息流动的总和构成了一个信息系统。因此,信息系统是根据一定的需要进行信息接收、选择、处理、存储与传递等活动而涉及的所有因素的综合体。它支持与改善企业的日常业务运作,满足管理人员解决问题和制定决策的各种信息需求。

就信息系统的定义而言,并没有涉及计算机。但由于计算机所具有的强大的信息处理能力,现代的信息系统一般都是利用计算机来实现的。因此,这里所说的信息系统一般是指计算机信息系统(CIS)。

2. 企业信息系统的构成

由定义分析,信息系统的构成要素包括人员、硬件、软件和数据四种基本资源。

人力资源是指所有与信息系统的运作相关的人,包括系统用户、系统专业人员等。

硬件资源是指在信息处理过程中所有被利用的物理设施与材料,

包括计算机系统、存贮数据资源用的各种物质材料。

软件资源是指所有信息处理的指令,包括指示和控制计算机硬件的操作性指令,也包括人所需要的信息处理的过程指令。

数据资料包括由数字、字母以及其他字符组成,描述企业活动和其他事情的字母数字型数据;用于书面通信,由句子与段落组成的文本数据;图形和图表形式的图像数据;以及记录人与其他声音的音频数据。

根据企业作业和管理不同可将信息系统分成两大类型:作业支持系统和管理支持系统。

(1) 作业支持系统。作业支持系统运用于企业基础型作业管理的信息处理及对信息的需求,它所产出的信息可供企业内部和外部使用。主要的类型有:

第一,交易处理系统(TPS)。TPS用来处理和记录企业经营的日常事务信息,它在操作层工作,工作内容确定,有确定的业务流程和操作规程。TPS是企业的基础信息系统,处于组织和环境的边界。迄今已开发的信息系统中最完善的是TPS。

第二,知识工作系统和办公自动化系统(KWS & OAS)。KWS & OAS在知识层工作,前者辅助知识工作者创造性地使用新知识,促使新知识、新技能和企业经营有效结合,后者辅助文员提高办公效率。

(2) 管理支持系统。管理支持系统主要提供报表或其他形式的信息,帮助管理者制定有效的决策,这是一项复杂的工作。支持管理者的主要信息系统包括:

① 管理信息系统(MIS)。管理信息系统在管理层工作,服务于管理层的计划、控制和决策制定,提供常规报表和异常情况报告,提供当前情况和历史记录的联机查询。管理信息系统主要定位于内部信息,输入数据来源于低层TPS的在线信息和历史记录。它将来自TPS的数据进行浓缩,对企业的基本运作进行总结,定期提交符合要求的报告。

② 决策支持系统(DSS)。决策支持系统是一种电脑信息系统,提供互动信息以支持管理者的决策过程。管理信息系统有时无法给管理

者提供有效的决策辅助,决策支持系统的开发是解决这个问题的一种方案。

管理信息系统和决策支持系统的区别主要表现在:首先,管理信息系统通常完成一些结构化的任务,而决策支持系统则是辅助管理者对半结构化和非结构化问题作出决策;其次,管理信息系统完成企业常规的日常事物信息处理,反映企业现行的实际情况,而决策支持系统考虑的是一些决策方案,追求和强调决策信息的有效性;第三,管理信息系统的运行只能按既定的流程和思路,而决策支持系统是人机对话方式,强调发挥决策人员的经验和判断力;第四,管理信息系统是以提供信息为导向的,而决策支持系统是以决策为导向的;第五,管理信息系统以定时、定点的方式提供使用者所需的信息,而决策支持系统根据使用者的需求立即产生所需的信息。

③ 总裁支持系统(ESS)。总裁支持系统是专供战略层使用的信息系统,它综合了 MIS 和 DSS 的许多特征,但在结构和原理上又和它们截然不同。ESS 的开发者们认为高层决策者之所以能够胜任工作,其最大的优势在于对无法定义的问题的洞察能力和判断能力。这种治理过程是很难用程序来替代的,所以对高层决策者进行辅助决策的一种有效方案,就是以最恰当的方式为他们提供所需要的一切真实情况和数据。所以 ESS 的特点是:数据源广,综合性高;系统和人的交互性好;对高层管理者的决策辅助是综合性的。

二、中小企业的信息化

(一)企业信息化的概念

信息化的概念最早出现在 20 世纪 60 年代的日本。随着信息经济、知识经济的发展,信息化的概念在实践中逐步深化和丰富起来。人们从不同角度对信息化进行定义。但大多数的定义都认为信息化指的是一个社会经济变化的过程,表现为信息资源越来越成为整个经济活动的基本资源、信息产业越来越成为整个经济结构的基础产业、信息活动对经济增长的贡献越来越大的过程。具体而言,信息化主要体现在产业结构的变化、信息资源化、信息技术高度发展、劳动力结构的变化、信息基础设施基本成熟和完善、信息法规不断完善等方面。

企业信息化是指以 IT 与先进管理思想的结合应用为基础,依赖 IT 对企业内、外部信息资源进行优化配置和集成的信息系统,达到提高企业的经济效益和市场竞争力的一个长期持续改进的动态过程。从某种意义上讲,企业信息化更像是一种观念、一种思想,植入在企业文化中,拥有这种观念与思想的人是企业实施信息化建设的根本,而管理制度不过是一种流程的约束,离开了人的执行,企业信息化只能是一句空话。"以人为本"在企业信息化中可以得到精准的诠释。

(二) 企业信息化的特征

企业信息化具有这样几个特征:

1. 信息数字化

信息化企业中信息不再是以文件、账本、单据的形式堆积成山,事实上众多的信息只需输入电脑便可以得到有序安全的管理。但是由于信息处理的核心是计算机,而计算机只能识别二进制数码,因此信息都需要数字化。

2. 生产柔性化

中小企业虽有"船小好调头"的优势,但市场竞争力弱。为了能够适应多变的市场,并拥有较强的竞争实力,通过及时获取市场信息,合理组织生产,即按订单生产,提供个性化服务,使得生产过程有序,生产节奏平稳;同时能够保证高效率、低成本的优势。

3. 组织弹性化

信息化企业的组织灵活地适应生存环境,根据市场需求,实时调整企业组织规模,而且管理重心下移,减少环节,降低成本,建立扁平化、网络化的组织结构,加强组织的横向联系。各种信息系统在思想上都要求信息的及时反馈,这只有对组织结构进行相应调整才能实现。因此,弹性化是信息化企业的组织特征。

4. 管理一体化

管理一体化是指在信息化企业内部网络和信息系统的基础上,从科学、及时决策和最优控制的高度把信息作为战略资源加以开发和利用,并根据战略的需要把诸多现代科学管理方法和手段有机地集成,实现企业内的人、资金、物质、信息要素的综合优化管理。

5. 经营虚拟化

伴随企业信息化的发展出现了一种新的企业组织形式——"虚拟企业",这是一种在互联网上与其他企业能力共享的一种全新的企业组织。企业中的信息人只需操作电脑,通过计算机网络,就可以获取订单、组织生产、办理财务业务、组织交货,完成交易。

根据企业信息化的定义,我们可以认为,企业信息化内容主要包括:生产过程信息化(包括产品设计、开发、生产环节、生产过程的综合信息化);流通过程信息化(是企业在采购和销售的过程中采用先进的信息技术,重组企业物资流程,减少流通费用的过程,如电子商务等);管理信息化(包括管理手段信息化和管理内容信息化);组织结构信息化(组织内不同部门的界面逐渐模糊,并向动态的网络结构过渡);生产要素信息化(一是指信息成为创造力、生产力、利润力的源泉;二是指传统生产要素的信息化)。

(三) 信息化对中小企业的意义

信息化对现代企业具有举足轻重的作用,国内先进企业的实践已充分证明,信息化是企业提升竞争力的关键环节,信息化能够帮助企业提高管理水平,能够为企业经营决策提供及时、准确的信息。具体表现在:

1. 信息化是企业获得竞争优势的保障

竞争优势是企业通过竞争而获得的一种长期的利益。一个企业的生存和发展关键在于能否取得竞争优势。随着信息化的广泛应用,越来越多的企业认识到信息系统可以成为获取企业竞争优势的工具。我们把能够为企业发展竞争优势提供保证的信息系统称为战略信息系统。用这样的信息系统可为企业提供战略上如何长期发展、长期生存所需要的信息。比如有关新产品开发、新业务拓展、与新的客户和供应商建立合作关系等都属于企业发展战略上需要的信息。企业要在竞争中获得发展,就要通过信息系统不断寻求企业的长项以及建立独一无二的产品或服务模式。

2. 信息化是企业实现管理高效化的途径

从某种角度讲,管理就是对信息的处理。企业在不断发展的过程中,其内部外部经营一体化的需求日益显著,与企业日常运作息息相关的种种角色,如企业内部员工、分支机构、上游的供应商、下游的分销商、合作伙伴乃至客户等等,他们的信息化水平以及他们与企业的合作程度都对企业的自身发展产生着重要影响。通过软件、网络等技术和手段,供应商、客户、合作伙伴以及员工能以多种方式连接在同一个运营管理平台协同工作。在这个平台上,与企业运营管理相关的各类角色协同合作,最大限度地缩短了工作流程运转时间,极有效地提高了工作效率,使企业与其上下游伙伴之间联系更紧密,流程更优化,从而提高整个链条各方的竞争力。据日本的调查数据显示,管理工作中有44%属于常规工作,许多均有规律性,完全可以由机器代替人工。另外56%的管理工作中,还有一半左右为规律性工作,也可由机器所完成。这些规律性的工作完全可以由信息系统进行程序化处理,以便管理人员有更多的时间用于无法程序化的决策上。所以随着信息处理条件的改善,可以促进重要决策的集中化,提高决策速度和质量,使企业管理组织体现出既高度集中又机动灵活的柔性特征。

3. 信息化是企业提高"客户满意度"的保证

客户关系管理就是要通过对企业与客户间发生的各种业务行为进行全面管理,以赢得新客户,巩固保留既有客户,并增加客户利润贡献度。而企业与客户之间的关系,又主要体现为市场营销、销售和售后服务过程中所发生的业务关系,如合同签订、订单处理、发货、收款等。传统的客户关系管理往往依靠销售员工管理并自行维护,因此经常发生诸如因销售人员跳槽而造成客户流失的现象,这不仅对企业发展不利,也难以提高客户的忠诚度和满意度。而利用信息化管理手段,就能使企业获得服务状态的反馈信息,使服务更加有效。功能强大的销售信息系统可以帮助企业完整掌握并及时更新客户信息,发掘目标客户,快速响应客户的个性化需求,提供便捷的购买渠道、良好的售后服务与经常性的客户关怀,从而提升"客户满意度"。

4. 信息化促进企业产品质量的提高

在过去的 20 年间,质量问题已经成为企业得以生存和发展所必须面对的问题。激烈的竞争促使企业将产品和服务质量摆在重要的位置,而信息化在促进和提高企业产品质量方面可以起到积极的作用。对于任何一个生产企业而言,可以通过减少对产品的处理步骤或减少组成产品的零部件数量,以此降低产品生产过程中出错的概率来提高质量;也可通过缩短运行周期,即减少一个过程从开始到结束的时间,从而使质量问题早发现早解决来提高质量;或者改进设计质量和精度从而使产品质量提高。无论哪一种方法,通过对信息产品软件的利用都可达到使产品质量提高的目的。

(四)中小企业信息化的建设

中小企业的信息化有其灵活的特点。在其信息化范围内,可以采用不同的组合。企业信息化的过程是改善管理模式的过程,而不是单纯改变管理模式的过程。但从目前看,我国的大多数中小企业仍在徘徊。因为中小企业资金和人力资源都不充足,同时又各有特色,市场上的信息软件不一定能满足中小企业的需要。这些情况都使得中小企业信息化建设步履维艰。因而,中小企业在信息化的建设过程中,要进行可行性分析,并在建设过程中注意以下几点。

1. 战略规划,目标明确

中小企业信息化应本着"统筹规划,整体设计,分步实施,逐步推进"的原则。信息化项目应着眼实际应用,将管理创新、技术创新和知识创新结合在一起,每一个项目的实施都要经过科学论证和详细规划,并进行精确的成本测算与效益分析。

2. 分步实施

在统筹规划的基础上,逐步实施,切不可贪大求全,更不可短期同时进行多个项目。具体的操作可分别本着减少成本、增加利润、开拓渠道、提高效率的思路,从财务管理信息化入手,逐步建立基于互联网的办公自动化系统、企业资源共享系统、客户关系管理系统、企业资源管理系统和网络营销系统与电子商务。在各系统逐个成功对接后,自然便形成了完整的企业信息化平台。

3. 选择对本行业具有丰富信息化实施经验的服务商

企业在实施信息化建设中,选择对本行业具有丰富信息化实施经验的服务商,是中小型企业进行信息化建设的明智之举。因为这些服务商能够比较了解企业的真实情况,充分理解企业需求,对实施过程中可能出现的各种问题考虑较为周全。

4. 企业流程重组与双轨并行

在企业信息化建设中,企业流程重组是一个普遍敏感的问题,也是企业信息化建设阻力最大的地方,很多原本很好的信息化建设项目都不幸夭折在这里。那么,企业如何顺利实施流程重组呢?应该实现新系统与原系统双轨并行并逐渐过渡。在企业流程重组过程中,一方面鼓励员工尝试新系统的运作,另一方面采用适当的激励机制,对在新系统工作的员工给予适当的奖励与考评优先。当新的管理流程得到企业员工普遍认同的时候,就可实现系统的切换。

5. 应用基于互联网的信息平台

互联网信息平台具有结构简捷、高效,利于融合,便于管理与维护,成本低廉等诸多优点,已经成为一种现代企业信息化应用的趋势。互联网信息平台的应用,几乎囊括了产品的设计、制造、管理、营销、服务等的全过程,有效地解决了"信息孤岛"融合的问题。当企业的员工,无论身处何地,都可以通过互联网登陆企业信息平台,查看最新的内部通知和个人定制的信息;在权限允许的范围内调取自己想要的资料,那么企业的运营效率将大大提高。

6. 跨越资金障碍

资金问题是中小企业信息化建设能否顺利实施的关键问题。在硬件设备投入上,企业可以采取租用的方式,不用理会服务器环境的维护与扩容升级的烦恼,最大限度地降低初期硬件的一次性投入。

第二节 电子商务与中小企业

随着现代信息技术的发展,近年来以国际互联网为媒介进行的商务活动正在全球范围内兴起,电子商务正在世界各地迅猛发展。电子商务的发展正在改变现有的商业形态、流通系统及营销战略,并可能成为21世纪最具潜力的贸易载体。可以说,电子商务代表着未来商务的发展方向,企业必须跟上潮流,才能赢得参与竞争的机会。

一、电子商务及特点

电子商务是通过电子信息技术、网络互联技术和现代通信技术,使得交易涉及的各方当事人借助电子方式联系,而无需依靠纸面文件完成单据的传输,实现整个交易过程的电子化。简单地说,电子商务就是利用计算机网络进行的商务活动。

作为一种新的商务模式,它与传统商务形式相比,具有许多新特点,表现在:

(一) 市场全球化

凡是能够上网的人,不论在世界的哪一处,都将被网在一个市场中,都可以成为上网企业的客户。

(二) 交易快捷化

电子商务能在世界各地瞬间完成传递与计算机自动处理,信息交换的准确性也得到了改善,而且无需人员干预,加快了交易速度。

(三) 交易虚拟化

通过以互联网为代表的计算机互联网络进行的贸易,双方从开始洽谈、签约到订货、支付等,无需当面进行,均通过计算机互联网络完成,整个交易过程虚拟化。

(四) 成本低廉化

由于通过网络进行商务活动,信息成本低,足不出户,可节省交通费,且减少了中介费用,因此整个活动成本大大降低。

(五) 交易连续化

由于世界各地存在时差,进行国际商务谈判就相当不方便。对企业来讲,每天提供24小时的客户支持和服务费用相当昂贵,然而,国际互联网的网页,可以实现24小时的在线服务。任何人都可以在任何时候向上网企业查询信息,寻找问题的答案。若没有理想的答案,还可以发出电子邮件进行询问。

当然,电子商务也并非完美无缺,它也有难以控制和容易被不法之徒利用的缺点。因此,在尚无严格国际司法保障的互联网上开展业务,是否会受到来自黑客和电脑病毒的侵袭,交易怎样在双方均无后顾之忧的情况下顺利完成,就成了电子商务能否迅速发展的关键。

由此可见,电子商务是一种现代商业方法。它以满足企业、商人和顾客的需求为目的,通过增加服务传递速度,改善服务质量,降低交易费用,提高企业的竞争力。电子商务改变了作为生产建设和商品流通的直接承担者、为社会提供产品和服务的主要组织形式的企业的经营环境,使市场变成动态的、多变的,客户的需求越来越广泛,条件越来越高;潜在的合作伙伴和竞争对手都大大增加;企业经营风险加大。因此,中小企业能否在电子商务环境中找到适合自己的位置,将直接影响到自身的生存和发展。

二、电子商务能提高中小企业的效益

电子商务通过物资贸易,大量减少各种商务活动中人、财、物的消耗,使企业节省了大量的运营成本,提高了企业的运营水平。就中小企业而言,电子商务极大地拓展了企业生存和发展空间,为中小企业的发展壮大提供了条件。电子商务对中小企业而言的优越性主要表现在以下几个方面:

(一)消除了企业的信息障碍

在我国,中小企业由于受资金、规模等方面的限制,无法像大公司那样建立广泛的营销渠道和网络,对于市场的需求信息难以及时、准确获取,信息渠道狭窄、信息收集成本高。许多中小企业只能以区域市场作为生存空间,即使有新产品投放市场,也只能是"借船出海",依附于其他公司。这不仅在经济效益方面受制于人,而且由于对新市场知之甚少,生产经营和产品销售处于被动局面。新经济的游戏规则是"快鱼吃慢鱼",谁拥有了信息,谁就拥有了市场、拥有了财富。而互联网最基本的功能和最大的优势就在于信息的全面、快速传递。

(二)有利于解决企业资金缺乏的问题

资金的缺乏是我国中小企业发展面临的最为现实和迫切的问题。

企业通过电子商务,可以在缓解资金紧张方面获得如下好处:

1. 降低运营费用,减少员工成本

计算机自动接受和处理信息,使企业在同样业务的情况下,可以用更少的员工去处理,或者把一部分专业人员从行政管理工作中解脱出来,以从事具有更高效率的工作,节省了人工管理操作费用。例如,借助于电子商务中小企业能够自动地完成例行采购,这意味着采购人员可以把更多的精力和时间集中在价格谈判和改善与供应商关系上。据统计,利用电子数据交换的企业一般可以节省5%~10%的采购费用。又如在互联网上做广告可以提高销售数量10倍,而同时它的成本仅是传统广告的1/10。

2. 减少库存和产品的积压,提高资金使用效率

中小企业往往存在信息不畅的问题,用传统方法采购时,订单处理周期长,不确定性高,因此企业要求的安全库存量也比较大。企业的库存越多,其运转费用就越高,效益就越低。而恰当运用电子化手段管理库存,文件处理比以前更快捷、可靠,自然可以增加库存周转频率,降低安全库存水平,使库存占用的资金量减少,从而降低了企业的运营成本。减少库存量也意味着现有的制造能力得到了更有效的利用。

3. 缩短生产周期

生产周期是制造产品所需的总时间。制造任何一种产品都与某些固定的开销相联系,这些固定开销不随产量的变化而变化,但与时间有关。固定开销包括设备折旧费、大部分公用设施和建筑物费用以及大部分管理和监督费用。如果制造产品的时间可以从8天缩短到5天,那么,由于时间需求减少,每个产品的固定开销就可降低。电子商务活动可以使生产周期缩短,可以同等的或较低的费用生产更多的产品。

4. 提高服务质量,更有效地为客户服务

企业通过电子商务可利用互联网向客户提供有关产品和服务的丰富的数据资料,包括网上介绍产品、提供技术支持、提供最新的产品价格信息等;同时顾客可利用电子邮件等方式很快地与电子技术支持系统取得联系并获得对有关问题的迅速、准确和最新的答复,而不必受限于昂贵且过时的打印资料和局限性很大的咨询服务。这样企业不仅能

解放自己的服务人员,而且也会使顾客更满意。

5. 增加了销售机会

伴随着互联网在全世界的运行,在 Web 站点上的企业可以进入一个新的市场,这个市场是他们通过人员促销和广告宣传所无法有效进入的。例如,销售能力有限的中小企业现在可以在网上介绍产品,寻找买主。对于小型业务市场来说,通过让它在网上存在并创建定期服务,卖主就可能出现在世界上的任何一个地方,就有可能建立一个全新的有利可图的市场。此外,公司可以利用互联网巨大的地理覆盖能力和丰富的网络用户资源,以非常低的成本建立全球市场,从而突破时间和空间的限制,大大增加公司的市场拓展能力。

6. 促进中小企业提高技术创新、产品升级水平

一方面电子商务使新技术和新创意在网上迅速传播,为中小企业的创新活动提供及时、准确的知识和信息。电子商务每天 24 小时的运作,使传统方式下需要几天、甚至几个星期才能完成的工作几小时就能完成,这将极大地激发、促进中小企业的技术创新和产品创新,推动中小企业的加速发展。

另一方面,电子商务为中小企业与大专院校和科研院所的有效合作构筑了桥梁,为中小企业引进国外先进技术和设备提供了方便,企业如能把握机遇,充分利用网络资源,技术进步、产品升级的进程将大大加快,同时成本也会显著降低。

三、中小企业发展电子商务的对策

企业通过电子商务可以进入国际市场,从而在全球互联网络中,中小企业也可能成长为跨国性质的企业,甚至可能与大企业竞争。鉴于当前我国电子商务水平总体环境不成熟,以及中小企业的总体实力不强,中小企业发展电子商务仅靠本企业开发是不现实的。因为在电子商务应用过程中,需要系统开发、人员培训、网络维护等一系列服务,而中小企业自身缺少具备相关专业知识的技术人员,所以中小企业发展电子商务应从这样两方面入手:

(一) 提高认识

目前许多中小企业对电子商务的认识还停留在 BtoC 的阶段,就是网上浏览、购物、支付。其实,BtoC 只是电子商务的一个组成部分。开展电子商务的更大好处在于,它将使中小企业的市场竞争力得到增强,并拥有更多的机会将产品销售到全球各个国家和地区;它还将使企业拥有更紧密的市场供应链营销手段,通过信息流动更有效地配置资源,减少中间环节,达到企业与用户之间直接、快速的融合。

(二) 全面规划

全面规划是对企业介入电子商务的环境、目标、模式、资金、技术支持、企业信誉,特别是顾客或用户基础和可能的投资回报等,做出切实可行的规划,以便少走弯路,减少投资失误。具体来说,中小企业应从内部和外部两个方面设置切实可行的构建方案。

从内部看,中小企业应创建企业内部网络。企业内部网(Intranet)是利用互联网技术建立起来的企业内部信息管理系统,它是一个组织内部使用 Internet 技术实现通信和信息访问的方式。它突破了企业内部书面沟通、电话与传真等传统的信息传递方式,以促使企业内部的信息、办公、业务和管理等事务实现数字化和网络化,实现企业内部的高效运转。同时中小企业内部各部门逐渐上网,实现商务电子化,这样就能够在企业内部以及合作伙伴之间建立有效的资源配置系统,降低各环节的业务成本,缩短商品流通周转时间,从而增强企业的竞争力。

从外部看,中小企业应借助成熟的电子商务平台为己所用。由于中小企业经济实力薄弱,自己投资建设网络平台,将承受开发成本、技术保障费用等压力,加重企业的经济负担。而等待条件成熟又将使中小企业延误时机,失去抢夺潜在客户的良机。因此,中小企业上网的最好方法是借助已经成熟的电子商务平台,并以此带动公司内部的网络建设,进而实现公司商务电子化。

在利用已成熟的电子商务平台时,中小企业会遇到对 IT 厂商的选择问题,在选择 IT 厂商时中小企业要注意这样一些问题:

第一,IT 厂商是否是专业网络厂商;

第二,IT 厂商是否拥有领先的技术和具有较大的生产规模;

第三,IT厂商是否能提供专为中小企业开发生产的符合标准的系列产品;

第四,IT厂商是否能够提供满足中小企业可承受的好的价格以及针对中小企业的优质服务;

第五,IT厂商是否能提供满足中小企业不同发展需求的网络方案。

另外,政府及有关部门应积极为中小企业发展电子商务创造条件,包括建立健全电子商务法律、法规和标准体系,提高网上交易的安全性;改善上网条件等等。

第十章　中小企业的风险管理

学习目标

完成本章学习以后,你应该能够:
- 了解风险的概念和类别
- 理解中小企业风险管理的概念、对象和作用
- 熟悉中小企业风险管理的程序
- 掌握中小企业风险管理的方法
- 理解中小企业保险的类别
- 了解中小企业投保时应注意的问题

随着市场经济向纵深发展,中小企业所处的外部经营环境变化越来越难以捉摸,预测的不确定性越来越大,从而使企业面临遭受经营损失的风险。中小企业要求得生存和发展,必须克服各种风险,实施有效的风险管理。

第一节　中小企业风险管理概述

在实践中,中小企业的管理者如果要实施有效的风险管理,首先必须识别企业所面临的风险类别,在此基础上寻找办法来克服它们。因此理解风险的类别以及风险管理的对象是实施风险管理的第一步。

一、风险及其类别

风险是指主客观因素的复杂性使实际结果和预期相背离而导致某

种损失发生的可能性。风险具有客观存在性,是不以人的意志为转移的;同时风险还具有不确定性的特点,即风险与客观环境和一定时空条件相关联,损失的发生与危害的程度也是不确定的。

中小企业的风险主要表现为与公司财产以及企业潜在收入相关的损失,中小企业遇到的基本风险有两类:

(一)纯粹风险

纯粹风险,是指那些只会给企业造成损失,不会带来利益的风险。例如火灾、自然灾害、盗窃、员工死亡等等。这些事件的发生与否,事先无法确知,一旦发生,就会给企业带来生命财产的损失,甚至于使企业倒闭。这些不可能带来收益,只会带来损失的事件都属于纯粹风险。

(二)投机风险

投机风险是指对经营者可能带来利益,也可能带来损失的风险。例如:企业决定扩大投资,在其面临风险的同时,也同样具有获利的可能。可见,投机风险具有一定的收益性。就企业而言,经营者的目的在于赚取收支间的差额,求得最大利润。但任何企业都不能保证只赚不赔,稍有不慎,便可能遭受损失。因此,经营任何企业,都可以说是在冒投机风险。投机风险又可分为生产风险、营销风险和财务风险等等。

二、风险管理的内涵

风险管理起源于20世纪30年代的美国。在这之前,企业一般是通过买保险分散集中性的风险,将自己承担的损失转嫁给所有投保人,企业本身不重视风险的管理问题。直到1929年经济大危机发生后,企业的经营环境越来越复杂多变,出现了一系列新的损失风险,危及企业的生存,迫使企业开始重视风险管理的研究。从此完善风险管理的要求与日俱增,使其成为企业现代经营管理活动中不可缺少的关键职能。

(一)风险管理的概念

风险管理是指企业面对纯粹风险时,采取科学有效的方法,以便用最小的成本获得最大安全保障利益的管理活动。

中小企业的风险管理与大企业的风险管理在以下两个方面存在

差异：

(1) 保险公司为中小企业担保的风险较高，所以在某些情况下可能会拒绝为它们担保；

(2) 大企业的风险管理工作通常由专门的经理负责，而中小企业的经理通常就是风险管理者。

（二）风险管理的对象

了解纯粹风险与投机风险的区别非常重要。由于与生产、营销和财务等相关的投机风险已分散在各章讨论，所以本章论述中小企业风险管理的主要研究对象是纯粹风险以及某些特殊的投机风险。所谓某些特殊的投机风险是指在该种投机风险发生时，可能会迫使企业面临一定的纯粹风险，如生产管理过程中发生的人为的安全事故风险等。而一般的投机风险不在风险管理的范畴。纯粹风险大多可以通过保险的方式进行防范。

随着科学技术的进步，不仅带来生产的高速发展，也带来了许多新的风险因素，由此使风险高度集中，潜在风险增加。然而，由于某些风险不属于保险条款的责任范畴，这就使企业不能从保险公司那里获得应有的保障。在这种情况下，企业只有提高自身风险管理的能力，才能在保险的基础上获得其他方式的经济补偿。所以风险管理的对象也在不断扩展。

（三）风险管理的作用

(1) 有利于增强中小企业管理者的身心健康和工作热情，从而使他们有精力研究和承担有利的投机风险，增加企业获利机会。例如：当企业处于发生火灾，毁坏厂房的担忧时，就很难做出开发新产品，扩大生产规模的决策。只有摆脱这种担忧，中小企业管理者才能以一种积极的态度承担投机风险，使企业更明智、更有效地解决投机风险，加大争取获利机会，寻求企业的发展。

(2) 风险管理能够减少中小企业年利润和现金流量的巨大波动。由于风险是可能给企业带来经济损失的不确定性的因素，一旦发生，会对企业的利润和现金流产生一定影响。只有将这些波动控制在一定的范围之内，才能使企业处于财务状况相对稳定的状态，这样有利于企业的经营者确定合理的长远发展目标,做出正确的发展规划。

(3) 风险管理有助于树立中小企业良好的公共形象。通常企业外部的利益相关者,如投资者、债权人、客户和原料供应商都会对企业利润产生一定影响,为了降低自身的风险,这些利益相关者都愿意与一个已经能够充分防范风险的企业交往。同时,较之收入不稳定的企业,内部职工也更喜欢收入稳定的企业。因此,做好风险管理有利于企业形象的树立。

第二节 中小企业风险管理的程序

风险管理是将一般管理思想应用于管理风险这一特殊领域。法国早期著名的管理学家亨利·法约尔把管理科学地定义为:管理就是预测和计划、组织和指挥、协调和控制。作为企业管理职能之一的风险管理也需要制定计划,组织有限的人力和物力,为组织既定的目标而行动,要求企业内与风险管理相关的成员团结合作、协调一致,控制和监督各项活动的进行,以完成风险管理的任务。

一、中小企业风险管理的程序

中小企业在应对风险的过程中,往往会对发生概率小的巨大灾害的重视程度不够,一旦灾难发生,企业束手无策,或被迫倒闭。风险管理可以将风险的识别和处理系统化,同时风险管理是一个连续不断循环的动态过程。其具体程序包括:确立风险管理目标;识别风险;估算风险损失;选择和实施风险管理方案以及检查和评估风险管理的效果等五个步骤,这五个步骤是相互依赖、彼此制约的。准确的风险识别和估算是选择合适风险对策的基础,风险管理技术方法的成功运作是实现风险管理最终目标的保证。

(一) 确立风险管理目标

风险管理的总目标是以经济有效的方法,将风险成本降至最低,该目标与企业发展的总目标应该一致。通常,风险管理的目标可分为两个阶段,即损失发生前的目标与损失发生后的目标。在损失发生之前,目标的重点是避免或减少损失的发生,尽量将损失发生的可能性和严重性降到最低水平;在风险发生之后,目标的重点是尽快使企业恢复到原有的状况,稳定环境,持续经营,确保企业生存。

虽然不同的企业在其组织形式、生产规模、产品性能、市场营销诸方面存在差异,但具体的风险管理目标都应包括:节约生产和销售成本,追求利润最大化;减少内部忧患情绪,维持安定稳固的局面,保证企业积极向上发展;注重客观条件和环境的变化,防止突发性的意外损害;承担社会责任,满足和建立良好的社会公众形象。

(二) 识别风险

采用系统科学的方法,尽可能全面准确地识别出企业所面临的风险,这是风险管理工作的关键步骤。

风险识别常用的方法有:环境分析法、生产流程分析法、财务状况分析法、列出风险清单分析法、事故分析法等。除了这些常用的方法以外,风险识别还有汇总保险条款分析法、现场调查法、损失统计记录法等等。每种识别的方法都有各自的特点,中小企业的风险管理者可根据企业的性质、规模、技术力量、环境条件选择适当的方法或将几种方法组合应用,准确完成风险的识别。

1. 环境分析法

对影响中小企业生存的环境因素进行分析,从而防范风险的发生。这些因素不仅包括内部环境因素,而且包括外部环境因素。影响内部环境的因素有:企业的生产条件、规章制度、工人及管理人员的素质、管理水平等;影响外部环境的因素有:原材料供应商、市场需求情况、企业的筹资渠道、企业与顾客及竞争对象的关系、企业与政府的关系、企业与外界的其他联系等。

2. 生产流程分析法

按工艺流程和加工流程的顺序,对每一个阶段和每一个环节,进行检查以发现其中潜在的风险,挖掘产生风险的根源。

3. 财务状况分析法

影响经营业绩的因素可能是某些潜在的风险因素,通过对企业财务状况(如企业的资产负债表、损益表、财务状况表等资料)的分析可能会找出产生问题的根本原因。

4. 列出风险清单分析法

逐一列出企业所面临的风险,并将这些风险同企业的活动联系起来考察以便发现各种潜在的风险因素。

5. 事故分析法

事故分析法是对可能引起损失的事故进行研究,探究其发生原因和结果的一种方法。

(三) 估算风险损失

在识别了企业面临的潜在风险后,风险管理者必须对损失进行衡量。估算风险损失是指运用概率及数量统计方法估计某种风险发生的概率及其损失后果的频度、性质,以准确地估量损失金额。风险估计包括对风险事件发生频率的估计和损失严重程度的估计。

风险损失的估算可依照以下程序进行:

1. 风险事件在确定时间内(如一年、一月或一周)发生的可能性即频率的大小

主要根据企业的风险管理计划、已经识别出来的风险因素、风险的类型以及历史经验数据,运用定性的方法进行估计,从而列出企业风险发生频率的清单以及需进一步分析的风险清单。

2. 根据风险事件发生的数量和损失严重程度估计平均损失额的大小

(1) 损失程度估计的范围,既应包括频率很高,损失额比较小的风险损失,也应包括频率较低,损失额却比较大的风险损失;不仅包括损失的直接后果,而且包括间接的损失后果和财务影响。

(2) 损失的严重程度。在确定损失严重性的过程中,风险管理人员应特别注意要考虑某一个特定时间可能产生的所有损失,以及它们对企业的最终影响。在评估风险损失的货币价值时,还应重视这些损失对企业财务产生的最终影响。

通过对损失严重程度的估计,列出企业风险及其严重程度的清单、可能发生的损失金额、损失对企业生产经营及财务状况产生的影响等。

(3) 风险管理者预测风险事件发生的次数和平均损失额度,从而计算出预期风险平均损失总额可用以下公式计算:

$$预期的平均损失金额 = 平均损失频率 \times 平均损失额$$

(四) 选择和实施风险管理方案

在对风险进行识别和估算以后,接下来就是选择和确定应对风险的技术方案,并且加以实施。风险管理对策分为控制法和财务法两大类。

风险控制对策的实质就是在风险分析的基础上,针对企业存在的各种风险因素,运用控制的方法减少或消除风险损失,其重点放在改善引起意外损失的条件。它主要包括风险的避免和减少、风险的控制以及风险的分散等方法。

风险的财务对策是用经济的方法来处理已经发生的损失。由于各种因素的影响,人们对风险的预测不可能绝对准确,而且防范损失的各种措施都具有一定的局限性,所以风险的发生及其带来的损失是不可避免的。风险财务对策的目的是提供转移风险的方法,降低损失的成本。

这部分内容所涉及的具体方法将在下面的问题中详细阐述。

(五) 检查和评估管理效果

对风险管理方法的适用性及收益性进行分析、检查、修正和评估是风险管理中的一个不可缺少的环节。它可以监督风险管理部门的工作,及时发现和纠正各种错误,避免不必要的损失,确保以最小成本获取最大风险保障的目的。

二、中小企业风险管理的方法

(一) 减少可避免的风险

当中小企业发现从事某一项活动会涉及过高的风险时,可决定减少或放弃这项活动,以便减少甚至完全避免风险。例如在人口稠密的地区开设危险性高的工厂,万一出事,生命财产的损失难以估计,即使是利润很高,经过仔细分析风险的企业家会放弃设厂计划。

(二) 控制风险损失

控制风险损失可分为损失的预防和损失的降低。损失的预防是在事先防止损失发生,以控制风险损失的频率。例如建立资讯安全系统,以防止机密外泄;使用防火材料作建材以防火灾;定期进行机器设备的维修以防故障。而损失的降低是指减少损失发生后可能波及的范围,重点是控制损失的幅度。例如装置灭火器、自动喷水器,一旦发生意外火灾,可以迅速控制,不致蔓延;缩减在危险性较高的工厂工作的人数,以减少可能的人身损失。

(三)分散风险

分散风险是通过增加风险单位的个数,减少风险损失的波动。这样,企业一方面可以比较准确地预测风险损失,另一方面,可以减少预防风险损失所需预备的资金。风险的分散又可分为隔离与兼容两种方法。风险隔离是将现在的资产或活动,分散到不同的地点,万一有一处发生损失,不致影响其他地方各项业务的正常进行。例如将存货分别储存在不同的地点;将原料分由几家供应商供应等。风险兼容是通过增加新的风险单位,达到分散风险的目的。例如,准备一套备用机器,随时替代机器损坏的风险,保证生产顺利进行。

(四)转移风险

转移风险是通过合同的安排,将风险产生的后果转移到本企业以外的其他人或其他组织,以减少自身损失的一种风险应对方法。如工程公司可以将危险性高的工程,转包给对此种工程更有经验的承包商;商品经销商可以要求在合同中规定:由于产品自身缺陷而导致的顾客伤残、财产损失,由生产厂家负责经济赔偿责任等。中小企业通过保险也可以实现风险的转移。

第三节 中小企业的风险管理与保险

在中小企业的风险管理中,风险转移最常用的方法是保险。如果一些未知风险在一个没有充分保险或完全没有保险的企业中发生时,这个企业将遭受巨大的损失,造成经营困难甚至倒闭。如果这些企业与保险公司协商,为个人或企业投保,一旦企业遭受损失,则可以依据保险条款从保险公司获得法定赔偿。购买保险可以看作是通过缴纳相对较少的费用来预支风险所造成的巨额损失。但如果保险费用与投保对象的价值相近,则没有必要购买保险。

一、保险项目分类

保险中可投保的项目很多,这里只介绍中小企业最需要的一些保险项目。通常中小企业应该对以下内容进行投保:

(一) 财产保险

财产保险是以企业存放在固定地点的财产为对象的保险业务。最基本的是火灾保险,它最初源于对那些由于失火、闪电和为避免火灾而搬运货物等造成的损失进行保险。根据现实情况,这类保险业务已得到了不断的扩展,逐步形成对那些由于飓风、爆炸、飞机失事以及由于盗窃和抢劫等造成的损失进行投保的保险。

1. 企业财产保险的责任范围

(1) 基本险责任。保险人承担的保险责任主要包括以下三方面:

① 因自然灾害或意外事故而导致的损失。前一种指不可抗拒之力,属于保险责任的有雷击、飓风等。后一种指不可预料、非保险人的故意行为造成的损失,属于保险责任的有火灾、爆炸、飞行物或其他空中运行物体坠落造成的损失。

② 被保险人拥有财产所有权的自用供电、供水、供气设备因保险事故遭受损失,以及由于这些设备损坏引起停电、停水、停气而造成的其他设备、在产品和贮藏品的损坏或报废。

③ 被保险人为了避免或减轻财产损失而造成保险标的的损失和支付的费用。

(2) 综合责任险。财产保险综合险条款是在基本险的基础上把保险责任范围扩展到包括下列因素造成的保险标的的损失:暴雨、洪水、龙卷风、雪灾、雹灾、冰凌、泥石流、突发性滑坡、地面下陷下沉等。

由于中小企业抗风险能力相对较弱,财产保险是保护中小企业由于意外事故而导致的财产损失的一种有效方法。但在现实中,由于中小企业管理者的保险意识淡薄,不能充分认识财产保险在保障企业生存和发展过程中的作用,财产保险投资不足,一旦意外灾害或意外事故发生,对企业造成的损失是无可弥补的,因此中小企业管理者必须要重视企业的财产保险问题。

(二) 人身保险

人身保险是以人的寿命和身体为保险标的的一种保险。人身保险可分为人寿保险、意外伤害保险和健康保险。人身保险的特点是:

1. 定额支付

大多数人身保险合同不是补偿性合同,而是定额给付性质的合同,即按事先约定的金额给付保险金。

2. 长期性

一方面由于对人身保险的需求具有长期性,另一方面由于人事保险所需的保险金额较高,需要在长期内以分期交付保险费的方式才能取得,因此,一般人身保险的期限较长,具有长期性。

3. 储蓄性

人身保险不仅能提供经济保障,而且大多数人身保险还具有储蓄性质。投保人享有保单质押贷款、退保和选择保险金给付方式等权利。

中小企业为员工提供集体人身保险是非常重要的。因为人身保险可以为那些因遭受不幸事故或因疾病、伤残、年老以致丧失工作能力的员工提供经济保障,这样可以大大降低企业的经营成本。

(三) 责任保险

责任保险是保护中小企业免受那些由于员工失职、提供错误决策或是由于产品的使用和服务而造成的损失。中小企业特别要重视产品/服务责任保险,因为在中小企业的管理过程中,由于员工素质相对较低,一方面容易在工作中造成一些失误,另一方面往往会忽视与顾客、员工以及其他与企业有联系的人间的关系,因此,对责任保险项目的投资是非常必要的。事实上,有很多企业并没有认识到这个问题的严重性,其中不乏个别企业因此而面临破产的威胁。

总之,在保险方面进行投资有利于中小企业的健康发展,但是这又需要较大的费用支出,因此需要从总体上进行权衡。不过,任何中小企业都会首先选择对骨干员工进行保险投资,这不仅与企业的发展密切相关,而且具有决定性作用。

二、中小企业投保时应注意的问题

(一) 选择合适的保险公司

在选择保险公司时,首先要看这个公司的业务情况,其次是了解该公司各保险项目的具体内容。在选择保险公司时应从以下的几个方面考虑:

(1) 保险公司的财务情况和运营现状;

(2) 是否有适合自己企业类型的保险业务;

(3) 保险款项是否可以根据自己的需要作相应调整;

(4) 保险费用的高低。

(二) 选择合适的保险代理人

在进行保险投资时,由于很多保险公司都有专门的委托代理机构或是代理人,他们代表保险公司与客户进行各方面的协商和谈判,而且有些代理商代表多家保险公司,因此,选择一个合适的保险代理人是非常必要的。在选择保险代理人时,要考虑对方的专业水平、服务质量、工作经验以及代表的保险公司等方面的情况。

1. 保险代理人应具备的条件

(1) 有充足的时间提供服务;

(2) 能对投保企业和保险投资进行合理分析;

(3) 能提出适合投保企业的保险项目和保险投资计划;

(4) 能为投保企业筹划其他预防风险的方法。

2. 选择保险代理人应注意的问题

在选择保险代理人时一定要谨慎小心,避免上当受骗而带来不必要的损失,其中需要注意以下问题:

(1) 代理人有意隐藏某些重要信息和合同文件;

(2) 代理人故意拖延答复时间;

(3) 代理人常以一些借口来推托责任;

(4) 代理人私自截留保险费用;

(5) 代理人没有保险公司所印发的材料;

(6) 代理人提出的费用大大超出投保公司的预期支出;

(7) 代理人随意更换条款内容；
(8) 以各种理由拖延时间而使投保公司得不到合理赔偿；
(9) 在签订合同时总是限定赔偿条款；
(10) 在签订合同、相关协议时要有第三者在场证明。

(三) 保险更新时应注意的问题

中小企业进行保险投资时，除了要考虑以上诸方面的因素外，在更新保险时，还要注意以下几个问题：

(1) 与保险代理人进行协商以降低保险费用；
(2) 对以前的保险条款进行合理调整以便其达到最优化；
(3) 尽可能了解各保险公司提供的相关保险业务情况；
(4) 了解自己行业的相关企业是否存在某些低费用保险；
(5) 不向具有潜在风险的保险项目进行投资；
(6) 可以考虑通过其他方式来降低风险。

第十一章 中小企业的合法经营

学习目标

完成本章学习以后,你应该能够:
- 了解我国中小企业的法律环境状况
- 了解《反不正当竞争法》的主要内容
- 了解《产品质量法》的主要内容
- 了解我国税法的主要内容
- 了解《担保法》的主要内容
- 了解《劳动法》的主要内容

法是调整社会关系的行为规范,是建立市场秩序的基本准则。法律是针对行为而设立的,它既提供特定的行为模式,又指明法律后果;既有确定性,又有可预测性。法律明确地告诉人们,必须为怎样的行为;应该或可以为怎样的行为,如何为之;以及不该为怎样的行为。中小企业可以根据法律来预先估计自己与他人之间该怎样展开行为,并预见行为的后果及法律对此的态度。所以,对中小企业而言,熟悉、了解我国的法律制度对其经营权益的保护和经营活动的开展都有重要意义。

一、我国中小企业的法律环境概述

在我国,目前经全国工商注册登记的中小企业已超过1 000万家,其在全国工业总产值和实现利税方面已占相当大的比重,同时,还为社会提供了大量的就业机会。中小企业以其活力和成长性为我国经济的增量发展提供了主要动力,为经济改革提供了实验园地。

中小企业的优势和劣势都源于其规模的"中、小",船小虽然好调头,但"船小"也容易遭受风浪袭击。在严酷的市场环境中,中小企业往往是竞争的弱者。它们不仅在资金和信息的取得、市场影响力和技术创新能力等方面处于劣势,而且还经常受到大企业的排挤和打击。中小企业的这种不利地位在各国都是普遍存在的,由此形成国家保护和扶持中小企业发展的客观需要。我国长期以来是按所有制、行业和地域等对企业分类,相应地形成不同的政策待遇和管理措施,很少将包容不同所有制、行业和地域而一般地区别于大企业的中小企业作为单独的企业类别,在政策、法律上作专门调整。事实上,我国在政策、法律上经常自觉不自觉地倾向于大企业。有关调查研究表明,不公平的政策环境、不规范的竞争秩序、不稳定的内部组织关系和不先进的技术水平,是我国目前中小企业发展面临的最突出的四个问题。

1998年以来,我国为促进中小企业的成长研究立法,并于2003年1月开始实施《中小企业促进法》。《中小企业促进法》的立法宗旨是:改善中小企业经营环境,促进中小企业健康发展,扩大城乡就业,发挥中小企业在国民经济和社会发展中的重要作用。该法明确了社会主义市场经济体制下各种所有制和各种形式中小企业的法律地位及管理体制,制定了符合国际通行做法的扶持促进中小企业发展的法律措施,尤其是针对中小企业发展的重点、难点问题,有针对性地做出了法律规定。

《中小企业促进法》是促进中小企业发展的专门法律,在其他法律中已有规定的,如企业的组织形态、企业的权利与义务、政府及社会各方面的责任等,在《中小企业促进法》中均未作重复性规定,而是规定了一系列扶持促进中小企业发展的措施。因此,《中小企业促进法》与其他法律的衔接度较高。另外,法律规定的中小企业划分标准、中小企业信用担保管理办法、中小企业发展基金的设立和使用管理办法及相应配套文件出台后,与其他相关法律共同构成了操作性很强的促进中小企业发展的法律政策体系。

法律不仅调整中小企业的保护、扶持和引导、限制的问题,也注重中小企业的规范问题。中小企业作为市场主体,当然具有一般市场主体的共性,也会存在违约逃债、偷逃税款等不法行为,在某些方面如制售假冒伪劣商品等侵害其他经营者、消费者和国家利益的情况相对于大企业来说甚至更加突出。然而需要指出的是,对企业行为的规范问题针对的是所有企业的日常经营活动,它是纳入普遍性法律制度的框架中解决的,无需专门针对中小企业的规范问题进行立法,故而除了适用专门的中小企业法,中小企业还必须遵守其他与经营活动相关的各项法律制度。

二、中小企业的合法经营

对于中小企业来说,自觉地遵守各项法律法规,依法经营,是至关重要的。基于自身的特点,在与其相关的各法律法规中,除《中小企业促进法》以外,《反不正当竞争法》、《产品质量法》、《税法》、《担保法》和《劳动法》与中小企业的经营活动的关系较为密切。

(一)合法竞争

良好的竞争环境和秩序,是中小企业开展正常经营活动的基础。在追求经营效益的同时,每一个企业都应以合法的手段和方式开展竞争。任何违反法律规定的不正当竞争行为,都将受到法律的制裁。

不正当竞争,是指经营者违反法律规定,损害其他经营者的合法权益,扰乱社会经济秩序的行为。竞争机制是市场经济最基本、最重要的运行机制,是其他市场经济规律赖以发挥作用的基础。对竞争秩序的破坏会引起市场运行规律的扭曲,导致社会经济秩序的紊乱。

不正当竞争行为,是指一切损害竞争机制有效发挥作用的行为,包括下列三类行为:第一,垄断或图谋垄断。垄断一般是指一个或少数几个企业占有某行业的绝大部分市场份额;图谋垄断指企业通过兼并、股份保有、董事兼任等方式减少竞争者,有导致垄断倾向的行为。第二,限制竞争行为。限制竞争行为指排除、阻止、限制和妨碍竞争者之间开展竞争的安排或行为。第三,不正当竞争方法。不正当竞争方法指竞争者违背诚实信用原则,以违反公认的商业道德的方法同竞争者进行竞争的行为。

我国《反不正当竞争法》调整"限制竞争行为"和"不正当竞争方法"

两类不正当竞争行为,而"垄断或图谋垄断"的不正当竞争行为则由我国反垄断法进行调整。

1. 限制竞争行为

依据我国《反不正当竞争法》,限制竞争行为主要包括以下几个方面:

(1) 公用企业或其他依法享有独占地位的经营者的限制竞争行为。所谓公用企业或其他依法享有独占地位的经营者,主要包括供电、供水、供热、供气、邮政、电讯、交通运输等行业的经营者。公用企业应当遵守国家法律的规定,不得利用自身的优势地位妨碍其他经营者的公平竞争,也不得侵害消费者的合法权益。

(2) 政府机构的限制竞争行为。政府机构是指的是除国务院以外的各级行政机构,包括国务院各部、委及其下属机构、各级地方政府所属机构。政府机构限制竞争行为是政府机构滥用行政权力的表现。

(3) 搭售或附加其他不合理条件。经营者与消费者或用户都是相互平等的民事主体,但经营者与消费者或用户的经济地位是不同的,经营者处于优势地位。经营者往往利用这种优势地位,违背消费者的意愿进行搭售或附加其他不合理条件。搭售或附加其他不合理条件的表现形式多种多样,如限制转售价格、限制转售地区、限制转售客户等。

(4) 串通投标。串通投标是一种联合限制竞争行为,其表现为两种情况,一是投标者之间非法串通,损害招标者利益;二是招标者与某投标者串通,损害其他投标者利益。投标者串通投标的办法可以是投标者共同压低报价,不进行价格竞争。招标者与投标者串通的办法可以是招标者向某投标者透露标底,进行虚假招标。

2. 不正当竞争方法

依据我国《反不正当竞争法》,不正当竞争方法主要包括以下几个方面:

(1) 欺骗性交易方法。《反不正当竞争法》第5条规定了四种欺骗性交易方法:

① 假冒他人注册商标;
② 擅自使用知名商品特有的名称、包装、装潢,或者使用与知名商

品近似的名称、包装、装潢,造成和他人知名商品相混淆,使购买者误认为是他人的商品;

③ 擅自使用他人的企业名称或姓名,使购买者误认为是他人的商品;

④ 伪造商品产地,对商品质量作虚假表示。

上述欺骗性交易方法基本上均属于经营者盗用他人劳动成果的行为,其中,根据《关于禁止仿冒知名商品特有的名称、包装、装潢的不正当竞争行为的若干规定》,擅自将他人知名商品特有的商品名称、包装、装潢作相同或者近似使用,造成与他人的知名商品相混淆,使购买者误认为或足以使购买者误认为是该知名商品的行为,属于仿冒知名商品特有的名称、包装、装潢的不正当竞争行为。

欺诈性交易的危害性在于:扭曲竞争机制,欺骗性交易方法通过不当利用他人劳动成果进行竞争,不仅不会促进社会进步,反而会破坏经济秩序,阻碍经济发展;损害了竞争对手的合法权益;使消费者受骗上当,损害消费者利益。

(2) 商业贿赂。商业贿赂是指经营者为争取交易机会,暗中给予能够影响市场交易的有关人员以财物或其他好处,包括不入交易对方财务账目的佣金、回扣、折扣等。

商业贿赂的危害性在于:其一,损害交易对方的利益,商业贿赂多数是付给交易对方职员的,这些职员的交易行为将直接损害雇主的利益;其二,损害竞争对手的利益,破坏了公平竞争原则。

(3) 虚假广告。虚假广告是指经营者利用广告或其他使公众知道的方法,对商品的质量、制作成分、性能、用途、生产者、有效期限、产地等作足以引起一般公众误解的虚假宣传。构成虚假广告必须达到足以引起一般公众误解的程度。虚假广告的危险性在于:违反商业道德,侵害竞争者的合法权益。虚假广告对正直、诚实的竞争者是不公平的,使守法、守道德的人失去市场,而不道德者取得利益。如得不到制止,则会迫使正直的竞争者不得不违反商业道德进行竞争,从而造成经济秩序紊乱和商业道德的堕落,同时,还侵害了消费者利益。

(4) 侵犯商业秘密。商业秘密是指不为公众所知悉,能为权利人带来经济利益,具有实用性并经权利人采取保密措施的技术信息和经营信息。根据《反不正当竞争法》和《关于禁止侵犯商业秘密行为的若干规定》的规定,侵犯商业秘密的行为主要表现为:

① 以盗窃、利诱、胁迫或其他不正当手段获取权利人的商业秘密;

② 披露、使用或允许他人使用以前项手段获取的权利人的商业秘密;

③ 与权利人有业务关系的单位和个人违反合同约定或违反权利人有关保守商业秘密的要求,披露、使用或允许他人使用其所掌握的权利人的商业秘密;

④ 权利人的职工违反合同约定或者权利人保守商业秘密的要求,披露、使用或允许他人使用其所掌握的权利人的商业秘密。第三人明知或应知上述违法行为,获取、使用或披露他人的商业秘密,也视为侵犯商业秘密。

侵犯商业秘密行为的危害性在于:该行为侵犯了权利人的合法权益,商业秘密作为权利人的智力劳动成果,是一种无形财产,他人采用不正当手段获取、使用、披露商业秘密,不仅侵犯了其财产权益,同时会给其生产、经营造成巨大的损失;扭曲竞争机制,侵权人不靠自己的劳动,而靠无偿攫取他人劳动成果来进行竞争,使竞争失去了刺激生产力发展的作用。

(5) 低价倾销。低价倾销指经营者以挤垮竞争对手为目的,以低于商品成本价格销售商品的行为。如果非以挤垮竞争对手为目的,而是为应付经营中的困难情况而以低于成本的价格销售商品则不构成低价倾销。《反不正当竞争法》第 11 条列举了四种不属于低价倾销的情况:销售鲜活商品;处理有效期限即将到期的商品或其他积压商品;季节性降价;因清偿债务、转产、歇业降价销售商品。此外,仅以低于他人的销售价格而不低于成本价格销售商品,是正常的经营行为,不属于不正当竞争行为。低价倾销的危害在于:损害了弱小竞争者的利益;导致恶性竞争,造成资源浪费;损害消费者利益。

(6) 不正当有奖销售行为。有奖销售是指经营者销售商品或者提供服务,附带性地向购买者提供物品、金钱或者其他经济上利益的行为,包括奖励所有购买者的附赠式有奖销售和奖励部分购买者的抽奖式有奖销售。抽奖式有奖销售是指抽签、摇号等带有偶然性的方法决定购买者是否中奖的有奖销售。

不正当有奖销售包括欺骗性有奖销售、巨奖销售和利用有奖销售手段推销质次价高的商品。欺骗性有奖销售实质上是一种商业欺诈行为,是对消费者的欺骗和玩弄,损害了消费者的权益,同时破坏了商业道德。巨奖销售是指在抽奖式有奖销售中最高奖的金额超过5 000元的有奖销售行为。利用有奖销售的手段推销质次价高的商品也属于不正当有奖销售。巨奖销售和利用有奖销售手段推销质次价高的商品的危害性在于:错误引导社会资金流向,促使生产企业不以质量为重,以粗制滥造的低成本商品供应社会,损害消费者利益。

(7) 诋毁竞争对手的商业信誉。诋毁竞争对手的商业信誉的方式为捏造、散布虚假事实。如果经营者所散布的事实并非虚假,虽对竞争对手的信誉造成损害也不构成不正当竞争行为。诋毁竞争对手商业信誉的危害性在于:损害竞争对手的利益;影响消费者的客观判断,使其不能按自己的意愿购买到满意的商品,从而不正当影响消费者的商品选择权。

(二) 自觉履行产品的质量义务

质量就是"生命",是中小企业的立足之本。中小企业在生产、经营活动中,必须严格遵守《产品质量法》的各项规定。中小企业应该严格履行《产品质量法》所规定的各项质量义务。

1. 生产者的产品质量义务

产品质量义务是指产品生产者、销售者在保证产品质量方面应该从事的行为,可分为作为的义务和不作为的义务。

(1) 作为的义务。作为的义务包括以下五点。

① 生产者应当使其生产的产品达到以下质量要求:不存在危及人身、财产安全的不合理的危险;有保障人体健康和人身、财产安全的国家标准、行业标准的,应符合该标准。

② 除了对产品存在使用性能的瑕疵作出说明的以外,产品质量应

当具备基本的使用性能。

③ 产品的实际质量应符合在产品或者其包装上注明采用的产品标准,并符合以产品说明、实物样品等方式表明的质量状况。

④ 除裸装的食品和其他根据产品的特点难以附加标识的产品可以不附加产品标识外,其他任何产品或产品包装上均应当有标识。产品标识应当符合下列要求:有产品质量检验合格证明及中文标明的产品名称、生产厂名和厂址;根据产品的特点和使用要求,需要标明产品规格、等级、所含主要成分的名称和含量的,要相应予以标明;限期使用的产品,应当标明生产日期和安全使用期或失效日期;使用不当,容易造成产品本身损坏或者可能危及人身、财产安全的产品,应当有警示标志或者中文警示说明。

⑤ 产品包装应符合规定的要求。剧毒、危险、易碎、储运中不能倒置以及有其他特殊要求的产品,其包装必须符合相应要求,有警示标志或者中文警示说明,以标明储藏运输的注意事项。

(2) 不作为义务。不作为义务包括以下四点。

① 生产者不得生产国家明令淘汰的产品。国家明令淘汰的产品主要包括机电产品和药品。

② 生产者不得伪造产地,不得伪造或者冒用他人的厂名、厂址。一般而言,企业的厂址与产品的产地是一致的,但随着企业生产规模的扩大,有的企业生产经营场所分布非常广泛,生产制造厂不止一个,这就会出现产地与厂址不完全一致的情况。由于厂名、厂址、产地均与产品的质量、声誉有密切关系,因此产品质量法为防止假冒他人厂名、厂址、产地以次充好,明文规定生产者负有不得伪造或冒充他人产地、厂名、厂址的义务。

③ 生产者不得伪造或冒用认证标志、名优标志等质量标志。认证标志即产品质量认证标志,是指认证机构对符合认证要求的企业颁发认证书,并准许按规定使用的标志。我国产品质量认证标志分两种,即合格认证标志和安全认证标志。所谓名优标志是优质产品的荣誉标记。名优标志分两级,一级是国家级的,有金质奖牌、银质奖牌两种;另一级是部级、省级的,其标志为国家技术监督局统一规定的"优"字标志

的图案。获得优质产品标志的产品,企业可以在该产品或产品说明书、产品检验合格证、包装容器上面标记名优标志。认证标志、名优标志的获得和使用直接关系到企业的生产、经营状况,因此法律不允许伪造或冒用。

④ 生产者生产产品,不得掺杂、掺假,不得以次充好,不得以不合格产品冒充合格产品。这些行为严重影响产品质量的监督、管理以及消费者利益的保护,故为法律所禁止。

2. 销售者的产品质量义务

销售者的产品质量义务主要包括以下方面:

(1) 销售者进货时的质量义务。销售者应当实行进货检查验收制度。所谓进货检查验收制度,是指销售者进货时,要对所进货物进行检查,查明货物的质量,同时对货物应具备的标识,如产品合格证、生产日期、认证标志等是否齐备进行验查,查明货物可以销售时才收存货物的制度。进货检查验收制度是销售者销售合格产品的前提。

(2) 销售者进货后、销售前的质量义务。销售者进货后应当采取措施,保持销售产品的质量。

(3) 销售者销售的产品的标识应当符合产品质量法对生产者产品标识的有关规定。

(4) 销售者不得违反法律规定的禁止性规范。销售者不得销售失效、变质的产品;不得伪造或冒用认证标志、名优标志等质量标志;不得掺杂、掺假;不得以假充真、以次充好,不得以不合格产品冒充合格产品。

(三) 依法纳税

中小企业要在激烈的市场竞争中立于不败之地,不仅需要严格遵守国家的各项法律规定,也须对生产经营进行全方位的运筹。如何以最小的投入获得最大的收益,是每个中小企业必然考虑的问题。成本的高低直接影响企业的利润,而决定成本高低的因素有多个,税收就是其中非常重要的因素。中小企业有权在不违反国家税收规定的前提下,合理安排自己的涉税活动以减轻自身的税收负担。了解和熟悉我国的税收法律制度,对中小企业显得非常重要。

1. 我国的主要税种

(1) 增值税。增值税是对商品生产流通或提供劳务过程中实现的增值额为征税对象的一种税。它是以商品销售额和应税劳务营业额为计税依据,运用税收抵扣原则征收的一种流转税。根据《中华人民共和国增值税暂行条例》(以下简称《增值税暂行条例》)及其《实施细则》的规定,增值税的基本内容有以下几方面:

① 纳税人。纳税人,是指在我国境内销售货物或者提供加工、修理修配劳务以及进口货物的单位和个人。纳税人分为一般纳税人和小规模纳税人。小规模纳税人,是指从事货物生产或提供应税劳务的纳税人以及以从事货物生产或提供应税劳务为主,兼营货物批发或零售的纳税人,其年应税销售额在 100 万元以下;或者从事货物批发或零售的纳税人,其年应税销售额在 180 万元以下;或者年应税销售额超过小规模纳税人标准的个人、非企业性单位和不经常发生应税行为的企业。一般纳税人,是指小规模纳税人以外的纳税人。

② 征税范围。凡在我国境内销售货物或者提供加工、修理修配劳务以及进口货物的,均属增值税的征收范围。我国交通运输业、建筑业、金融保险业、邮电通信业、文化体育业、娱乐业、服务业税目在增值税上属非应税劳务,不属增值税的征收范围。

③ 税率。增值税税率分以下三种:

第一,基本税率为 17%,适用一般商品和劳务。

第二,低税率为 13%,主要适用于人民物质生活必需品,包括粮食、食用植物油;自来水、暖气、冷气、热水、煤气、石油液化气、天然气、沼气、居民用煤炭制品;饲料、化肥、农药、农机、农膜;国务院规定的其他货物。

第三,零税率,适用出口货物。纳税人出口货物,税率为零;但是国务院另有规定的除外。

此外,增值税法还规定,小规模纳税人销售货物或应税劳务增值税税率为 6%。

④ 减免税规定。增值税免税、减税项目由国务院规定,任何部门和单位均不得规定免税、减税项目。免征增值税的项目有:农业生产

者销售的自产农产品；避孕药品和用具；古旧图书；直接用于科学研究、科学试验和教学的进口仪器、设备等。

(2) 消费税。消费税是国家为体现消费政策，有选择地以生产、委托加工和进口应税消费品或消费行为的流转额为征税对象的一种税。根据《中华人民共和国消费税暂行条例》及其《实施细则》的规定，消费税的基本内容有以下几个方面：

① 纳税人。凡在我国境内生产、委托加工和进口应税消费品的单位和个人为消费税的纳税义务人。

② 征税范围。消费税应税产品共分5类11个税目。

第一类是不利于身体健康、社会秩序和生态环境等方面的特殊消费品，如烟、酒等；第二类是奢侈品和非生活必需品，如贵重首饰及珠宝玉石、化妆品；第三类是高能耗及高档消费品，如小汽车、摩托车；第四类是不能再生和不可替代的石油类消费品，如汽油、柴油；第五类是具有财政意义的消费品，如汽车轮胎、护肤护发品。

③ 税率。消费税采用比例税率和定额税率。对酒类及汽油、柴油实行定额税率，采用从量定额征收，如啤酒每吨220元；对其他应税消费品实行比例税率，采用从价定率征收，税率共有10个档次，最高的税率为50%，最低的税率为3%。

④ 纳税环节。纳税人生产的应税消费品，一般于生产销售时纳税。委托加工的应税消费品，由受托方在向委托方交货时代收代缴税款。进口的应税消费品，应于进口报关时纳税。

⑤ 减免税规定。消费税除了对出口应税消费品及国务院另有规定的可以免征消费税外，任何部门和单位一律不得减免消费税。

(3) 营业税。营业税又称销售税，是对在我国境内提供应税劳务、转让无形资产或销售不动产的营业收入为征税对象的一种税。根据《中华人民共和国营业税暂行条例》及其《实施细则》的规定，营业税的基本内容有以下几个方面：

① 纳税人。凡在我国境内提供应税劳务、转让无形资产或者销售不动产的单位和个人，均为营业税的纳税义务人。

② 征税范围。营业税的税目是按行业类别设置的，共规定了9个

税目,分别为:交通运输业、建筑业、金融保险业、邮电通信业、文化体育业、娱乐业、服务业、转让无形资产和不动产。

③ 税率。营业税按行业实行有差别的比例税率,具体分为四挡税率。交通运输业、建筑业、邮电通信业、文化体育业的税率为3%;服务业、转让无形资产、销售不动产的税率为5%;金融保险业的税率为8%;娱乐业的税率为5%至20%之间。

④ 减免税规定。营业税的减免税项目由国务院规定,任何部门和单位均不得规定免税、减税项目。根据《营业税暂行条例》规定,托儿所、幼儿园、养老院、残疾人福利机构提供的育养服务;婚姻介绍、殡葬服务;残疾人员个人提供的劳务;医院、诊所和其他医疗机构提供的医疗服务;学校和其他教育机构提供的教育劳务;学生勤工俭学提供的劳务;农业机耕、排灌、病虫害防治、植保、农牧保险以及相关技术培训业务;家禽、牲畜、水生动物的配种和疾病防治;纪念馆、博物馆、文化馆、美术馆、展览馆、书画院、图书馆、文物保护单位举办文化活动的门票收入,宗教场所举办文化、宗教活动的门票收入免征营业税。

(4) 企业所得税。所得税是指以纳税人的所得额为征税对象的各个税种的总称。所得额是指纳税人在一定期间内由于生产、经营等取得的可用货币计量的收入,扣除为取得这些收入所需各种耗费后的净额。根据《中华人民共和国企业所得税暂行条例》及其《实施细则》的规定,企业所得税的基本内容有以下几个方面:

① 纳税人。企业所得税的纳税人是指在我国境内有生产经营所得和其他所得的独立经济核算的企业或组织。包括国有企业、集体企业、私营企业、联营企业、股份制企业及有生产经营所得和其他所得的其他组织;但不包括外商投资企业和外国企业。

② 征税范围。企业所得税征税范围是企业生产、经营所得和其他所得。生产、经营所得,是指从事物质生产、交通运输、商品流通、劳务服务,以及经国务院财政部门确认的其他营利事业取得的所得。其他所得,是指股息、利息、租金、转让各类资产、特许权使用费以及营业外收入等所得。企业的生产、经营所得和其他所得,包括来源于中国境内、境外的所得。

③ 税率。一般纳税人的税率为33%。年应税所得额在3万元(含3万)以下的企业,按10%的税率征收所得税;年应税所得额在10万元(含10万元)以下至3万元的企业,按27%的税率征收所得税;国务院批准的高新技术产业开发区的高新技术企业,按15%的税率征收所得税。

④ 税收优惠。对下列纳税人,实行税收优惠政策:民族自治地方的企业,需要照顾和鼓励的,经省级人民政府批准,可以实行定期减税或者免税;法律、行政法规和国务院有关规定给予减税或者免税的企业,依照规定执行。

2. 税务征收管理

税务征收管理是税务机关根据税收法规对征税活动所实施的组织、指挥、控制和监督,是对纳税人履行纳税义务采取的一种管理、征收和检查行为,是税收管理的重要组成部分。

(1) 税务管理。税务管理是税务机关在税收征收管理中对征纳过程实施的基础性的管理制度和管理行为。包括税务登记管理,账簿、凭证管理和纳税申报等内容。

① 税务登记管理。税务登记管理包括:

第一,开业登记。是指从事生产经营的纳税人,经国家工商行政管理部门批准开业后办理的纳税登记。企业及其他组织、个体工商户自领取营业执照之日起30日内,持有关证件向税务机关申报办理税务登记。税务机关审核后,对符合规定的予以登记,并发给税务登记证件。税务登记证件不得转借、涂改、损毁、买卖或者伪造。

第二,变更登记。是指纳税人在办理税务登记后,原登记内容发生变化时向原税务机关申报办理的税务登记。税务登记内容发生变化时,应当自工商行政管理机关办理变更登记之日起30日内,持有关证件,向原税务登记机关申报办理变更税务登记。

第三,注销登记。纳税人发生解散、破产、撤销以及其他情形,依法终止纳税人义务的,应当在向工商行政管理机关办理注销登记前,持有关证件向原税务登记机关申报办理注销税务登记。

依照税收法律、行政法规规定负有代扣代缴、代收代缴税款义务的扣缴义务人,应当向主管税务机关申报领取代扣代缴或者代收代缴税款凭证。代扣代缴、代收代缴凭证,不得转借、涂改、损毁、买卖或者伪造。

② 账簿、凭证管理。从事生产、经营的纳税人、扣缴义务人必须按照国务院财政、税务主管部门的规定设置账簿,根据合法、有效凭证记账,进行核算。个体工商户确实不能设置账簿的,经税务机关核准,可以不设账簿。纳税人、扣缴义务人必须按规定的保管期限保管账簿、记账凭证、完税凭证及其他有关资料,不得伪造、编造或擅自损毁。

③ 纳税申报。纳税人必须在规定的申报期限内办理纳税申报,报送纳税申报表、财务会计报表以及税务机关根据实际需要要求纳税人报送的其他纳税资料。扣缴义务人必须在规定的申报期限内报送代扣代缴、代收代缴税款报告表以及税务机关根据实际需要要求扣缴义务人报送的其他有关资料。纳税人、扣缴义务人不能按期办理纳税申报或者报送代扣代缴、代收代缴税款报告表的,经税务机关核准,可以延期申报。

(2) 税款征收。税款征收是税务机关依法向纳税人征收税款的行为。

① 税款征收依据。税务机关依照法律、行政法规的规定征收税款,不得违反法律、行政法规的规定开征、停征、多征或者少征税款。扣缴义务人依照法律、行政法规的规定履行代扣、代收税款义务。任何机关、单位和个人不得违反法律、行政法规的规定,擅自作出税收开征、停征以及减税、免税、退税、补税的决定。

② 税款征收方式。根据《〈中华人民共和国税收管理法〉实施细则》第31条规定:"税务机关可以采取查账征收、查定征收、查验征收、定期定额征收以及其他方式征收税款"。

扣缴义务人扣缴、收缴税款,是指有代扣代缴、代收代缴义务的单位和个人直接扣缴、收缴纳税义务人的税款。如海关代收代缴进口货物的增值税、消费税,出版单位代扣代缴著作权人的个人所得税等。

③ 税款征收期限。纳税人、扣缴义务人按照法律、行政法规规定或者税务机关确定的期限,缴纳或者解缴税款。纳税人因有特殊困难,

不能按期缴纳税款的,经县以上税务局批准,可以延期缴纳税款,但最长不超过3个月。

纳税人、扣缴义务人不按照法定或税务机关依法确定的期限缴纳或解缴税款的,税务机关除责令限期缴纳外,从滞纳税款之日起,按日加收滞纳税款2‰的滞纳金。

④ 办理减、免、退、补手续,开具完税凭证。纳税人依照法律、行政法规规定向税务机关书面申请减税、免税。减税、免税的申请须经法律、行政法规规定的审查批准机关审批。任何单位和个人违反法律、行政法规规定,擅自作出的减税、免税决定无效。

因税务机关责任,致使纳税人、扣缴义务人未缴或者少缴税款的,税务机关在3年内可以要求纳税人、扣缴义务人补缴税款,但不得收滞纳金。因纳税人、扣缴义务人计算错误等失误,未缴或少缴税款的,税务机关在3年内可以追征;有特殊情况的追征期可以延长到10年。税务机关征收税款和扣缴义务人代扣代收税款时,税务机关必须给纳税人开具完税凭证。

(四)充分、灵活地运用担保制度

在合同关系中,债权人利益的实现,有赖于债务人履行一定的给付义务,债务人债务的履行,是债权人利益实现的途径。为了确保债权人的利益,保障债权的实现,也为促进资金融通和商品流通,法律上确立了合同的担保制度。中小企业在交易活动中,可以充分、灵活地运用担保制度,降低交易活动中的风险,保障自己的权益。

合同的担保是指法律为保证特定债权人的利益的实现而特别规定的保障措施。具体而言,就是以第三人的信用或者在特定财产上设定的权利来确保特定债权人债权的实现的法律制度。

依据《担保法》第2条的规定:担保方式为保证、抵押、质押、留置和定金。这五种担保方式,是我国法律明确规定的,在经济生活中被大量适用。

作为担保合同,无论是保证合同、抵押合同、质押合同,还是定金合同,在形式上可以是单独订立的书面合同(包括当事人之间具有担保性质的信函、传真等),也可以是主合同中的担保条款。

1. 保证

保证,是指保证人和债权人约定,当债务人不履行债务时,保证人按照约定履行债务或者承担责任的行为。这里,保证人即承担保证责任的第三人,债务人即被保证人。

保证具有以下特征:第一,保证是一种合同关系,是保证人与债权人签订的关于保证债务人债务履行的一种从属性合同;第二,保证人是保证合同的当事人,不是主合同的当事人,只有在债务人不履行其义务时,债权人才可以要求保证人承担保证责任。

(1) 保证的成立条件。保证的成立须符合下列条件。

① 保证人应当是具有代偿能力的法人、其他组织或者公民。《担保法》规定,国家机关不得为保证人,但经国务院批准为使用外国政府或者国际经济组织贷款进行转贷的除外;学校、幼儿园、医院等以公益为目的的事业单位、社会团体不得为保证人;企业法人的分支机构、职能部门也不得为保证人。

② 保证人有明确的承担保证责任的意思表示。如果第三人只是向债权人介绍或者提供债务人有支付能力的情况与信息,而未明确表示对债务人履行合同承担保证责任的,保证就不能成立,该第三人也不是保证人。

③ 保证合同应采用书面形式。保证人与债权人应当以书面形式订立保证合同,保证合同应当包括以下内容:被保证的主债权的种类、数额;债务人履行债务的期限;保证的方式;担保的范围;保证的期限和双方认为需要约定的其他事项。未订立独立的保证合同,而是在主合同中加上保证条款和保证人签章的,保证亦成立。

(2) 保证的方式。保证的方式分为两种:一般保证和连带责任保证。

① 一般保证,是指当事人在保证合同中约定,债务人不能履行债务时,由保证人承担保证责任。也就是说,一旦发生债务人届期不履行债务的情况,债权人首先应向债务人主张权利,而不能直接要求保证人承担责任。依照《担保法》的第17条的规定:"一般保证的保证人在主合同纠纷未经审判或者仲裁,并就债务人财产依法强制执行仍不能履

行债务前,对债权人可以拒绝承担保证责任"。只有在债务人确实无力履行债务的情况下,保证人才承担责任。

② 连带责任保证,是指当事人在保证合同中约定,保证人与债务人对债务承担连带责任。换言之,如果债务人届期不履行债务,债权人可以要求债务人履行债务,也可以直接要求保证人承担保证责任。

可见,连带责任保证要比一般保证更为严格。这两种方式当事人可以在保证合同中选择其一进行约定。如果,当事人对保证方式没有约定或者约定不明确的,则按照连带责任保证承担保证责任。

(3) 保证责任。保证人在约定保证担保范围内承担保证责任。保证担保的范围包括主债权及利息、违约金、损害赔偿金和实现债权的费用。当事人可以对保证范围的大小进行约定,选择其中的一项、数项或全部进行担保。如果对此没有约定或者约定不明确的,保证人就应当对全部债务承担责任。

保证人只在与债权人约定的保证期间或法律规定的保证期间内承担保证责任。当事人可以在保证合同中约定保证人承担保证责任的期间;未约定期间的,一般保证和连带责任保证的保证期间均为主债务履行期届满之日起六个月。在约定或法定的这一期间内,一般保证中的债权人未对债务人提起诉讼或者申请仲裁的,连带责任保证中的债权人未要求保证人承担保证责任的,保证人的保证责任均得以免除。

在保证期间,债权人依法将主债权转让给第三人的,不影响保证的效力。但债权人许可债务人转让债务的,应当取得保证人书面同意,保证人对未经同意转让的债务,不再承担保证责任。债权人与债务人协议变更主合同的,应当取得保证人的书面同意,否则保证人不再承担保证责任。

2. 抵押

抵押,是指债务人或者第三人不转移对抵押财产的占有,将该财产作为债权的担保。债务人不履行债务时,债权人有权依照法律的规定以抵押物的价值优先得到受偿。这里,提供财产担保的债务人或第三人为抵押人,所提供的担保财产为抵押物,债权人为抵押权人。

这一概念的含义包括以下四个方面:第一,抵押权是一种担保物权。它通过在一定的财产上设定一定权利来担保债权,抵押权人可直接对抵押物的价值加以控制并排除他人的干涉,可以对抗抵押物的所有人及第三人。因此,抵押权其本身是一种物权,是担保物权。第二,抵押权的标的物是债务人或第三人提供担保的特定财产。用于设定抵押权的财产必须是法律规定可以抵押的财产,在法律规定不得抵押的财产上不能设定抵押权。第三,抵押权的设定不转移对标的物的占有。抵押权不以转移标的物的占有为要件,抵押人可以在设定抵押后继续占有和使用抵押物,充分发挥物的效用。第四,抵押权是就抵押物的价值优先受偿的权利。抵押权人在债务人不履行债务时,有权以抵押物折价或从抵押物的变卖价金中优先得到清偿。

(1) 抵押与抵押物。抵押人只能以法律规定可以抵押的财产提供担保。《担保法》规定了下列财产准予设定抵押,它们是:抵押人所有的房屋和其他地上定着物;抵押人所有的机器、交通运输工具和其他财产;抵押人依法有权处分的国有土地使用权、房屋和其他地上定着物;抵押人依法有权处分的国有的机器、交通运输工具和其他财产;抵押人依法承包并经发包方同意抵押的荒山、荒沟、荒丘、荒滩等荒地的土地使用权;以及依法可以抵押的其他财产。

与此同时,法律还明确规定了下列财产不得抵押:土地所有权;除法有特别规定的集体所有的土地使用权;学校、幼儿园、医院等以公益为目的的事业单位、社会团体的教育设施、医疗卫生设施和其他社会公益设施;所有权、使用权不明或有争议的财产;依法被查封、扣押、监管的财产;以及依法不得抵押的其他财产。

(2) 抵押权的实现。所谓抵押权的实现,是指抵押权人行使抵押权,以抵押物的价值优先受偿其债权的现象。

① 抵押权实现的条件。抵押权的实现必须具备一定的条件:第一,须抵押权的有效存在;第二,须债务人债务履行期届满;第二,须债权人未受清偿;第四,须债务未清偿非因债权人方面的事由造成的。据此,抵押权人可以与抵押人协议以抵押物折价或者拍卖、变卖该抵押物所得的价款受偿;协议不成,抵押权人可以向人民法院起诉。

② 抵押权实现的方式。抵押权的实现方式有两种:一种是变卖、

拍卖;另一种是折价。变卖、拍卖抵押物都是将抵押物出卖,是抵押权实现的主要方式。选择变卖还是拍卖,由抵押人和抵押权人协议决定。但一般宜采用拍卖的方式,这是实现抵押物变价的最好方式。抵押物折价,是指抵押权人以抵押物确定的价格受偿其债权,取得抵押物的所有权。若双方对抵押物的价格协议不成的,由资产评估机构估定价格。若所折价格高于债权额的,抵押权人应返还超出部分;低于债权额的,抵押权人有权请求债务人补偿不足部分。

由于抵押不转移标的物的占有,有利于发挥物的效用;同时,又由于抵押登记制度的完善和发达,使抵押权的公示有了可靠的保障,有利于保护债权人和第三人的利益。因而,抵押权得到了广泛的适用,已成为最主要的担保方式,并有"担保之王"的美称。对中小企业来说,抵押不失为一种十分有效的担保方式。

3. 质押

质押,是指为了担保债权的履行,债务人或第三人将其动产或权利移交债权人占有,当债务人不履行债务时,债权人有权就其占有的动产或权利的价值优先受偿其债权。债权人的这一权利称之为质权。这里,享有质权的债权人为质权人,为提供担保移交其财产于债权人占有的人为出质人,出质人所提供的、作为质权标的的财产为质物。

(1) 动产质押。所谓动产质押,是指债务人或第三人将其动产移交债权人占有,将该动产作为债权的担保。债务人不履行债务时,债权人有权以该动产折价或者以拍卖、变卖该动产的价款优先受偿。

出质人和质权人应当以书面形式订立质押合同。质押合同自质物移交于质权人占有时生效。

(2) 权利质押。所谓权利质押,是指为了担保债权的清偿,以债务人或第三人的财产权利为标的的质押。根据《担保法》的规定,以下权利可以质押:

① 汇票、支票、本票、债券、存款单、仓单、提单;
② 依法可以转让的股票、股份;
③ 依法可以转让的商标专用权,专利权、著作权中的财产权;
④ 依法可以质押的其他权利,如一般债权,也是可以质押的。

权利质押除了诸如质押标的、质押合同生效时间等一些特殊问题外,适用《担保法》中有关动产质押的规定。

4. 留置

留置,是指在法律规定可以留置的合同中,债权人按照合同约定占有债务人的动产,当债务人不按照合同的约定的期限履行债务时,债权人有权依法留置该财产,以该财产折价或者以拍卖、变卖该财产的价款优先受偿的担保物权。

(1) 留置权的成立要件。留置权的成立必须具备以下要件:

① 须债权人按照合同约定占有债务人的动产。债权人合法占有债务人的财产是留置权成立的前提条件。

② 债权与留置物的占有取得须基于同一合同关系而产生。如果债务人的债务与债权人依合同约定占有的财产无关,则不能发生留置权。

③ 须债权已届清偿期。债务人的债务已到履行期限而未履行,债权人的留置权方可成立。如果债务人的义务未到履行期限,那么,债务人能否按约履行尚不得而知,此时,留置权不能成立。

但是在某些特殊情形下,即使具备了上述条件,留置权仍然不得成立:第一,留置物是双方事先约定不得留置的动产;第二,留置债务人的财产有违社会公德;第三,留置财产与债权人应承担的义务相抵触。

(2) 留置权的实现。留置权相继发生两次效力。第一次效力,指的是对债务人财产的留置,其作用在于促使债务人履行债务,并不发生以留置物清偿债务的效力。第二次效力,才是留置权最根本的效力,即经过一定期限,债务人仍不履行义务的,债权人就有权以留置物的变价优先受偿债权。这第二次效力的实现须要具备一定的条件:其一,债权人留置了标的物后,应当立即通知债务人,催告其履行义务;其二,实施留置后,债务人债务的不履行超过了宽限期。

《担保法》规定,债权人和债务人应当在合同中约定,债权人留置财产后,债务人应当在不少于两个月的期限内履行债务。双方未在合同中约定的,债权人留置债务人财产后,应当确定两个月以上的期限,通知债务人在该期限内履行债务。债务人逾期仍不履行的,债权人可以与债务人协议将留置物折价,也可以依法拍卖、变卖留置物。

留置物折价或者拍卖、变卖后,其价款超过债权数额的部分归债务人所有,不足部分由债务人清偿。

5. 定金

定金,是指为了担保债权的实现,依据法律规定或当事人约定,由一方当事人在合同订立时或订立后至合同履行前,按照合同标的额的一定比例,预先给付对方的一定数额的货币。根据《担保法》的规定,债务人履行债务后,定金应当抵作价款或者收回。给付定金的一方不履行约定的债务的,无权要求返还定金;收受定金的一方不履行约定的债务的,应当双倍返还定金,此即"定金罚则",是定金担保效力的体现。

(1) 定金的成立。定金是基于定金合同而产生的。其成立要件如下:

① 主合同的有效成立是定金合同成立的前提。定金合同是从合同,主合同的有效成立是其成立的前提条件。

② 定金合同以定金的交付为其生效要件。

③ 定金合同须是书面合同。

④ 定金合同的须以货币为标的,定金的数额不得超过合同标的额的 20%。

(2) 定金与违约金的区别。定金与违约金的约定都对合同的违约方当事人产生一定的作用,但两者有很大的区别。定金是为担保债权的实现而设定的,是从合同,是债权的担保方式之一,目的在于督促当事人履行义务,同时确保债权人利益,产生"定金罚则"的效力。违约金是一种民事责任的方式,属民事责任中的违约责任。它是合同内容的一部分,是当事人违反合同义务时所应承担的法律后果。

另外,《合同法》第 116 条规定:"当事人既约定违约金,又约定定金的,一方违约时,对方可以选择适用违约金或者定金条款"。可见,在违约行为发生后,当事人只能在违约金和定金条款中间选择一种,两者不能并用。

(3) 定金与预付款的区别。定金和预付款都是双方当事人约定的,由一方于合同金额内先行给付对方的一定款项。但两者并不相同。

定金是合同的担保方式,主要作用是担保合同的履行。而预付款的性质是履行债务,主要作用是为对方履行合同提供资金上的帮助,属于合同履行的一部分。此外,定金交付后,当事人不履行合同时,适用定金罚则,而预付款交付后,当事人不履行合同时,不发生丧失或双倍返还的效力。

(五) 保护劳动者的权益

对劳动者权益的保护,是一个非常重要的法律问题,也是中小企业在内部管理中非常重要的方面。

1. 劳动就业的原则

根据《劳动法》的规定,劳动就业应遵循下列原则:

(1) 平等就业原则。劳动者享有平等就业的权利,劳动者就业,不因民族、种族、性别、宗教信仰不同而受歧视,妇女享有与男子平等的就业权利。

(2) 双向选择原则。劳动者享有选择职业的权利;用人单位享有用人自主权,即用人单位可以根据生产经营需要和工作岗位特点,面向社会,择优录用求职者。

(3) 照顾特殊群体人员就业原则。特殊群体人员,是指谋求职业有困难或处境不利的人员的统称。《劳动法》规定:"残疾人、少数民族人员、退出现役的军人的就业,法律、法规有特别规定的,从其规定。"我国《残疾人保障法》、《民族区域自治法》、《兵役法》和《退伍义务兵安置条例》等法律、法规在保障特殊群体人员就业方面作了明确规定。

(4) 禁止使用童工原则。童工是指未满16周岁,与用人单位或者个人发生劳动关系从事有经济收入的劳动或者从事个体劳动的少年、儿童。

2. 劳动合同

劳动合同,是指劳动者与用人单位之间为确立劳动关系、明确双方权利和义务的协议。劳动合同主体一方是劳动者,另一方是用人单位。

(1) 劳动合同的订立。劳动合同的订立,是指劳动者与用人单位之间为建立劳动关系,依法就双方的权利义务协商一致,建立劳动合同关系的法律行为。

① 劳动合同主要条款。劳动合同应当以书面形式订立,并应具备劳动合同期限、工作内容、劳动保护和劳动条件、劳动报酬、劳动纪律、劳动合同终止的条件以及违反劳动合同的责任等条款。除上述必要条款之外,当事人可以协商约定其他内容。由此可见,劳动合同内容可分为法定内容和约定内容两部分。

② 劳动合同期限。劳动合同期限,是指劳动合同的有效期间。《劳动法》第 20 条规定:"劳动合同的期限分为有固定期限、无固定期限和以完成一定的工作为期限。"劳动合同可以约定试用期,试用期最长不得超过 6 个月。

第一,有固定期限的劳动合同,又称定期劳动合同。它是指双方当事人约定合同有效的起始和终止日期的劳动合同。期限一般为 1 年、3 年、5 年等,不宜太长。劳动合同期限届满,劳动合同即告终止。经双方当事人协商同意,期限届满可以续订劳动合同。

第二,无固定期限的劳动合同,又称无定期劳动合同。它是指双方当事人不约定合同终止日期的劳动合同。只要不出现法律、法规规定或双方约定的可以解除、终止劳动合同的条件,劳动合同就不能解除、终止。《劳动法》规定,劳动者在同一用人单位连续工作满 10 年以上,当事人双方同意续延劳动合同的,如果劳动者提出订立无固定期限的劳动合同,应当订立无固定期限的劳动合同。

第三,以完成一定工作为期限的劳动合同,是指双方当事人将完成某项工作或工程作为合同终止日期的劳动合同。当某项工作或工程完成后,劳动合同自行终止。这种合同实际上是定期劳动合同,只是不具体规定劳动合同的起始和终止日期。

(2) 劳动合同的履行。劳动合同的履行,是指双方当事人按照劳动合同规定的条件,行使权利和履行义务的行为。《劳动法》规定,劳动合同依法订立即具有法律约束力,当事人必须履行劳动合同规定的义务。劳动合同当事人必须亲自履行劳动合同约定的义务,任何一方当事人不得将自己的义务转给他人代为履行。同时,合同双方当事人必须相互协作,全面履行劳动合同。任何第三方不得非法干预劳动合同的履行。

劳动合同条款约定不明确而难以履行的,由劳动合同双方当事人依据劳动法律、行政法规和规章的规定自行协商解决,或者参照用人单位同工种、同岗位(职务)、同职务的有关标准履行。

(3) 劳动合同的变更。经双方当事人协商同意,可以变更劳动合同。变更劳动合同应当遵循平等自愿、协商一致的原则,不得违反法律、行政法规的规定。在劳动合同没有变更的情况下,用人单位不得安排劳动者从事劳动合同规定以外的工作。

劳动合同部分内容变更后,其他内容可以维持原劳动合同的规定,也可以作相应的修改。

(4) 劳动合同的解除。劳动合同的解除,是指劳动合同当事人在劳动合同期限届满之前终止劳动合同关系的法律行为。《劳动法》对劳动合同解除的条件及经济补偿作了明确规定,依法保护了劳动者的合法利益。根据《劳动法》的规定,解除劳动合同,分为以下几种情况:

① 双方协商解除劳动合同。根据《劳动法》第 24 条的规定,经劳动合同当事人协商一致,劳动合同可以解除。双方协商解除劳动合同,须达成解除劳动合同的书面协议。

② 用人单位单方解除劳动合同。根据《劳动法》的规定,用人单位可以在以下三种情况下单方解除劳动合同:

第一,因劳动者不符合录用条件或者有严重过错或触犯刑律,用人单位可随时通知劳动者解除劳动合同。具体包括:在试用期间被证明不符合录用条件的;严重违反劳动纪律或者用人单位规章制度的;严重失职,营私舞弊,对用人单位利益造成重大损害的;被依法追究刑事责任的。

第二,因劳动者不能胜任工作或因客观原因致使劳动合同无法履行的。根据《劳动法》的规定,有下列情况形之一的,用人单位可以解除劳动合同,但是应当提前 30 日以书面形式通知劳动者本人:劳动者患病或者非因工负伤,医疗期满后,不能从事原工作也不能从事由用人单位另行安排的工作的;劳动者不能胜任工作,经过培训或者调整工作岗位,仍不能胜任工作的;劳动合同订立时所依据的客观情况发生重大变化,致使原劳动合同无法履行,经当事人协商不能就变更劳动合同达成协议的。

第三,因经济性裁减人员,用人单位按照法定程序与被裁减人员解除劳动合同。根据《劳动法》的规定,用人单位濒临破产进行法定整顿期间或者生产经营状况发生严重困难,确需裁减人员的,应当提前 30 日向工会或者向全体职工说明情况,听取工会或者职工的意见,经向劳动部门报告后,可以裁减人员。用人单位依据本条规定裁减人员,在 6 个月内录用人员的,应当优先录用被裁减的人员。

需要注意的是,劳动法赋予用人单位单方面解除劳动合同权利的同时,也规定了限制条件。根据《劳动法》第 29 条的规定,劳动者有下列情形之一的,用人单位不得依据上述规定解除劳动合同:患职业病或者因负伤并被确认丧失或者部分丧失劳动能力的;患病或者负伤,在规定的医疗期间内的;女职工在孕期、产期、哺乳期内的;法律、行政法规规定的其他情形。

③ 劳动者单方解除劳动合同。劳动者可以在以下两种情况下单方解除劳动合同:

第一,提前 30 日书面通知用人单位解除劳动合同;

第二,有下列情形之一的,劳动者可以随时通知用人单位解除劳动合同:在试用期内的;用人单位以暴力、威胁或者非法限制人身自由的手段强迫劳动的;用人单位未按照劳动合同约定支付劳动报酬或者提供劳动条件的。

④ 劳动合同自行解除。如劳动者被用人单位开除、除名或因违纪被辞退,劳动合同自行解除。

依据《劳动法》的规定,解除劳动合同,用人单位应依法给予劳动者一次性的经济补偿。1994 年 12 月 3 日劳动部制定的《违反和解除劳动合同的经济补偿办法》,对解除劳动合同的经济补偿作了明确规定。用人单位解除劳动合同后,未按规定给予劳动者经济补偿,除全额发给经济补偿金外,还须按该经济补偿金数额的 50% 支付额外经济补偿金。

(5) 劳动合同的终止。劳动合同终止,是指终止劳动合同的法律效力。劳动合同订立后,双方当事人不得随意终止劳动合同。但根据

《劳动法》的规定,有下列情况之一的,劳动合同终止:劳动合同期限届满;企业宣告破产或者依法解散、关闭、撤销;劳动者被开除、除名或因违纪被辞退;劳动者完全丧失劳动能力或者死亡;劳动者达到退休年龄;法律、法规规定的其他情况。

(6) 违反劳动合同的赔偿责任。

① 用人单位承担的赔偿责任。用人单位违反《劳动法》的有关规定,给劳动者造成损害的,应按下列规定赔偿劳动者损失:

第一,造成劳动工资收入损失的,按劳动者本人应得工资收入支付给劳动者,并加付应得工资收入25%的赔偿费用;

第二,造成劳动者劳动保护待遇损失的,应按国家规定补足劳动者的劳动保护津贴和用品;

第三,造成劳动者工伤、医疗待遇损失的,除按国家规定为劳动者提供工伤、医疗待遇外,还应支付劳动者相当于医疗费用25%的赔偿费用;

第四,造成女职工和未成年工身体健康损害的,除按国家规定提供治疗期间的医疗待遇外,还应支付相当于其医疗费用25%的赔偿费用。

② 劳动者承担的赔偿责任。劳动者违反《劳动法》的有关规定,对用人单位造成损失的,劳动者应赔偿用人单位下列损失:

第一,用人单位招收录用其所支付费用;

第二,用人单位为其支付的培训费用,双方另有约定的按约定办理;

第三,对生产、经营和工作造成的直接经济损失;

第四,劳动者违反劳动合同中约定的保密事项,对用人单位造成经济损失的,按《反不正当竞争法》的有关规定赔偿用人单位损失。

③ 连带赔偿责任。用人单位招用尚未解除劳动合同的劳动者,对原用人单位造成经济损失的,除该劳动者承担直接赔偿责任外,该用人单位应当承担连带赔偿责任,其连带赔偿的份额应不低于对原用人单位造成经济损失总额的70%。劳动者应向原用人单位赔偿下列损失:对生产、经营和工作造成的直接经济损失;因获取商业秘密给原用人单

位造成的经济损失。

因获取商业秘密给原用人单位造成的经济损失,按《反不正当竞争法》的有关规定赔偿原用人单位的损失。

3. 工作时间和休息休假时间

(1) 工作时间。工作时间又称劳动时间,是指法律规定的劳动者在一昼夜和一周内从事生产或工作的小时数,包括每日工作时间和每周工作时间。《劳动法》第·36条规定:"国家实行劳动者每日工作时间不超过8小时、平均每周工作时间不超过44小时的工时制度。"1995年3月25日国务院发布了《国务院关于修改〈国务院关于职工工作时间的规定〉的决定》,其中规定:"职工每日工作8小时,每周工作40小时"。

(2) 休息休假时间。休息休假时间,是指劳动者在国家规定的法定工作时间以外,不从事生产或工作而自行支配的时间。休息休假时间由以下各部分组成:

① 工作日内间歇时间,即在工作日内给予劳动者休息和用膳时间,一般为1至2小时,最少不得少于半小时。

② 工作日间的休息时间,一般不少于16小时。

③ 公休假日,又称周休日,是指劳动者在1周(7日)内享有不少于24小时的连续休息时间。星期六和星期日为周休日。《劳动法》第38条规定:"用人单位应当保证劳动者每周至少休息1日"。

④ 法定节日,即法律规定用以开展纪念、庆祝活动的休息时间。《劳动法》第40条规定:"用人单位在下列节日期间应依法安排劳动者休假:元旦;春节;国际劳动节;国庆节;法律、法规规定的其他休假节日"。

⑤ 年休假,即职工满一定工作年限,每年享有带薪的连续休息时间。《劳动法》第45条规定:"国家实行带薪年休假制度。劳动者连续工作1年以上的,享受带薪年休假"。

(3) 加班加点的条件与限制措施。加班,是指劳动者在法定节日或公休假日从事生产或工作。加点,是指劳动者在正常工作日以外继续从事生产或工作。为了保护劳动者身体健康,促进企业改善经营管

理,《劳动法》采取下列措施限制加班加点:

① 用人单位须与工会和劳动者协商。根据《劳动法》的规定,用人单位由于生产经营需要,经与工会和劳动者协商后可以延长工作时间,一般每日不得超过 1 小时。因特殊原因需要延长工作时间的,在保障劳动者身体健康的条件下延长工作时间每日不得超过 3 小时,但是每月不得超过 36 小时。

② 确定较高的加班加点的工资报酬。根据《劳动法》的规定,有下列情形之一的,用人单位应当按照下列标准支付高于劳动者正常工作时间工资的工资报酬:安排劳动者延长工作时间的,支付不低于工资150%的工资报酬;休息日安排劳动者工作又不能安排补休的,支付不低于工资的 200%的工资报酬;法定休假日安排劳动者工作的,支付不低于工资的 300%的工资报酬。

4. 工资

工资,是指用人单位依据国家有关规定或集体合同、劳动合同的约定,以货币形式直接支付给本单位劳动者的劳动报酬。

国家对工资总量实行宏观调控。工资分配应在遵守国家法律、法规的前提下,由用人单位根据"按劳动分配、同工同酬"等原则自主分配。《劳动法》第 50 条规定:"工资应当以货币形式按月支付给劳动者本人。不得克扣或者无故拖欠劳动者的工资"。

(1) 工资形式。工资形式,是指计量劳动和支付劳动报酬的方式。企业根据本单位的生产经营特点和经济效益,依法自主确定本单位的工资分配形式。工资形式主要有:

① 计时工资。它是按照单位时间工资标准和劳动者实际工作时间支付劳动报酬的一种工资形式。分为月工资制、日工资制和小时工资制。

② 计件工资。它是按照劳动者生产合格产品的数量和预先规定的计件单价支付劳动报酬的一种工资形式。

③ 浮动工资。它是劳动者的劳动报酬随着企业经济效益好坏及劳动者劳动贡献大小而上下浮动的一种工资形式。

④ 奖金。它是支付给劳动者超额劳动报酬和增收节支的劳动

报酬。

⑤ 津贴。它是对劳动者在特殊条件下的额外劳动消耗或额外费用支出给予物质补偿的一种工资形式。如高温津贴、医疗卫生津贴、专家津贴和工龄津贴等。

⑥ 补贴。它是为保证职工工资水平不受物价影响,而给予职工物质补偿的一种工资制度。如副食品价格补贴、煤水电补贴等。

(2) 最低工资。最低工资,是指劳动者在法定工作时间内提供了正常劳动的前提下,其所在用人单位应支付的最低劳动报酬。《劳动法》第48条第1款规定:"国家实行最低工资保障制度。"最低工资不包括加班加点工资,也不包括中班、夜班、高温、低温、井下、有毒有害等特殊工作环境、条件下的津贴,国家法律、法规和政策规定的社会保险、福利待遇等也不在其中。

根据《劳动法》第48条的规定,最低工资的具体标准由省、自治区、直辖市人民政府规定,报国务院备案。用人单位支付劳动者的工资不得低于当地最低工资标准。最低工资应以法定货币按时支付。

劳动者在法定假日和婚丧假期间以及依法参加社会活动期间,用人单位应依法支付工资。

5. 女职工、未成年工特殊劳动保护

(1) 女职工特殊劳动保护。女职工特殊劳动保护,是指根据女职工生理特点和抚育子女的需要,对其在劳动过程中的安全健康所采取的有别于男子的特殊保护。包括禁止或限制女职工从事某些作业、女职工"四期"保护等特殊保护措施。

① 女职工禁忌劳动范围。《劳动法》第59条规定:"禁止安排女职工从事矿山井下、国家规定的第四级体力劳动强度的劳动和其他禁忌从事的劳动"。具体范围包括:矿山井下作业;森林业伐木等作业;第四级体力劳动强度的作业;建筑业脚手架的组装和拆除作业,以及电力、电信行业的高处架线作业;连续负重超过法律限度的作业;已婚待孕女职工禁忌从事属于《有毒作业分级》标准中第三、四级的作业等。

② 女职工"四期保护"。女职工在月经期、怀孕期、生育期和哺乳期都受《劳动法》的特别保护。《劳动法》第60条、61条、62条和63条

对此作出了明确、具体的规定。

(2) 未成年工特殊劳动保护。《劳动法》第58条第2款规定:"未成年工是指年满16周岁未满18周岁的劳动者"。国家对未成年工实行特殊劳动保护,根据未成年工生长发育的特点和接受义务教育的需要,对其在劳动过程中的安全健康采取相应的特殊保护措施。

根据有关劳动法律、法规的规定,对未成年工特殊劳动保护的措施主要有:禁止安排有害健康的工作、提供适合未成年工身体发育的生产工具和定期进行健康检查。

6. 社会保险

所谓社会保险,是指国家通过立法设立社会保险基金,使劳动者在暂时或永久丧失劳动能力以及失业时获得物质帮助和补偿的一种社会保障制度。《劳动法》第70条规定:"国家发展社会保险事业,建立社会保险制度,设立社会保险基金,使劳动者在年老、患病、工伤、失业、生育等情况下获得帮助和补偿"。

(1) 社会保险制度的内容。我国社会保险制度,是实行基本社会保险、单位补充保险、个人储蓄保险的多层次社会保险制度。

① 基本社会保险,是指国家通过立法强制实施的保障所遇劳动风险的劳动者基本生活需要的保险制度。它是第一层次,也是最主要的保险方式,其特点为覆盖面广、标准统一和强制程度高。

② 单位补充保险,是指除了社会基本保险以外,用人单位根据自己的经济条件为劳动者投保高于社会基本保险标准的补充保险,它是第二层次的保险。补充保险以用人单位具有经济承受能力为前提条件,由用人单位自愿投保。

③ 个人储蓄保险,是指劳动者个人以储蓄形式参加社会保险,它是第三层次的保险。劳动者根据自己的经济能力和意愿决定是否投保,具有自愿性。

(2) 社会保险项目。我国社会保险项目有养老保险、医疗保险、工伤保险、失业保险和生育保险。《劳动法》规定,劳动者在下列情形下,依法享受社会保险待遇:退休、患病和负伤、因工伤残或者患职业病、失业、生育。劳动者死亡,其遗属依法享受遗属津贴。劳动者享受社会保险待遇的条件和标准由法律、法规规定。劳动者享受的社会保险金必须按时足额支付。

经过十几年的努力,我国社会保险改革取得成功,已基本建立了养老保险、医疗保险、工伤保险、失业保险和生育保险等社会保险体系,并正日趋完善。

参 考 文 献

〔美〕杰斯汀·隆内克、卡洛斯·莫尔、威廉·彼迪著,《小企业管理》,东北财经大学出版社 2000

易国庆,《中小企业政府管理与政策支持体系研究》,企业管理出版社,2001

〔美〕梅金森等著,李刚等译,《小企业管理——企业家指南》,电子工业出版社,2002

徐成德、闻国,《小企业管理手册》,企业管理出版社 2001

吴刻禄,《小公司的求生策略》,民主与建设出版社,2002

严红、李青,《小企业经营宝典》,广东经济出版社,2002

丁德章,《中小企业经营管理》,经济管理出版社,1998

陈成德、闻国,《小企业管理手册》,企业管理出版社,2001

成栋、姚贤涛,《中小企业管理实务与案例》,中信出版社,2001

罗建、刘承志,《美国小企业管理》,陕西师大出版社,2001

曾忠禄,《中小企业管理实务》,广东经济出版社,2001

芮明杰,《现代企业管理创新》,山西经济出版社,1998

杨加陆、方青云,《管理创新》,复旦大学出版社,2003

吕国胜,《中小企业营销管理》,上海财经大学出版社,2000

屈云波,《中小企业市场与营销》,企业管理出版社,1999

韩庆祥,《中小企业市场营销》,中国经济出版社,1999

〔美〕詹姆斯·C·柯林斯、威廉·C·拉齐尔,《中小企业管理概念与案例》,东北财经大学出版社 2000

张继焦、帅建淮,《成功的品牌管理》,中国物价出版社 2002

沈玉良、浦再明、黄辉,《中小企业产业选择》,上海财经大学出版社,2001

仇宝兴,《小企业集群研究》,复旦大学出版社,1999
拓维文化,《中小企业现代融资手段分析》,中国纺织出版社,2001
唐菊裳,《中小企业风险防范》,中国经济出版社,2002
唐菊裳,《国外小企业融资、管理、创新、模式》,中国计划出版社,1999
陈宝明,《中小企业融资操作手册》,中国物价出版社,2001
王竟天、王正友、冯雪飞、韩俊,《中小企业创新与融资》,上海财经大学出版社,2001
陈晓红,《中小企业融资创新与信用担保》,中国人民大学出版社,2003
〔美〕拜罗著,张志强等译,《中小企业财务管理发展中的控制》,宇航出版社,1999
项润、文媛,《中小企业竞争与发展》,企业管理出版社,1999
〔美〕加布里埃尔·哈哇维尼、克劳德·维埃里著,王全喜等译《经理人员财务—创造价值的过程》,机械工业出版社,2002
朱荣恩,《内部控制评价》,中国时代经济出版社,2002
魏海明,《财务战略——着重周期性因素影响分析》,中国财政经济出版社,2001
〔美〕萨缪尔·维弗、弗雷德·威斯顿著,刘力、黄慧馨等译《财务管理》,中国财政经济出版社,2003
周国富、马成文,《投资分析》,当代中国出版社,2002
万瑞嘉华经济研究中心,《中小企业人力资源战略》,广东经济出版社,2002
万兴亚,《中小企业技术创新与政府政策》,人民出版社,2001
司有和,《信息管理学》,重庆出版社,2001
石登荣,《信息系统管理》,上海教育出版社,2002
作美云,《企业信息管理》,中国物价出版社,2002
王保树,《中国商事法》,人民法院出版社,2001
刘澄清,《公司并构法律实务》,法律出版社,1998
纪坡民,《产权与法》,北京三联书店,2001

后 记

2002年，我们为"中小企业管理"课程编写了《中小企业管理》试用教材，本教材是在试用教材的基础上修订而成。编写小组成员及其分工如下：杨加陆编写第一、第二、第三章；范军编写第四、第十一章；方青云编写第五、第八、第九章；袁蔚编写第六章；孙慧编写第七、第十章。杨加陆负责本书内容的总体策划、协调工作和最后统稿。孙慧加盟编写组以后，对于试用教材的修订提出了许多独到的见地。

在本书的编写过程中，我们参阅了大量的著作和文献资料，在此，我们对原作者一并表示感谢。我们还要特别感谢上海财经大学博士生导师王玉女士和上海电视大学管理系副教授张书源女士。王玉教授对于本教材的编写大纲和内容提出了许多建设性的建议，张书源副教授参加了试用教材的编写。

"中小企业管理"的课程建设和教材编写是在管理系和教务处领导的直接支持和关怀下进行的，特别是薛伟副处长，为本书的出版付出了辛勤的劳动。

最后，我们要对复旦大学出版社李华先生和他的同事们的敬业态度和专业精神表示由衷的敬意。

我们期盼本书不仅仅为"中小企业管理"课程提供一本很好的参考读本，而且能够为其他致力于中小企业管理的社会人士和广大创业人员提供帮助。由于中小企业管理实践及其发展过程中的问题较多，加上编写者的水平有限，本书难免存在纰漏乃至错误，诚挚希望读者不吝指正。欢迎使用下列 E-mail 地址与有关编写者联系：

杨加陆，yangjl@shtvu.edu.cn

范军，fanj@shtvu.edu.cn

方青云，fangqy@shtvu.edu.cn

袁蔚, yuanw@shtvu.edu.cn

孙慧, sunh@shtvu.edu.cn

  我们相信,有更多人来重视、关心和支持中小企业管理的研究与实践,一定能够提高中小企业的管理水平、降低中小企业的创业风险和经营风险,从而提高中小企业的成功率和管理绩效,最终推动中小企业健康而蓬勃的发展。

编著者

2004 年 8 月

图书在版编目(CIP)数据

中小企业管理/杨加陆等编著. —上海:复旦大学出版社,2004.9(2021.8 重印)
ISBN 978-7-309-04174-3

Ⅰ.中… Ⅱ.杨… Ⅲ.中小企业-企业管理 Ⅳ.F276.3

中国版本图书馆 CIP 数据核字(2004)第 090339 号

中小企业管理
杨加陆 范 军 方青云 袁 蔚 孙 慧 编著
责任编辑/李 华

复旦大学出版社有限公司出版发行
上海市国权路 579 号 邮编:200433
网址: fupnet@fudanpress.com http://www.fudanpress.com
门市零售:86-21-65102580 团体订购:86-21-65104505
出版部电话:86-21-65642845
上海崇明裕安印刷厂

开本 787×960 1/16 印张 18 字数 260 千
2004 年 9 月第 1 版 2021 年 8 月第 18 次印刷
印数 95 701—96 800

ISBN 978-7-309-04174-3/F·915
定价:28.00 元

如有印装质量问题,请向复旦大学出版社有限公司出版部调换。
版权所有 侵权必究